Developmental Psychology

発達心理学

日本女子大学名誉教授
東京成徳短期大学教授　東京家政大学教授
福本 俊・西村純一 編
Fukumoto Shun & Nishimura Junichi

ナカニシヤ出版

はじめに

―1―

　「良い教科書」とはどのような教科書なのでしょうか。学生諸君の側から言えば，理解しやすいこと，「発達心理学」の構造が理解できること，書かれている内容によって好奇心や研究心がさらに啓発されること，最新の情報が提供されていること，などがあげられるでしょう。

　しかし，あまりにも最新情報が多すぎたり，詳しい記述が多すぎると，「参考書」に近くなってしまいます。これは実は「教師泣かせ」のテキストなのです。

　「読んでもらえばわかる」となってしまうからです。

　学生諸君のことよりも（済みません），まずは「教員にとって使いやすい」教科書が欲しいと思っていました。そのような折に，ナカニシヤさんからお声をかけていただきました。そこで，章立てに掛かる前に考えたことは，「教員の出番をできるだけ多くしたい」ということでした。「最新のデータはこうです」とか「ここの部分をもっと詳しく言うと」とか，何よりも授業に参加し，耳を傾けざるをえなくなるような仕掛けが欲しかったのです。言ってみれば，「適当に穴があいた，ユルイ教科書」を目指しました。

　そこを理解していただいて，執筆をお願していきましたが，皆さん生真面目でした!!。なかなか「穴がない」ようです。

　それでも当初の願いの中の2つは叶いました。
1. 初めに興味を感じてもらえるように，「各論」から始めました。「そもそも発達心理学とは」と言われても，ちっとも面白くないでしょう。
2. 学生諸君に「各章の内容を関連づけて」もらうように期待しますが，必ずしもうまくいっていないようです。そこで，わずかの1章だけですが，本来は別々の章で紹介されていたものを一つの章にまとめてみました。どれほどうまくいったかどうか。他の章同士の関連づけは学生諸君に期待します。もちろん「教員の出番」にしていただいても結構です。

　この教科書をいろいろな立場から使っていただいて，学ぶ側からも・教える側からも「使い勝手の良い」身近な本になるよう―タイトルの「発達」にふさわしく―皆さんに育てていってもらえれば，大変に幸せなことです。

―2― 学生諸君に
(1) 授業について

　授業とは「学生諸君と教師との共同作業」です。双方が積極的にならない限り，授業は成り立ちません。「お笑い」がどうして面白いかといえば，確かに「出し物」や「芸人」の面白さはありますが，決定的に重要な条件は，私たち客が「笑おう」という構えで劇場に行っているからです。「木戸銭」を払っているのだから「笑わなきゃ損!!!」という気分で臨むこともあるでしょう。ところで授業も実は「高い木戸銭」を払っているのですよ。多くの学生諸君は自分の懐は痛まず，誰かさんの「脛」が段々と細くなっているのかも知れませんが。

　上品な言いかたではないかもしれませんが，学生諸君が「お金と時間を掛けて来ているのだから，モトを取らなきゃ損だ。何か絶対にお土産を持って帰るぞ！」くらいの構えで授業に臨んで欲しいと思います。

具体的に，次のことを是非とも実行してみてください。
1. 何か一つでも，それぞれの授業で「質問」を用意しましょう。
2. 教員に積極的にアピールしましょう。それには質問でもよいでしょう。また，是非とも授業の進め方などについての注文をしてください。自分の授業の仕方を批判されて，成績を悪くするような了見の狭い教員は1人もいません。そして，あなたは「記憶に残る学生」になります。

たとえば，次のようなことがあるかもしれません。授業で，担当者がパワーポイントを使って授業をしています。次々にリズムよく画面が出てきます。最後に「まとめ」の画面が。そのときあなたは「先生，まとめまで先生にされては私たちの出る幕がありません。それでは益々受身になってしまいます。まずは私たちにまとめさせてください。その後，先生のまとめを参考として見せてください」と遠慮なく言いましょう。学生諸君は授業に関して遠慮は無用ですよ。このような率直で積極的な注文を教員はずっと待っているのです。

3. 私たち教員は，皆さんの前に立つために，それなりにすごく頑張ってきました。私たちの経験をどんどん引き出し，諸君の役に立てて欲しいと思います。人生相談でもよいでしょう。
4. 要するに，遠慮なく，私たち教員を活用して欲しいのです。それにはコミュニケーションが欠かせません。

(2) テキストについて

このテキストでは，同じような内容が，複数の章で触れられています。これは「無駄」ではなく，大切なことなのです。同じ内容が繰り返されることは，情報処理のうえで，冗長性（redundancy）といいます。冗長性によって，それだけその内容が記憶に残り，さらに，やや違った文脈での説明も伴うことが多いので，かえって理解がしやすくなります。何よりも「ああこれって重要なんだ」と直ぐにわかります。

まずこのテキストを勉強してください。次いで，このテキストで勉強してください。それには，各章の間を関連づけて理解しようとすること。そして，このテキストに書かれていることから，さまざまの疑問を見つけ出し，調べてみること，です。ともかく，このテキストを十分に活用してくださることを期待しております。

2012年3月

編著者　福本　俊・西村　純一

目　次

はじめに　*i*

第1部　各論編

第1章　身体と運動機能の発達 …………………………………… 3

1. 体力と身体と運動機能　3
2. 人間における身体発達の特殊性　4
3. 身体発達における個人差と性差　4
4. 身体と運動機能の発達過程　5
5. 身体発達と環境　10
6. 身体・運動機能の発達と精神発達　11

第2章　知覚の発達 ……………………………………………… 13

1. 知覚とは　13
2. ものを見る仕組み　13
3. ものを聞く仕組み　21
4. 知覚の発達のまとめ　22

第3章　記憶能力の発達 ………………………………………… 24

1. 記憶の仕組み　24
2. 記憶の促進に関わる主な要因　26
3. 乳児期の記憶の発達　28
4. 幼児期以降の記憶の発達　30
5. 老年期の記憶　32

第4章　言語の発達 ……………………………………………… 35

1. 話し言葉の起源　35
2. 前言語期：前言語的コミュニケーション　36
3. 話し言葉期：話し言葉の発達　39
4. 書き言葉期　41
5. 発声に関する障害　42

第5章　思考の発達 ……………………………………………… 44

1. ピアジェの認知発達理論　44
2. 言語と思考　47
3. 創造的思考　49
4. 文明と思考　51

第 6 章　知能の発達………………………………………………53

1　知能の概念　53
2　知能の測定　53
3　新しい知能研究の流れ　55
4　知能の規定要因　56
5　知能の発達　58
6　知能の両極性　60

第 7 章　自己の発達………………………………………………63

1　自己とは　63
2　自己の存在への気づき　64
3　自己認知の過程と展開　67
4　比較による自己と自己認識の深まり　69
5　自己の認識の深まりとアイデンティティの確立　72
6　安定した自己と自己の問い直し　74
7　自我の統合と死の受容　75

第 8 章　社会性と情緒の発達……………………………………78

1　子どもと情緒・感情：「いま・ここ」の気持ち　78
2　社会的な存在としてのヒト　79
3　社会性と社会化　79
4　情緒と社会化　79
5　社会化の担い手　81
6　向社会性：自己犠牲の感情　86

第 2 部　理論編

第 9 章　発達心理学の誕生と発展………………………………91

1　児童心理学から発達心理学へ　91
2　検査ツールの開発と発達観の変化　92
3　近代心理学から発達心理学へ　93
4　ヒトの発達における敏感期　94
5　動物行動学から愛着研究へ　95
6　発達心理学と文化の関係　96
7　文化心理学とフィールドへの興味　98
8　発達への生態学的アプローチ　99
9　おわりに　101

第 10 章　発達心理学の方法……………………………………103

1　科学的研究と研究倫理の必要性　103
2　発達研究の方法　105
3　発達研究のデザイン　109

第 11 章　発達の理論 ……………………………………………………… 112

1　発達とは　112
2　発達段階　117
3　発達理論　119

第 3 部　総論編

第 12 章　発達と障害 ……………………………………………………… 127

1　発達障害とは　127
2　主要な発達障害とその特性　128
3　障害児者の発達支援とその視点　133

第 13 章　遺伝と環境：相互作用性 …………………………………… 137

1　個性の萌芽　137
2　乳児の個人差　137
3　個性の発達　138
4　発達のとらえ方の変遷　140
5　遺伝と環境の発達への寄与　140
6　言語獲得における相互作用　142
7　知能の伸びにみる相互作用　142
8　コミュニケーションにおける相互作用　143

おわりに　147
事項索引　149
人名索引　152

第1部
各論編

身体と運動機能の発達

第1章

　私たち人類は言語を獲得したことによってきわめて精神的な存在になった。これまで多種多様な文化を創造してきており，これからも新たな文化を創造し続けるであろう。ところでこれらの文化創造を支えているものが私たちの身体と運動機能である。本章では胎児期から老年期にかけての身体と運動機能の発達過程を跡づけ，次いでこれらの発達過程に影響を及ぼす諸要因に触れる。全体を通じて身体・運動機能と精神機能の密接な関連性について確認したい。

1. 体力と身体と運動機能

　体力とは個人のもっているあらゆる能力が存分に発揮されるための基礎になる総合的能力であり，身体と運動機能はともにこの体力を構成する主要な部分である。私たちは外界との相互作用を通して多種多様な文化的活動を展開するが，この活動の舞台であり手段が身体および運動機能である。猪飼（1967）は体力における心理的側面を重視する立場から，体力を身体的要素と精神的要素とに分け，それぞれの要素をさらに行動体力と防衛体力に区分している。精神的要素での行動体力には意志，判断，意欲が，防衛体力には精神的ストレスに対する抵抗力が

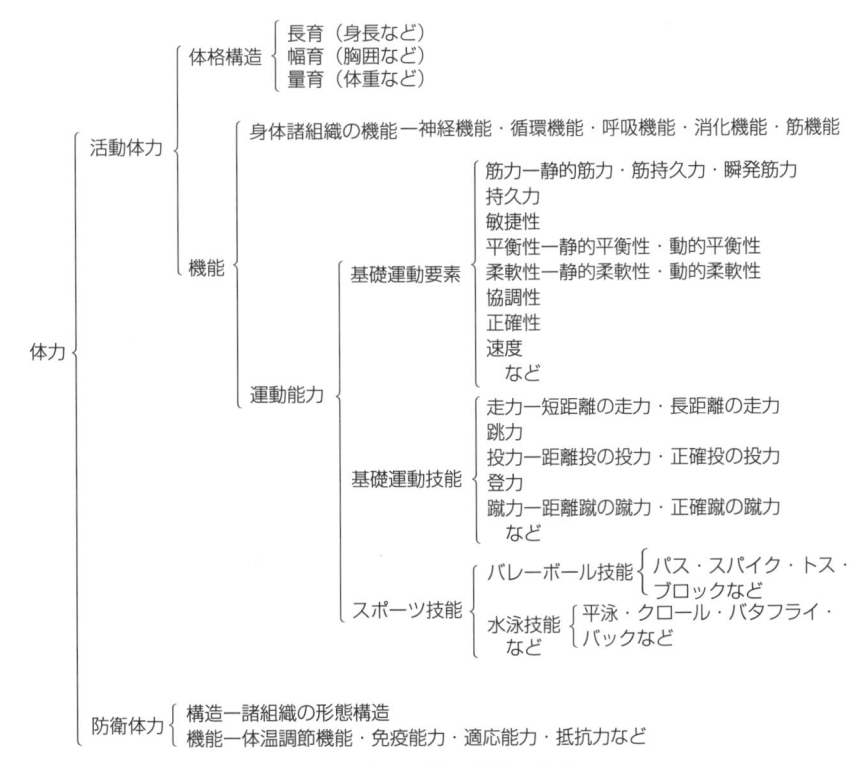

```
体力 ─┬─ 活動体力 ─┬─ 体格構造 ─┬─ 長育（身長など）
      │            │            ├─ 幅育（胸囲など）
      │            │            └─ 量育（体重など）
      │            │
      │            └─ 機能 ─┬─ 身体諸組織の機能─神経機能・循環機能・呼吸機能・消化機能・筋機能
      │                     │
      │                     └─ 運動能力 ─┬─ 基礎運動要素 ┬─ 筋力─静的筋力・筋持久力・瞬発筋力
      │                                  │               ├─ 持久力
      │                                  │               ├─ 敏捷性
      │                                  │               ├─ 平衡性─静的平衡性・動的平衡性
      │                                  │               ├─ 柔軟性─静的柔軟性・動的柔軟性
      │                                  │               ├─ 協調性
      │                                  │               ├─ 正確性
      │                                  │               ├─ 速度
      │                                  │               └─ など
      │                                  │
      │                                  ├─ 基礎運動技能 ┬─ 走力─短距離の走力・長距離の走力
      │                                  │               ├─ 跳力
      │                                  │               ├─ 投力─距離投の投力・正確投の投力
      │                                  │               ├─ 登力
      │                                  │               ├─ 蹴力─距離蹴の蹴力・正確蹴の蹴力
      │                                  │               └─ など
      │                                  │
      │                                  └─ スポーツ技能 ┬─ バレーボール技能 ┤パス・スパイク・トス・ブロックなど
      │                                                  ├─ 水泳技能 ┤平泳・クロール・バタフライ・バックなど
      │                                                  └─ など
      │
      └─ 防衛体力 ─┬─ 構造─諸組織の形態構造
                   └─ 機能─体温調節機能・免疫能力・適応能力・抵抗力など
```

図1-1　体力の構造（松浦，1982）

あげられている。この考えを発展させ，松浦（1982）は図1-1のような体力の構造図を提案している。

2. 人間における身体発達の特殊性

　図1-2は人間の生後20年間の身体発達の様相を示したものである。この発達曲線において2つの発育急進期がみられる。1つは胎児期から生後の約1年間，あと1つは思春期を中心とした時期である。ここでは前者についてやや詳しく述べる。生後1年間の体重増加の様子を類人猿と比較しながら示したものが図1-3である。この生後1年間の急激な発達によって人間の赤ん坊は歩行やことばの使用などが可能になる。割合としてはやっと類人猿の誕生時並になるとも言える。このような状況をポルトマン（Portmann, A.）は人間の赤ん坊の誕生の状態を生理学的早産，生後の1年間を胎外胎児期と呼んでいる。そしてこの未熟性が他者に対して養育的行動や養育的な環境を要請し，結果的に赤ん坊を人生最初の時期からきわめて社会的な存在とするのである。未熟ゆえのパラドックスである。

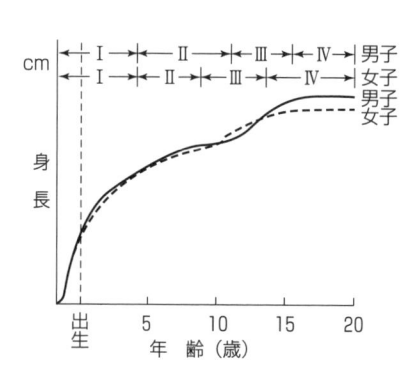

図1-2 生後20年間の身体発育（高石，1975）

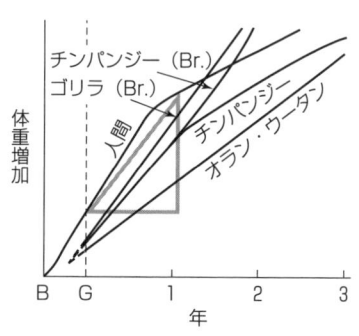

図1-3 類人猿と人間の早期発達の比較
（Portmann, 1951）
Bは受胎時，Gは誕生時。

3. 身体発達における個人差と性差

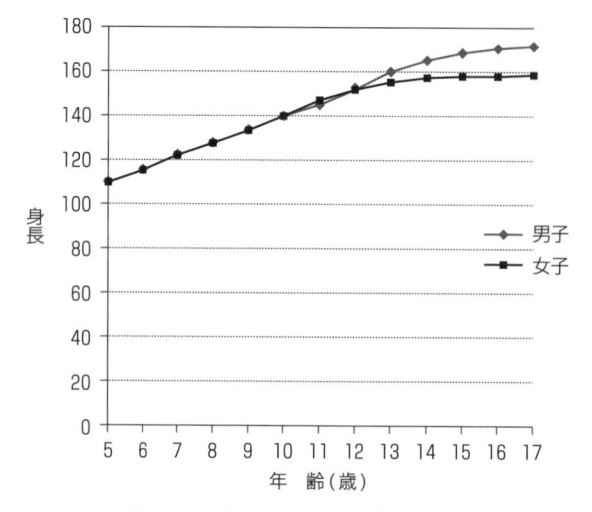

図1-4 5歳から17歳までの身長の変化
文部科学省（2009）より作図

　文部科学省の平成21年度の報告によれば女子10歳の身長の全国平均と標準偏差はそれぞれ140.3 cmと6.82 cmである。これは133.48 cmから147.12 cmの範囲の中にこれら女子全員の7割近くが含まれるということである。この両端の値を比較すると13 cm以上の差がみられ，きわめて個人差が大きいと言える。
　このような発達における個人差は，遺伝的な要因や生育環境などが相互に影響しているものである。個々の子どもが発育する過程で，平均的な発達とのズレやアンバランスがある場合でも，ある年齢に達するとその

ズレを回復するようになることがあり，発達における弾力性や可塑性をみることができる。また図 1-4 は上記の平成 21 年度の報告から，5 歳から 17 歳までの身長の変化をグラフにして示したものである。11 歳まではほぼ，男子と女子の身長の平均値は同じであるが，12 歳以降は男子が女子をしのぎ，急激な身長の伸びを示している。男子の発育量が最大になるのは 11 歳であり，1 年間に 7.4 センチと最も身長の伸びがあり，15 歳以降はゆるやかな伸びとなっている。一方，女子の身長は 9 歳頃から著しく伸び，最大の発育量を示す年齢は 10 歳である。10 歳から 11 歳の間で，6.6 cm の伸びを示し，13 歳以降はゆるやかな伸びの値となっている。このことから，女子の思春期を中心とした身長の伸びの急進期は男子と比較するとやや早期にある傾向が示される。

4. 身体と運動機能の発達過程

本節では，胎児期から老年期までの身体・運動機能の発達過程を概観する。

出生の時期は通常受精後 270 日前後，最終月経第 1 日から計算する在胎期間（gestational age）で約 40 週である。このときの新生児は身長約 50 cm，体重約 3,000 g であるから受精卵のときから約 200 万倍の成長ぶりである。また，身長は 1 年間で誕生時の約 1.5 倍，体重は約 3 倍の増大をみる。これは脳重量，内臓諸器官などもっぱら生命維持の機能を司る部分の増加が大きく反映している。体重に対する脳重量の割合は約 12 ％（15 歳ではほぼ 3 ％）であるが，この時期は体重自体が 3 倍にも増加していることを勘案すると脳組織の発達の著しさが理解できる。

一般的には発達の方向性として，(1) 頭部から尾部へ：頭のほうに近い部分の随意運動がはじめに達成される，(2) 中心部から遠心部へ：運動の正確さは身体の中心部から遠心部へと移行する，(3) 大きな筋から小さな筋へ：制御は大きな筋から小さな筋へ移行することが言われているが，以下の記述の中にもそれらが確かめられよう。

(1) 歩行まで

乳児期の子どもの歩行までのおおまかな運動機能の発達はおおむね次のような筋道をたどる。乳児は 3-4 ヵ月頃になると「首のすわり」がみられ，4-6 ヵ月頃になる「寝返り」が可能になる。さらに 6-8 ヵ月頃には「ひとりすわり」ができるようになり，8-11 ヵ月頃には「はいはい」や「つかまり立ち」をするようになる。生後 12 ヵ月-1 歳 6 ヵ月でおおむね歩行が可能になっていく。これらの乳児の発達の過程をみると，「首のすわり」から歩行の完成まで，頭部から尾部（脚部）への運動機能の方向性が示されていることがわかる（図 1-5）。

(2) 手指の操作の発達

上肢について例をあげれば，生後まもなくは腕を大きく動かしていた乳児が次第に手で物をさわる，わしづかみにするといった姿をみせるようになる。さらに親指を他の 4 本の指と異なる方向にまげて物をつかむことができるようになり，10-12 ヵ月頃になると親指と人差し指を使い物をつまむ動作も可能になってくる。これらの発達の姿から，腕から指先へという，身体の中心部から遠心部へ，大きな筋から小さな筋へ，すなわち粗大から微細への移行という方向性があることがわかる（図 1-6）。

(3) 新生児から成人までの頭部と身体各部の割合

両者を比較すると，新生児期は身体に占める頭部の比率が大きく，約 4 頭身である。この比

0-2カ月
ぐんぐん成長する。しかし，首すわりはまだ。腕を持って引き起こすと，首はうしろに下がる。

3-4カ月
3カ月を過ぎると首がすわりはじめ，腹ばいにすると頭をしばらく上げている。

4-6カ月
あお向けの姿勢からくるりと回転して寝返りをする。

飛行機ブーンが得意
うつぶせのまま両手両足を広げる動作をする。

6-8カ月
はいはいはまだ。あとずさりはできる。おすわりもできる。おもちゃも持てる。

8-11カ月
はいはいする。

つかまり立ちをする。

支えられて歩く。

12-1歳6カ月
ひとりで立つ。

ひとりで歩く。

図1-5　子どもの運動機能の発達（「発達と保育」2010　教育図書より）

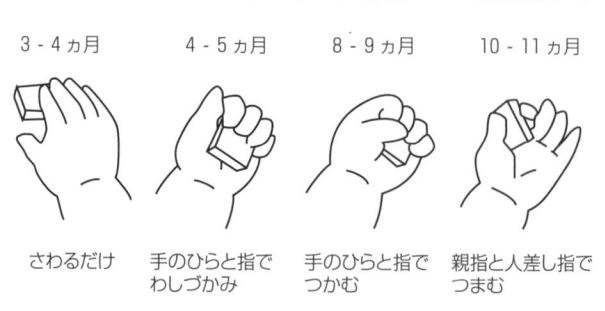

3-4カ月　　4-5カ月　　8-9カ月　　10-11カ月

さわるだけ　手のひらと指でわしづかみ　手のひらと指でつかむ　親指と人差し指でつまむ

図1-6　子どもの手指の発達（「発達と保育」2010　教育図書より）

率は6歳児で6頭身，成人でほぼ8頭身となる。乳幼児期の子どもは大人に比べて頭部の占める割合が大きい。乳児がよちよちと歩く独特の姿には，このような身体的な特徴が表れている。幼児期の子どもが転んだり，頭から転倒するといったことの理由の1つに，頭部が大きく重心が高いためにバランスを崩しやすいといったことが考えられる（図1-7）。

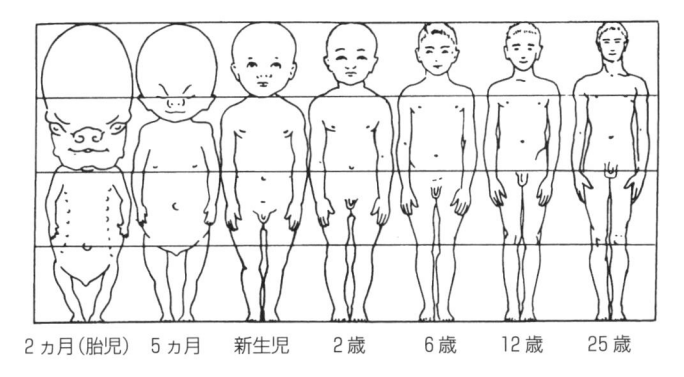

図 1-7 胎児期および出生後における身体の形と割合の変化（Mussen et al., 1963／邦訳 1968）

（4） 発育の類型

スキャモン（Scammon, 1930）の発育曲線は，人間の臓器や器官が年齢によりどのように形態的に変化をするかを表したものである。これによると4つの類型別の発達パターンが見られる（図 1-8）。

①リンパ系 （扁桃腺，胸腺，リンパ腺，分泌腺）
　12歳くらいまで著しく発達し，成人の2倍近くになる。その後減少する。
②神経系（脳，脊髄，など）
　乳幼児期に急速に発達する。6歳で成人の90％まで達し，14歳でほぼ成人と同じになる。
③一般型 （身長，体重，などの骨格，骨格筋，血管，内臓など）
　出生後と思春期の2度にわたり，急速な発達が見られる。
④生殖型
　思春期に急速に加速して発達する。卵巣より女性ホルモンが，精巣より男性ホルモンが多量に分泌されるようになり，体型や形態に女性らしさ，男性らしさが現れる。

（5） 骨の形成

幼児期の骨は大人に比べ軟骨部が多く，これが次第に硬くなり骨格が形成されていく。また手や足の骨は発達とともに徐々に数も増加し，複雑な動きができるようになってくる。誕生時に一番未熟な骨が手根骨で，中心骨・舟状骨・月状骨など8つの小骨からなっているが，これらの骨化は年齢との間に相関関係が認められる（骨化した手根骨はおおむね年齢と同じだけある）ところから，成長・発達との関係で臨床場面ではよく調べられる。骨化が進むにつれて，紐を結ぶなどの手先を使った細かな動きが可能になってくる。

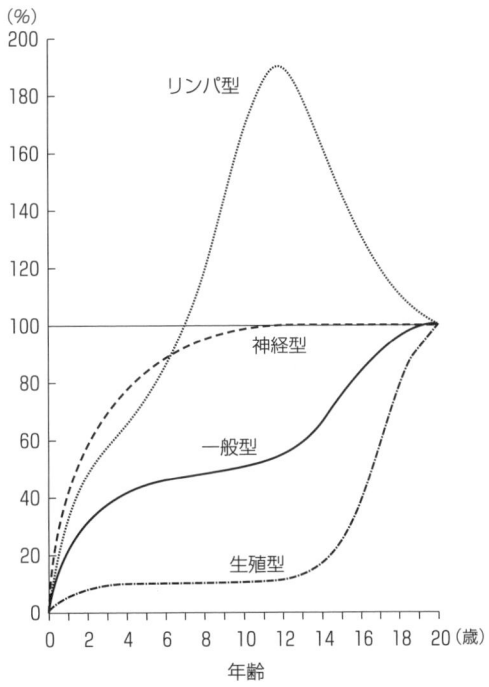

図 1-8　スキャモンの発育曲線（Scammon, 1930）

(6) 幼児期における運動能力の質的変化

　歩行が完了し，立つ，歩く，つかむといった基本動作を習得した幼児期の子どもは，走る，跳ぶ，投げる，蹴る，ころがるなど，より複雑な動作を身につけていくようになる。たとえば2〜3歳ころに走運動が可能になってくる。はじめは両腕の動きと足の動きの協調ができなかったり，ぎこちない走り方をみせる。次第に，歩幅や腕のふり，体の角度などに変化がみられるようになり，走る姿も変化していく。子どもは，日々の生活や遊びの中で積み重ねられた運動経験をふまえ，同じ動きにおいてもより滑らかに，正確さを増し，スムーズな動きを身につけていく。このように，同じ動きの中でも，運動能力の質的な変化をみることができる（図1-9）。

　子どもがさまざまな動きを身につけていくことで，その生活や遊びの幅は大きく広がる。片足跳びやスキップといった動作もできるようになり，ブランコや鉄棒といった遊具での遊びも可能になる。

　また，手先の運動機能の発達はスプーンや箸を持つことを可能にする。さらに，ボタンをはめるなどの細かい動作ができるようになることで着替えに必要な動きができるようになる。このように身体運動機能の発達は幼児期の子どもの生活習慣の自立を可能にする意味でも大きな役割を果たしている。子どもが「自分でできた」という感情をもつことは，子どもたちの自信や自尊感情にも大きく結びつくことになるのである。

図1-9　2歳から6歳の幼児の疾走活動（宮丸，1975）

(7) 幼児期における運動能力の性差

1997年に行われた幼児の運動能力テストの結果,運動能力の男女差を比較すると,25m走,立ち幅跳び,ソフトボール投げの種目で,男児が女児よりも優れている。両足連続跳び越し,体支持連続時間については性差による大きな違いはみられなかった。この結果から幼児期において,瞬発力やスピードにかかわる能力については男児が女児よりも優れていること,また筋力や敏捷性にかかわる能力は男女差が認められないことが報告されている。また,他の調査によれば,女児では運動の調整・協調の面で男児をしのぐとの報告がなされている。

(8) 児童期・青年期における特徴と性差

一生の中で児童期と青年期とは新生児期と乳幼児期に次いで身体発達が劇的に成就される時期(思春期の発育スパート(adolescent spurt))であり,体力のさまざまな要素がピークに達し最大体力を発揮する時期である。女子では16歳,男子は18歳くらいまで身長発育がみられるが,この過程で10-12歳くらいは女子の方が男子をしのいでいる。女子では,8歳頃からホルモンのバランスが崩れ始める。女性ホルモン(とくに黄体ホルモン)は筋肉の緊張を低下させるが,これによって子宮筋,腹部筋群が弛緩し赤ん坊を育てることが可能になる。一方男性ホルモンは蛋白同化作用を促進し,筋繊維の肥大に都合のよい状況を作り出す。女性ホルモンは骨端軟骨結合線の閉鎖を早める作用をし,骨発育に関しては成長ホルモンと反対のはたらきをする。この時期の特徴として,「青年期の不器用」という現象がある。思春期の発育スパートを迎えると,ある特定の身体属性に発育発達エネルギーが集中し他の身体属性にはエネルギーがあまり動員されないことになり,ここからアンバランスが生じるのである。たとえば体格は急激に発育するが筋力や調整力がついていけないなどである。

(9) 中高年期の身体・運動機能の発達

表1-1は年齢による生理的変化を示したもので,30歳時を100としたときの割合を表している。成人期以降は個人差が大きいが,思っていたより数値が高いと言えよう。

図1-10は29歳を基準とした体力指標の年齢的変化(大西,1983)である。垂直跳力と連続跳びなど下肢の筋力が関係する体力指標はとくに45歳以降から大きく落ちている。まさに「老化は脚から」である。それに対して背筋力は日常生活で物を持ったりする機会があるせいか減少がなだらかである。

表1-2は年齢的な体力変化を推測する手がかりとして水泳のマスターズ日本記録(社団法人日本マスターズ水泳協会 2010.4.1現在)を示したものである。種目は自由形・長水路・100mである。

表1-1 年齢による生理的変化 (30歳時を100としたときの割合) (上田,1985)

生理的特徴	年齢(歳)					
	30	40	50	60	70	80
末梢神経の伝導速度	100%	100%	96%	93%	91%	87%
基礎代謝率	100	98	95	92	86	83
水分含有量	100	98	94	90	87	81
仕事率	100	94	87	80	74	
心拍出量	100	93	83	58	70	
腎(糸球体)の濾過率	100	98	90	82	77	59
最大換気量	100	92	78	61	50	41

これは他の資料についてもあてはまるが,示されている数値は横断的な資料に基づいている。したがって個人の発達的変化を示しているわけではない。とくに成人期以降は個人差が大きい時期であることに留意すべきである。

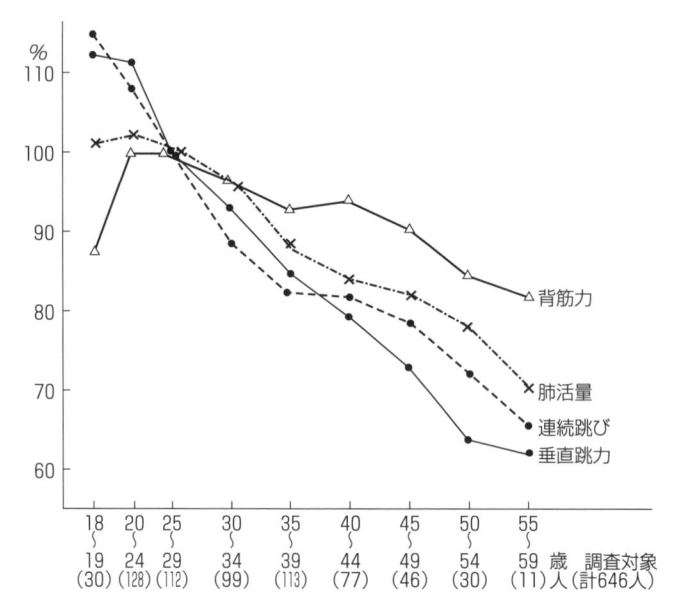

図1-10 29歳を基準にした体力指標の年齢変化（大西，1983）

表1-2 年齢別 水泳のマスターズ日本記録（自由形・長水路・100m）

年齢	18-24	25-29	30-34	35-39	40-44	45-49	50-54	55-59
女子	58.37	58.59	58.90	1:01.19	1:02.50	1:03.64	1:09.16	1:10.94
男子	51.40	51.63	51.34	50.76	55.39	56.14	59.75	59.56

年齢	60-64	65-69	70-74	75-79	80-84	85-89	90-94	95-
女子	1:12.31	1:13.05	1:14.28	1:30.16	1:39.30	1:53.28	2:00.12	2:56.83
男子	1:03.53	1:04.47	1:06.62	1:10.02	1:17.11	1:23.52	1:38.05	2:17.59

5. 身体発達と環境

　身体の発達は多くの要因によって影響される。猪飼ら（1967）はそれらの要因として性差，父母の体格，民族差，地域差，気候，季節，社会経済的条件，栄養状態，運動，疾病，精神的因子，その他の因子（養育環境，家族構成など），年代差をあげている。ここでは時代別体位と季節による変化を取り上げる。

(1) 時代別体位の変化

　表1-3は1955年と1985年度の身長・体重・胸囲・座高の年齢別・男女別平均の変化である（1985年度学校保健統計調査報告書等から筆者が作成）。

　これを見ると30年間でこれらの測度すべてについて増加が認められる。この原因には社会経済的条件や栄養状態さらには解放的雰囲気という意味での精神的因子などが関わりあっていると思われる。ここ最近の調査結果として男子，女子ともに年ごとに増加傾向にあった身長の伸びが1997年から2001年あたりでピークを迎えその後横ばい傾向をみせている。2010年度の文部科学省の速報値によれば17歳男子の身長は170.7cm，女子は158.0cmであった。同省は日本人の遺伝的要因によって男子の身長は頭打ちと述べている。また，体重についても男子，女子ともに1998年から2003年にかけてピークを迎え，その後は減少傾向をみせている。

(2) 季節的変動

図1-11は児童における身長と体重の季節による変動の様子を示したものである。これによると身長は4月から7月にかけて発育量が比較的大きくなり，体重は9月から翌年の春にかけて発育量が大きくなる。

表1-3　身長・体重・胸囲・座高年齢別・男女別平均の変化

区分	身長 (cm) 男	女	体重 (kg) 男	女	胸囲 (cm) 男	女	座高 (cm) 男	女
5歳	106.0	104.9	17.4	16.9	55.1	53.5	60.6	60.1
	110.8	110.1	19.2	18.9	56.4	55.1	62.6	62.2
差	4.8	5.2	1.8	2.0	1.3	1.6	2.0	2.1
6歳	110.3	109.3	18.7	18.1	56.2	54.6	62.8	62.3
	116.7	115.9	21.4	20.9	57.9	56.6	65.3	64.8
差	6.4	6.6	2.7	2.8	1.7	2.0	2.5	2.5
11歳	133.9	134.9	29.7	30.5	65.8	65.2	73.2	74.1
	144.1	145.9	37.4	38.5	70.2	70.9	77.2	78.7
差	10.2	11.0	7.7	8.0	4.4	5.7	4.0	4.8
14歳	151.7	148.9	42.7	43.2	75.0	75.6	82.0	82.0
	164.1	156.3	53.6	49.9	80.3	79.7	87.2	84.5
差	12.4	7.4	10.9	6.7	5.3	4.1	5.2	2.5
17歳	163.4	153.2	54.5	49.8	83.0	80.5	89.0	84.3
	170.3	157.8	61.8	52.7	86.3	82.1	90.9	85.2
差	6.9	4.6	7.3	2.9	3.3	1.6	1.9	0.9

（上段は1955年　下段は1985年度）

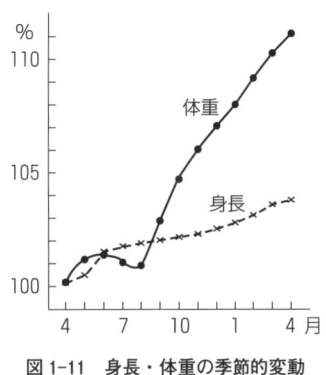

図1-11　身長・体重の季節的変動
（河崎・林，1985）

6. 身体・運動機能の発達と精神発達

言うまでもなく身体と精神とは大変に密接な関係にある。たとえば自律訓練法は不安・不適応の治療を目的とする弛緩療法の1つで，心理的弛緩を得させることによって生理的緊張の解消を図るものである。またこれとは逆に漸進的弛緩法はまず生理的緊張の解消から心理的弛緩に進んでいく。次のような調査がある。ある学生のグループに試験を受ける前と後とでの自分の身長を評価させたが，半分の学生には試験に失敗したと言い，他の半分には良くできたと報告した。失敗したと言われた学生たちは自分の身長を小さ目に知覚した。正に身が縮む経験である。また親との愛情が剥奪された場合，子どもの成長ホルモンの分泌が抑制され身体的発達が阻害されるとの報告がある。私たちは身体的な発達や健康であることからの充実感・高揚した感じを日常的に経験している。これまでの身体的機能の発達の記述の中でも身体と精神との関係が読み取れるであろう。また運動機能と精神的発達の関係では，たとえば赤ん坊ははいはいすることによって新しい環境と出会い，その中で自分の能力を自覚させられれば，それは自分にとっての自信となろう。手記『見えなくても愛』の著者であり，視覚障害者でもある河辺豊子は自身の高等学校2年1学期のときの自立への体験を「白い杖を手に巣立つ」との章題のもとに綴っている。それによれば著者は毎朝学校まで親類の人に送ってもらっていたのだが，遠方からひとりで通学して来る親友に刺激を受け，ひとりで学校まで行く決心をする。この親友は著者との会話の中で「でも私は，自立の一歩は自分で歩くってことだと思うのよ」とみずからの信念を表現する。著者は杖を片手に不安と戦い時間をかけながら，自分の教室にやっとの思いでたどり着く。そしてこのときの経験を「私はこの出来事をきっかけに，自由のすばら

しさを知った。そして，あらゆることへの自立心が芽生えてきたのではないかと思う」と締めくくっている。

　ところで私たちは自分の身体とは一生の間付き合っていかなければならない。自分の意志どおりに動きやすい身体をつくることが大切である。この意味から体育嫌いや運動嫌いの感覚を子どもに抱かせることは望ましいことではない。体育は他の教科よりも結果があらわにされることから苦手意識を抱く機会が多い。ここに教師の指導者としての技量が問われている。

引用・参考文献
猪飼道男　1967　日本人の体力　日本経済新聞社
猪飼道男・高石昌弘　1967　身体発達と教育　第一法規
岩崎洋子（編著）　2009　子どもの身体活動と心の育ち［第2版］建帛社
上田礼子　1985　人間発達学　医歯薬出版
河辺豊子　1983　見えなくても愛　グロビュー社
Mussen, P. H., Conger, J. J., & Kagan, J.　1963　*Child development and personality* (5th ed.). New York: Harper and Row.（P. H. マッセン・J. J. コンガー・J. ケイガン（著）三宅和夫（訳）発達心理学Ⅰ　誠信書房）
厚生労働省（編）　2008　保育所保育指針解説書　フレーベル館
近藤充夫・杉原　隆・森　司朗・吉田伊津美　1998　最近の幼児の運動能力　体育の科学48巻
澤田　淳（編）　2003　最新小児保健　小児医事出版社
Scammon, R. E.　1930　The measurement of the body in childhood. In J. A. Harris, C. M. Jackson, D. G. Paterson, & R. E. Scammon (Eds.), *The measurement of man*. Minneapolis, MI: University of Minnesota Press.
中森孜郎　1983　体育ぎらいの子　岩波書店
林　正　1985　子どもの身体の発育と発達　ぎょうせい
Portmann, A.　1951　*Biologische Fragmente zu einer Lehre vom Menschen*. Basel: Benno Schwabe.（A. ポルトマン（著）高木正孝（訳）1982　人間はどこまで動物か　岩波書店）
松浦義行　1982　体力の発達　朝倉書店
宮丸凱史　1975　幼児の基本運動におけるMotor Patternの発達1―幼児のRunning Patternの発達過程　東京女子体育大学紀要, 10, 14-25.
文部科学省　2009　平成21年度　学校保健統計調査報告書
杉下知子・武藤安子（監修）　2002　発達と保育――育つ・育てる・育ち合う　教育図書（文部科学省検定教科書）

★課題
1．「こころ」と「からだ」の結びつきについて，あなたの経験した実例をあげてみましょう。
2．「呑み込めない話」など，私たちは多くの「からだことば」を創ってきました。そのような例を10個あげてみましょう。余力のある人は，ご自分のオリジナルを創ってみましょう。

知覚の発達

第2章

1. 知覚とは

　私たちは，目や耳，舌，鼻，皮膚といった感覚器官を通して，外界のさまざまな情報を見たり，聞いたり，味わったり，香りをかいだり，感触を感じたりしている。「感じる」ということは，すなわち，これらの感覚器官を通して外界の情報が私たちの心の中で扱うことができるかたちに取り込まれたと考えられる。このように私たちの心の世界である内的世界に感覚器官を通して情報を取り込み，初期段階の情報処理を行うことを「知覚（perception）」と呼ぶ。この知覚の過程は，私たちの内的世界と外的世界を結びつける重要な役割を担っており，生まれてから死に至るまで，外的世界のさまざまな情報を知覚し続けると言える。

　前述のように「知覚」は感覚器官ごと，または，複数の感覚器官と対応した数だけ存在すると考えられる。本章では，すべての「知覚」の過程を取り上げることはせず，とくに「見る」過程に関わる「視知覚」の機能と，「聴く」過程に関わる「聴覚」の機能の発達的変化について，ブレムナー（Bremner, 1994）と山口・金沢（2008）に沿ってとくに機能が向上する乳幼児期に焦点を当てて解説する。

2. ものを見る仕組み

(1) 「眼」の仕組みと発達

　ここでは「視知覚」の感覚器官である視覚器について，構造的な理解とともに，その発達的変化を説明する。

　視知覚に必要な感覚器は「眼」である。まず眼の構造について理解することとする。図2-1は，眼の構造を模式的に示したものである。もの（対象）が見えるためには，3次元の世界の中の対象に光が当たることから始まる。対象に光が当たると，反射光が生じ，その反射光は，角膜からレンズである水晶体に入り眼球の中心のガラス体を通り，最終的に網膜まで届く。この網膜までに光が届くプロセスは，カメラの仕組みにたとえられることからわかるように，物理的な仕組みとして説明することができる。

　網膜に届いた対象のさまざまな箇所からの反射光は，網膜上で2次元の像として映し出される。この像は，レンズである水晶体の特性によって逆転しており，網膜像と呼ばれている。網膜に光が当たると，網膜に存在する2種類の光受容細胞（桿体：光の少ないときに反応，錐体：色に反応）が反応し，それぞれの細胞で光の物理エネルギーが，神経エネルギーに変換される。変換された

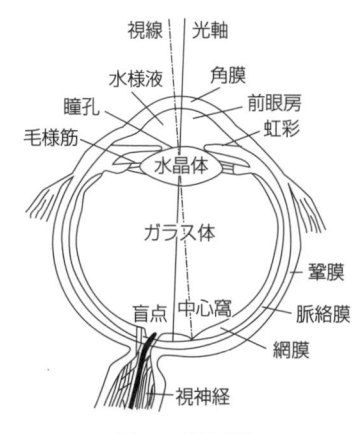

図2-1　眼の構造

神経エネルギーは，視神経を伝わって，最終的に大脳皮質の後頭葉の第1次視覚野へ送られ，網膜像がどのような対象であるかを判断する処理が行われ，最終的に視知覚が成立する。

(2) 「視覚」の発達

乳児と大人の視覚機能を比較すると，乳児は，より「近視」であると言われている。乳児だからといって「見えていない」わけではない。近視である理由として，前述のように眼球の大きさが大人よりも小さいこと，視覚的調節（水晶体の調節）が不十分であること，網膜が大人よりも敏感でないことがあげられる。

ヒトは何歳頃に，大人と同じ程度までの視覚機能を獲得していくのだろうか。まず，眼球は，3歳児で成人とほぼ同じ大きさ（眼軸長）になり，その後，ほぼ同じ大きさを維持し続ける。視覚的調節の機能については，生後2週間程度の乳児である程度の調節機能の向上が認められ，4ヵ月後には急激な調節が起こり，4ヵ月頃には大人のレベルに近くなる（Haynes, White, & Held, 1965）。敏感さについては，新生児の場合は，大人の約30分の1程度の敏感さしかないが，5ヵ月までに，大人の約3分の1程度まで向上する。以上のことから，視覚機能はかなり早い時期に，大人と同等の機能レベルまで向上すると考えられる。

(3) 形の知覚

私たちの視知覚の機能として，形の知覚（形態知覚）がある。図2-2を見てほしい。この図の中にいくつの形が見えるだろうか。一般的にこの図には，(1) 白い盃，(2) 2人の黒い横顔の2つの図を見つけることができる。このような図形（図-地反転図形）からわかることは，私たちは，形（対象）を見出すときに，背景から対象を分離させる必要があることがわかる。黒い部分を背景とすることで，白い盃は形として知覚される。逆に，白い部分を背景とすることで2人の黒い横顔が形として知覚されるのである。

図と地の関係性の中で，どちらを図とするかは，たとえば，面積の大小など環境の物理的な特徴で決定されることもあるが，個人の知識や先行経験，興味，関心といった個人内の要因によって決定されることもある。

(4) 知覚的体制化

私たちは，実際の環境の中では，ある程度自動的に図と地を分離し，複数の図を同時に知覚することができる。複数の図が同時に視野の中にある場合，それらはある程度のまとまりをなして知覚することができる。たとえば，9つの円の並び方を変えた2種類の図を見て欲しい（図2-3）。それぞれの円がある程度離れて配置されている場合（左）には，私たちは9つの円がばらばらに存在すると知覚できる。しかし，9つの円がお互いに離れていない場合（右），9つの円とともに，その9つの円を頂点，辺としたもう1つの大きな正方形を知覚することができる。このようにより大きな全体として，まとまりと知覚することを「知覚的体制化」，もしくは「群化」と言う。

知覚的体制化（群化）の特徴として，複数の対象がなんらかのまとまりをなす要因がいくつかある。たとえば，距離が近いものどうしはまとまりをつくりやすい。しかし，距離が等間隔であって

図2-2　図地反転図形の例（ルビンの壺）

も，類似したものは1つのまとまりになりやすいなどの傾向がある。このような傾向は群化の要因（表2-1，図2-4）としてまとめることができる。

図 2-3　知覚的体制化の例図

表 2-1　知覚的体制化の要因

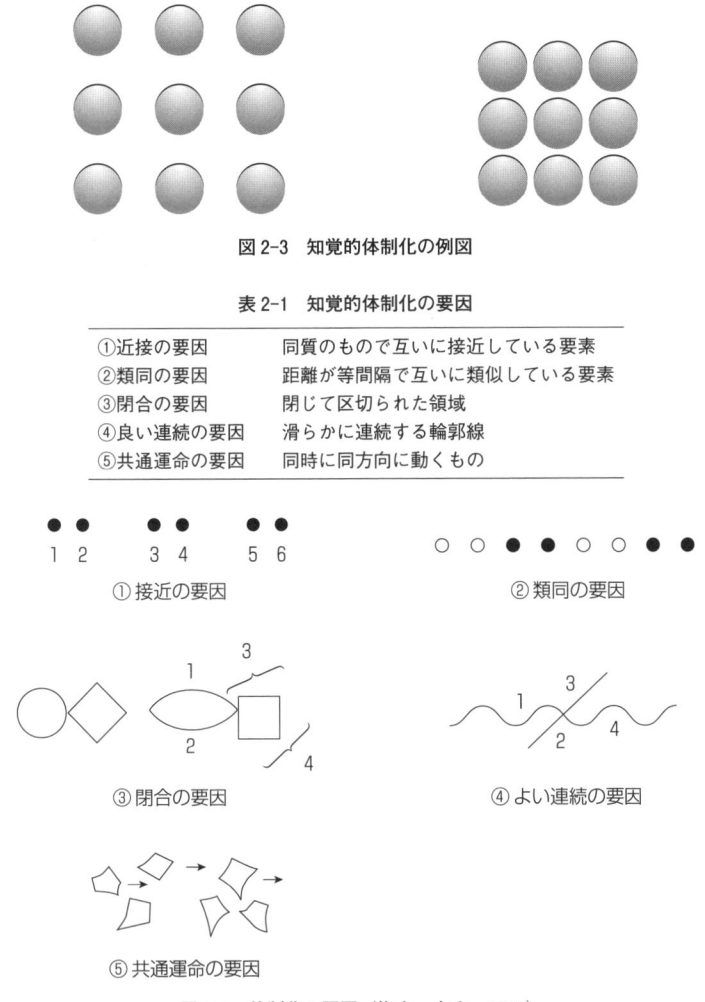

①近接の要因	同質のもので互いに接近している要素
②類同の要因	距離が等間隔で互いに類似している要素
③閉合の要因	閉じて区切られた領域
④良い連続の要因	滑らかに連続する輪郭線
⑤共通運命の要因	同時に同方向に動くもの

①接近の要因　　②類同の要因

③閉合の要因　　④よい連続の要因

⑤共通運命の要因

図 2-4　体制化の要因（梅本・大山，1992）

(5) 知覚的体制化の発達

　知覚的体制化の能力は，どのように発達するのであろうか。古くは，生まれたばかりの乳児は，知覚的体制化の能力をもたず，個々の対象をばらばらに（局所的に）知覚することしかできないと考えられていた（Salapatek, 1975）。しかしながら，新生児であっても，基本的な形態知覚，知覚的体制化が可能であることを示す知見が報告されている。たとえば，6ヵ月程度の乳児が線分の角度関係（鈍角，鋭角，図2-5）を区別できることが報告されている（Cohen & Younger, 1984; Slater et al., 1991）。さらに，生後2日目程度の新生児が，十字や三角形の違いを区別できることが報告されている（図2-6）。これらの知見からは，乳児は，基本的な図形を区別できることがわかる。

　乳児がある程度の形態知覚が可能であるということがわかったならば，次に，その形態知覚における知覚的体制化の能力がどのように大人と同じ水準に近づいていくのか，ということが気になる。

　たとえば，知覚的体制化の1つの要因である「類同の要因」について，クインら（Quinn,

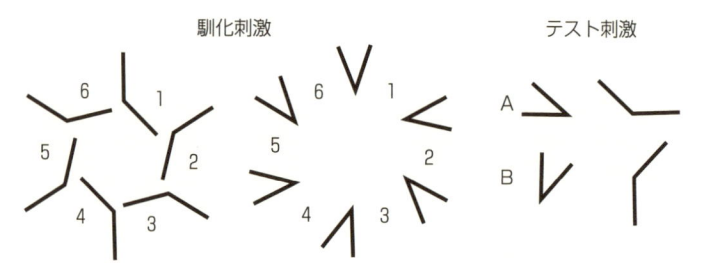

図2-5 角度の知覚の際の実験刺激 (Slater et al., 1991)

図2-6 十字や三角形の違いの弁別の刺激例
(Slater, Morison, & Rose, 1983)

Burke, & Rush, 1993) は，3ヵ月児が，要素の明るさ（明暗）の類似性で図形を群化できることを選好注視法を用いた実験で明らかにした（図2-7）。この実験では，横，もしくは縦に並べられた白黒の要素の図形群のどちらかを乳児に提示し慣れさせた。その後，縦か横の直線を提示した場合，最初の白黒の図形群の方向とは異なる図形を好んで見た。異なる方向の図形を好んで見た1つの解釈として，乳児が最初に提示された要素の図形群を1つの直線としてのまとまりと見ることができたため，新奇な異なる方向の図形を好んで見ることになったことがあげられる。さらに，後の研究（Farroni et al., 2000）では，0ヵ月程度の新生児に対しても同様の手続きの実験を実施し，明るさの類似性での群化ができる能力があることが報告されている。

新生児期を超えて，生後3～4ヵ月程度になると，大脳皮質の機能的な向上が認められる。この機能向上に伴い，他の知覚的体制化の要因による形態知覚が行えるようになる。たとえば，クイーンら（Quinn et al., 1997）の研究がある。クイーンらは，3-4歳児に対して，選好注視法を用いて，「よい連続」に基づく体制化の発達を調べた。実験では，子どもに対して円と四角形を重ねた図形（図2-8a）を提示し慣れさせた後，図2-8bと図2-8cを提示したところ，3～

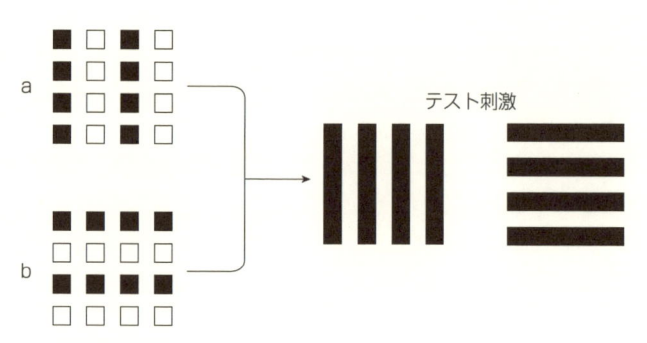

図2-7 明度の類似（類同の要因）の刺激例 (Quinn, Burke, & Rush, 1993)

4歳児は，図2-8cの図形を好んで見た。もし，図2-8aの中からよい連続である円と四角形をそれぞれまとまりのあるものとして知覚できなかった場合は，図2-8bと図2-8cへの注視の偏りは同等であるはずである。この図2-8cに注視が向いた結果から，図2-8aの中から円と四角形を知覚していたと考えられる。

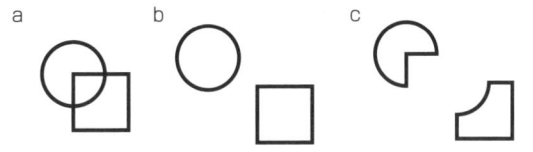

図2-8 よい連続の刺激例（Quinn et al., 1997）

(6) 視覚的補完とアモーダル補完の発達

図2-9の左上に示した図を見てほしい。私たちは，4つの欠けた円の中央に物理的には存在しない輪郭線による正方形を知覚することができる。このような主観的にしか存在しない輪郭図形は，主観的輪郭（Kanizsa, 1955）と呼ばれている。主観的輪郭による図形は，近年，知識や経験といった視覚処理の高次な過程ではなく，より視覚処理の初期の段階で生起していると考えられている。私たちは，主観的輪郭のように部分的に隠れた視覚情報を補って対象の形態を知覚することが可能であり，このような機能は「視覚的補完」と呼ばれている。

視覚的補完の代表的な現象である主観的輪郭は，どのように発達するのであろうか。ここでは2つの主観的輪郭図形を例に説明する。主観的輪郭を知覚させる代表的な図である4つの欠けた円で構成された図形

図2-9 主観的輪郭の刺激例（Ghim, 1990）

（図2-9）について，ギム（Ghim, 1990）は，3～4ヵ月の乳児がこの図形において主観的輪郭を知覚できることを報告している。さらに，主観的輪郭を生起させる別の図形として，中央に円状の主観的輪郭を知覚することができるエーレンシュテイン図形（図2-10）がある。カブセク（Kavsek, 2002）は，馴化法を用いて，エーレンシュテイン図形において主観的輪郭が生起するかどうか検討したところ，図形サイズが小さい場合，生後4ヵ月程度の子どもでも輪郭を知覚することができることを報告している。

私たちの知覚において物理的に存在しない図形が補完される機能として，視覚的補完の他にアモーダル補完と呼ばれる機能がある。アモーダル補完とは，2つの図形が部分的に重なった場合，重なった部分に隠れた図形を知覚できる機能である（図2-11）。これまで，アモーダル補完については，6ヵ月以降に発達すると考えられていた。これは，ピアジェ（Piaget, 1954）の，子どもが興味を引きそうなオモチャを部分的に隠した場合に，6ヵ月の子どもは，オモチ

図2-10 エーレンシュテイン図形の刺激例（Kavsek, 2002）

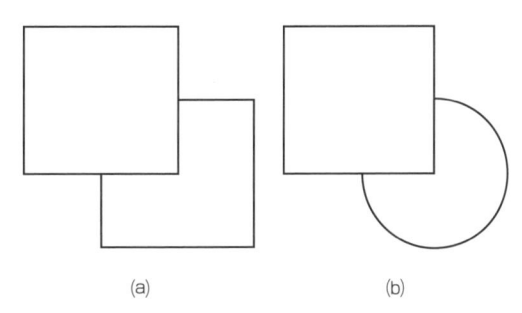

図2-11 アモーダル補完の図形の例（Kanizsa, 1979）

ャに対して手を伸ばす行動を示すことを観察した結果によるものである。しかし，近年，4ヵ月程度の子どもでも，物体に動きがある場合など条件によっては，アモーダル補完が可能であることが報告されている（Kellman & Spelke, 1983）。

（7） 顔の知覚の発達

これまでさまざまな視覚的な対象の知覚について説明してきたが，私たちヒトが社会の中で適切に生活するために知覚することが求められる視覚的な対象がある。その対象とは私たちヒトの「顔」である。ヒトの顔は，目，鼻，口などの決まった要素で構成され，左右対称，対象はかなり類似しているという特殊性がある。私たちヒトは，顔のパターンを正しく識別することで適応的に生きていくことができる。もし，ヒトの顔パターンに気づくことができなければ，ミルクにありつくことができなかったり，便の処理をしてもらえなかったりする可能性が生じる。

顔の知覚の発達の初期の研究としてファンツ（Fantz, 1961）の研究があげられる。ファンツは，図2-12に示されたような3つの図形に対する乳児の選好を調べることで顔パターンの知覚の発達へアプローチした。この実験では（a）顔の要素が適切に配置された図形，（b）顔の要素が不適切に配置された図形，（c）黒色の部分を（a）と（b）の顔の要素と同じ面積にして顔の意味をなさない図形，という3種類の図形を複数の月齢の乳児に見せたところ，すべての月例で，（c）の図形よりも（a）と（b）の図形を好んで見ることが明らかになった。さらに，多くの月齢で（b）の図形よりも（a）の図形を乳児は見ることが明らかになった。この結果からは，ファンツは，3ヵ月程度の月齢から顔パターンの識別が可能であるとした。その後の研究では，顔のどの要素について注目して顔パターンの認識を行っているのかなど，顔知覚の発達過程が検討されている。

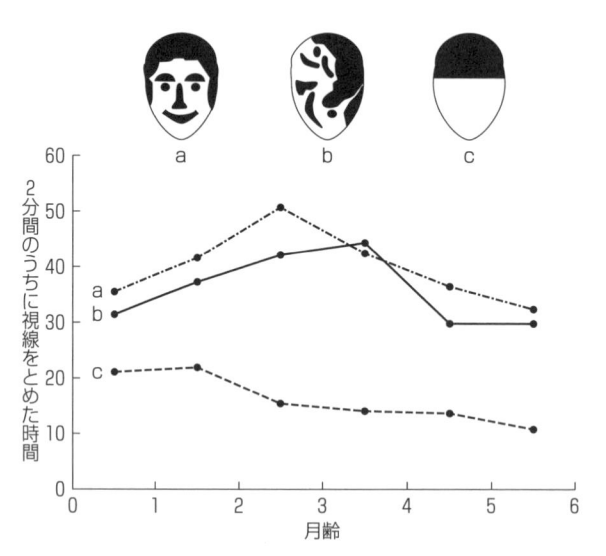

図2-12 刺激パターンごとの乳児の注視時間と月齢の関係（Fantz, 1961）

（8） 色の知覚

網膜上の中心に，私たちが色を感じるためのセンサーが並んでいる。色を感じるセンサーは，錐体と桿体という2つの性質の異なる細胞である。2つの細胞はそれぞれ機能が異なり，錐体は色に対して，桿体は明るさに対して反応し，それぞれ異なる情報を伝達する。

錐体には，3種類の錐体細胞が存在し，それぞれ，赤色，緑色，青色の3種類の光に最も敏感に反応する。この3種類の細胞のどれかの機能が欠けると，色の見えが異なる色覚障害が生じることになる。錐体の特徴として，網膜の中心部分に最も多く存在するため，視野の中心では色を十分に知覚することができるが，視野の中心から外れる（周辺視野）と，ほとんど色を知覚することができなくなる。しかしながら，私たちは，潜在下で起こる自動的な眼球の微細な運動などを通して，適切な色覚を得ることが可能である。

　また，錐体と桿体の発達にはズレがあることが知られている。まず，網膜の周辺の桿体細胞が発達し，その後，中心の錐体細胞が発達する。そのため，大人と乳児との色覚は，これらの細胞が大人のレベルにたどりつくまで，ある程度異なった様相を示すと考えられる。

　色の色覚の発達の特徴として2ヵ月の乳児が赤色の視覚刺激を弁別できるという報告（Peeples & Teller, 1975）や，生後1ヵ月から3ヵ月の間に緑色の視覚刺激が弁別できるようになるという報告（Hamer et al., 1982）などから，生後2ヵ月程度の時期には色の弁別の基本的な能力が発達すると考えられる。しかしながら，青色の弁別ができるようになるのは，4ヵ月程度であることが報告されている（Teller et al., 1997）。その理由としては，青色に反応する錐体細胞の発達が他の色の細胞と比較すると遅いことがあげられる。

　明るさの知覚については，新生児については大人よりも能力が低いが，生後2ヵ月程度にはすでに大人と同じ程度の能力をもっていることが報告されている（Dobkins et al., 2001）。この結果からは，色よりも明るさの知覚の能力の方が早く発達することがわかる。

(9)　奥行き知覚

　私たちが生きる環境は3次元の空間の中である。たとえば，この空間の中で移動するためには，空間内に配置された立体の物体の3次元内での位置関係を把握する必要がある。しかし，私たちの網膜はスクリーンのような平面であり，網膜に映し出された空間内の像は2次元的な像である。私たちは，この2次元の像を用いて奥行きを知覚し，空間内の位置関係などを理解する。

1）奥行き知覚のメカニズム　　奥行き知覚を可能にするメカニズムとして2つの説明が可能である。まず，第1のメカニズムが，生理的な手がかりに基づく奥行き知覚である。生理的な手がかりの1つとして両眼視差（図2-13）がある。私たちの眼の特徴として2つの眼球，網膜がある。この両眼は大人で6cm程度離れている（両眼視差）ため，この2つの網膜に映し出される像はある程度ズレる。このズレの大きさを手がかりとして私たちは奥行きを知覚する。もう1つの手がかりは，輻輳角である。遠くにある対象を見る場合，両眼の視線が作り出す角度（輻輳角）は大きくなるが，対象が遠くにある場合，その角度は小さくなる。この角度の情報を手がかりとしても奥行きを知覚することができる。

　前述の生理的な手がかりは両眼によって生起する手がかりであった。しかし，私たちは，片眼であっても奥行きを知覚することができる。それを可能にするのが第2のメカニズム，経験的な手がかりに基づく奥行き知覚である。経験的な手がかりとは私たちが生まれてから学習するさまざまな奥行きの手がかりとなる情報であり，たとえば，遠近法，重なり，陰影など（図2-14）がある。遠近法は，近くにあるものほど大きく，遠くにあるものほど小さく見えるという関係性が手がかりとなる。重なりでは，手前にある近い対象が遠くの対象を隠すという関係性が手がかりとなる。陰影では，図形の下に陰があると図形が浮き出て手前に見えるため，陰の位置が手がかりになる。

　私たちは，以上のように，さまざまな手がかりを利用して，2次元の網膜像から奥行きを知覚することで，この3次元の空間の中で生きている。

2）奥行き知覚の発達　　それでは，この奥行き知覚はどのように発達するのだろうか。奥行

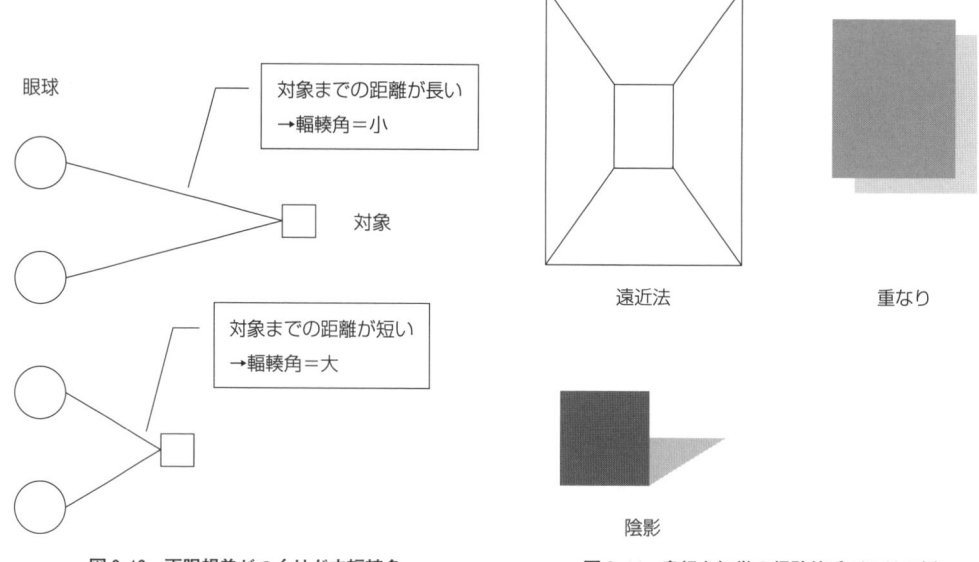

図 2-13　両眼視差がつくりだす輻輳角　　　　　　図 2-14　奥行き知覚の経験的手がかりの例

き知覚の発達について古典的な研究として深さの知覚の研究（Gibson & Walk, 1960）がある。この研究では，視覚的断崖と呼ばれる装置（図 2-15）を用いて，深さを知覚できるかどうかを検討した。

　視覚的断崖の装置は，ガラス板の左右に深さの異なる 2 種類のスペースと中央の渡り板で構成されていた。大人が上から見えると，左の深い側でより深さを知覚できる。このガラス板の中央の渡り板の上に乳児を乗せどのように移動するかを観察した。もし，乳児が深さを知覚することができれば，深く見えるスペースでの移動は最小限になると予測できた。実験の結果，6 ヵ月から 14 ヵ月の乳児のほとんどが深いスペースは利用せず移動することが示された。この結果からは，6 ヵ月程度で深さの知覚は可能であることがわかる。

　もう 1 つの古典的な研究として，乳児の手のばしの観察がある。クルックシャンク（Cruikshank, 1941）は，乳児は正しく奥行きを知覚することができれば，手が届く距離にある場合，対象に対して手を伸ばす行為が生じやすくなるという予測をもって観察を行った。実験

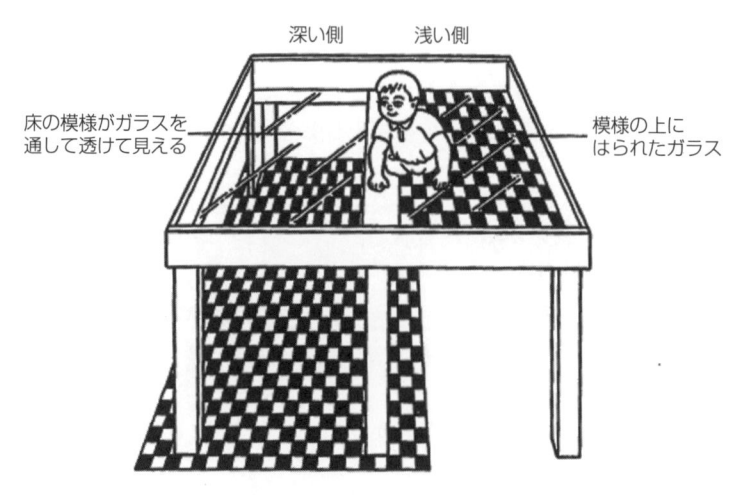

図 2-15　視覚的断層装置（Gibson & Walk, 1960）

では，(1) 手が届く小さな対象，(2) 手が届かない小さな対象，(3) 手が届かない大きい対象((1) と網膜上の大きさは同じ)を3～12ヵ月の乳児の目の前に提示したところ，5～6ヵ月の乳児が (1) と (3) の対象に対して手を伸ばすことが観察された。網膜像上では同じ大きさである (1) と (3) に手を伸ばしたことを考えると網膜上の像に対して奥行きを感じていると判断することができる。この結果からは，6ヵ月程度で奥行きを知覚するためのメカニズムがある程度でき上がっていることがわかる。

近年の研究では，両眼視差に基づく両眼立体視の能力や，絵画的な奥行き手がかりに基づく奥行き知覚の能力の発達についても，より詳細に研究されている。バーチら (Birch et al., 1982) は，奥行きを知覚できるステレオグラム (2枚の画像に両眼視差と同じようにズレをつけた絵) を用いて，両眼に基づく立体視の発達を検討した。その結果，生後4～5ヵ月程度の乳児の大半がステレオグラムに対して好んで見ることが観察された。この結果などから，生後4ヵ月頃までには，両眼視差の手がかりに基づく奥行き知覚の能力は発達すると考えられる。絵画的な奥行き手がかりによる奥行き知覚はヨナス (Yonas et al., 1986) らの研究グループが検討し生後7ヵ月程度までに発達することが報告されている。

3. ものを聞く仕組み

(1) 耳の構造

外の対象から発せられた音は，音波として私たちの左右にある耳に届く。耳に届いた音波は，まず外耳を通り鼓膜を振動させる。その後，その振動は中耳にある耳小骨を伝わり内耳にあるリンパ液の振動となって蝸牛内を通り，その中にある基底板の一部を振動させる。基底板には，感覚細胞 (有毛細胞) があり，その細胞が刺激され聴神経に神経インパルスを伝え，最終的に脳で音を感じとる。

私たちヒトは，すべての高さの音を聞き取れるわけではなく，聞くことができる音の高さ (周波数) の範囲は決まっている。成人が聞くことができる周波数は，20 Hz から 20,000 Hz の範囲であるが，その範囲は個人によって異なることが多い。年をとるにつれて，高い周波数の音は聞こえにくくなる。

(2) 聴覚の発達

聴覚の発達については，これまで視知覚の発達ほど明らかになっていることは多くない。その理由として，乳幼児の聴覚の能力を調べるため方法が視知覚と比べると十分でなかったことがあげられる。視知覚の研究において乳児が見ているか見ていないかを調べるためには，実験的コントロールをした環境の中で見ている方向を確認することで直接的に調べることができる。しかしながら，聴覚の場合は，聞くことができた場合に必ずしもその方向に体を向けるわけではなく，外から見て聞けたかどうかを直接的に確認することができない。このような状況の中で，心拍の変化などの間接的な確認方法や，聴覚刺激と視覚刺激を組み合わせて，音が聞こえているかを確認する方法などが開発された。その結果，聴覚の能力の発達についても多くのことが明らかになってきた。

聴覚の能力は，視知覚の能力と比較すると，より早い段階で発達する。それは，妊娠12週目程度から音に対する感受性があることや，出生前1ヵ月程度の胎児が外界の音に対しても反応すること (Grimwade et al., 1971) が報告されていることでも明らかである。これらの報告からは，聴覚の基本的な機能は胎児のころから備わっていることがわかる。さらに，音を聞き分けることができるかなど，周波数の異なる音を区別できるかについても検討され，5～8ヵ月

児が大人と同じ程度に高い周波数の音を区別できるが，低い周波数の音を区別する能力は十分でないことなどが報告されている（Olsho, 1984）。

4. 知覚の発達のまとめ

　ここまでで，知覚のメカニズムに関する概説とそのメカニズムの発達について説明してきた。本章では，とりわけ，知覚の発達の中でもとくに機能が向上する乳幼児期に焦点を当てた。当然，発達は機能が向上する時期だけでなく機能が低下する時期も含んでいること忘れてはいけない。機能が低下する時期としては，加齢に伴う各種機能が低下する老年期があげられる。この時期には，眼球そのものの機能低下や，白内障，緑内障などの疾病などが生じ「見え」そのものが阻害され，知覚機能に影響を与えることがある。また，聴覚機能においても同様のことが起こる可能性が考えられる。

　知覚が適切に機能することによって，私たちは世界のさまざまな事象を心の中に取り込み，文化的な生活を営むことが可能になる。しかし，その知覚機能は生涯を通じて変化する。そう考えると，その発達過程において，私たちは，それぞれ異なる世界を体験しているのかもしれない。

引用・参考文献

Birch, E. E., Gwiazda, J., & Held, R.　1982　Stereoacuity development for crossed and uncrossed disparities in human infants. *Vision Research*, **22**, 507-513.

Bremner, G.　1994　*Infancy*. Oxford, UK: Blackwell.

Cohen, L. B., & Younger, B. A.　1984　Infant perception of angular relations. *Behavior and Development*, **7**, 37-47.

Cruikshank, R. M.　1941　The development of visual size constancy inearly infancy. *Journal of Genetic Psychology*, **58**, 327-351.

Dobkins, K. R., Anderson, C. M., & Kelly, J.　2001　Development of psychophysically-derived detection contours in L- and M-cone contrast space. *Vision Research*, **41**, 1791-1807.

Fantz, R.　1961　The origin of form perception. *Scientific American*, **204**, 66-72.

Farroni, T., Valenza, E., & Simion, F.　2000　Configural processing at birth: Evidence for perceptual organization. *Perception*, **29**, 355-372.

Gibson, E. J., & Walk, R. D.　1960　The "visual cliff." *Scientific American*, **202**, 67-71.

Ghim, H.　1990　Evidence for perceptual organization in infants: Perception of subjective contours by young infants. *Infant Behavior and Development*, **13**, 221-248.

Grimwade, J. D., Walker, D. W., Bartlett, M., Gordon, S., & Wood, C.　1971　Human fetal heart rate change and movement in response to sound and vibration. *American Journal of Obstetrics and Gynecology*, **109**, 86-90.

Hamer, R. D., Alexander, K., & Teller, D. Y.　1982　Rayleigh discrimination in young human infants. *Vision Research*, **22**, 575-587.

Haynes, H., White, B. L., & Held, R.　1965　Visual accommodation in human infants. *Science*, **148**, 528-530.

Kanizsa, G.　1955　Margini quasi-percettivi in campi con stimolazione omogenea. *Rivista di Psicologia*, **49**, 7-30.

Kavsek, M. J.　2002　The perception of static subjective contours in infancy. *Child Development*, **73**, 331-344.

Kellman, P. J., & Spelke, E. S.　1983　Perception of partly occluded objects in infancy. *Cognitive Psychology*, **15**, 483-524.

Olsho, L. W.　1984　Infant frequency discrimination. *Infant Behavior and Develop*, **7**, 27-35.

Peeples, D., & Teller, D.　1975　Color vision and brightness discrimination in two-month-old human infants. *Science*, **189**, 1102-1103.

Quinn, P. C., Brown, C. R., & Streppa, M. L.　1997　Perceptual organization of complex visual configurations by young infants. *Infant Behavior and Development*, **20**, 35-46.

Quinn, P. C., Burke, S., & Rush, A.　1993　Part-whole perception in early infancy: Evidence for perceptual grouping produced by lightness similarity. *Infant Behavior and Development*, **16**, 19-42.

Salapatek, P.　1975　Pattern perception in early infancy. In L. B. Cohen., & P. Salapatek (Eds.), *Infant perception: From sensation to cognition* Vol. 1. (Basic visual processes.) New York: Academic Press.

Slater, A., Mattock, A., Brown, E., & Bremner, J. G.　1991　Form perception at birth: Cohen and Younger (1984) revisited. *Journal of Experimental Child Psychology*, **51**, 395-406.

Slater, A., Morison, V., & Rose, D.,　1983　Perception of shape by the new-born baby. *British Journal of Developmental Psychology*, **1**, 135-142.

Teller, D. Y., Brooks, T. E. W., & Palmer, J.　1997　Infant color vision: Moving tritan stimuli do not elicit directionally appropriate eye movements in 2- and 4-month-olds. *Vision Research*, **37**, 899-911.

梅本堯夫・大山　正（編著）　1992　心理学への招待――こころの科学を知る　サイエンス社

山口真美・金沢　創（編著）　2008　知覚・認知の発達心理学入門――実験で探る乳児の認識世界　北大路書房

Yonas, A., Granrud, C. E., Arterberry, M. E., & Hanson, B. L.　1986　Infants' distance perception from linear perspective and texture gradients. *Infant Behavior and Development*, **9**, 247-256.

★推薦図書

知覚の発達についてより発展的な学習をする場合は以下の図書を参考にするとよいでしょう。

山口真美・金沢　創（編著）　2008　知覚・認知の発達心理学入門―実験で探る乳児の認識世界　北大路書房

J. G. ブレムナー著　渡部雅之（訳）　1999　乳児の発達　ミネルヴァ書房

★課題

1．0歳から5歳ぐらいまでの知覚の発達の特徴を年代別にまとめてみましょう。
2．新生児の段階でかなりの知覚が機能している理由について，考察してみましょう。

記憶能力の発達

第3章

　私たちは日々さまざまなことを経験し，新たな概念を理解したり情報を得たりして，それを記憶している。そしてさらにそうした記憶をもとに，他者と関わりあい，周囲の事物を認識・操作して日常生活を営んでいる。記憶は，人々の生活すべてに深く関わっていると言える。そもそも私たちの「自分は自分であり，今の自分は過去の自分とも未来の自分とも連続して存在している同一の個体である」という意識も，記憶があってこそ成り立つものである。

　では，人はどのようにして物事を記憶しているのだろうか。また記憶能力の発達を支え促す要因として，どのようなものがはたらいているのだろうか。そして記憶をめぐるさまざまな能力は，生涯においてどのように現れ，発達していくものなのだろうか。

　本章では，まず記憶という現象について基本的に理解するために，記憶を「人が情報を処理する流れ」としてとらえたモデルの1つを紹介する。次に，記憶の促進に必要と考えられている主な要因とは何かを取り上げる。そのうえで，こうした記憶とそれに関連するさまざまな能力や事象が，発達に伴って変化していく様相を概観する。

1. 記憶の仕組み

（1） 記憶の過程

　「記憶する」ということを，人が外部から与えられた情報を処理する際に脳内で生じているはたらきの流れとして想定すると，その過程は大きく3つの段階に分けられる。まず，感覚を通じて外から得た情報（刺激）を意味に変換（解読・分析）し記憶に取り込む「符号化」の段階，次にその情報を記憶にとどめて（保持して）おく「貯蔵」の段階，そしてそれを必要に応じて記憶の中から想起する「検索」の段階である。

　たとえば，秋の野原で青紫色の花を見つけたとき，花の名前を「リンドウ」と人に教えてもらったとする。このとき私たちは「リンドウ」という音声を目にした花の名前として符号化し，貯蔵する。そして後に，同じ花を見て他の人に「これは何という花ですか？」とたずねられたとき，「リンドウ」という名を検索し音声で再生することによって相手に答えるのである。

（2） 記憶の二重貯蔵モデル

　アトキンソンとシフリン（Atkinson & Shiffrin, 1968, 1971）は，この「符号化」「貯蔵」「検索」からなる一連の情報処理過程という考え方を用いて，記憶研究における代表的な基本モデルの1つである二重貯蔵モデル（dual storage model）を説明した（図3-1）。

　このモデルでは，目や耳などの感覚器官（感覚レジスタ）を通じて入力された情報（感覚記憶とも呼ばれる）は選択的に記憶に入れられ，その貯えられている時間の長さの違いによって短期記憶と長期記憶という2つの記憶に区別されるとしている。これは，提示された単語を思い出した順に再生させる自由再生法を用いた実験で，単語の提示順序（系列位置）や遅延時間の挿入，提示速度の変化によって単語の再生率に差異が認められた（Glanzer & Cunitz, 1966）ことなどをその根拠とするものである。以下に，このモデルにおける情報処理の過程にそって，

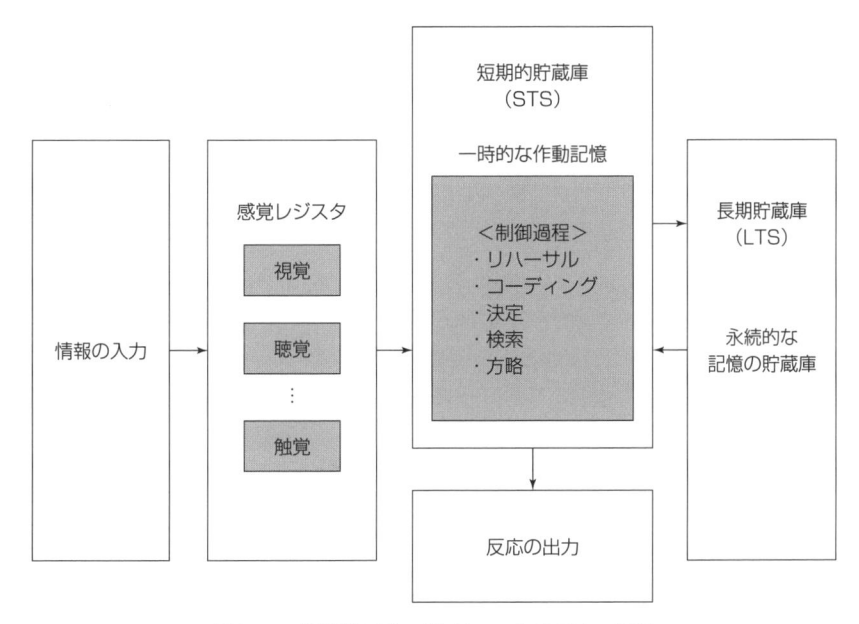

図 3-1　二重貯蔵モデル（Atkinson & Shiffrin, 1971）

それぞれの段階の特徴と機能を述べる。
1）感覚記憶　外部の環境から入力された情報は，はじめ感覚記憶として解読されないまま感覚レジスタにごくわずかな時間保持される。たとえば視覚的な刺激の場合，その感覚記憶（アイコニック・メモリと呼ばれる）の保持時間は約 500 ミリ秒であることが知られている（Sperling, 1960）。これに対して，聴覚的な感覚記憶（エコイック・メモリと呼ばれる）は約 5 秒保持されるという実験結果が報告されている（Glucksberg & Cowan, 1970）。つまり，感覚記憶は入力される感覚ごとに持続する時間が異なっており，それぞれに違う保持様式が存在すると考えられる。
2）短期記憶　感覚記憶では瞬間的にしか保持されない膨大な情報のうち，その人の注意の対象となったごく一部の情報だけが短期貯蔵庫（short-term store: STS）に送られて，短期記憶となる。STS の容量は，おおよそ 7 つのまとまり（チャンク）であると言われている（Miller, 1956）。また，その保持時間も非常に短く，約 18 秒程度でほぼ消失することが実験により報告されている（Peterson & Peterson, 1959）。

短期記憶の主な機能は，重要な情報を長期記憶に転送するための作業を行うことである。言い換えれば，短期記憶では単に記憶を短時間保持するだけでなく，選択した情報について長期間貯蔵できるよう書き換えるような処理も行われるのである。このため，近年の研究では短期記憶という語に代わって作業記憶という表現も用いられている。
3）長期記憶　さまざまな記銘方略によって長期貯蔵庫（long-term store: LTS）に転送された記憶は，長期記憶としてほぼ永続的に保持されることになる。LTS には容量の限界はないとされる。長期記憶の主な機能は，情報を保持することと必要に応じて検索することである。

長期記憶は，その情報の内容によって手続き的記憶と宣言的記憶に区分される（Squire, 1987）。そして，宣言的記憶はさらにエピソード記憶と意味記憶とに分けられる（Tulving, 1972）。それぞれの内容は以下のとおりである（図 3-2）。

　①**手続き的記憶**：物の操作や扱い方などについての具体的な手順に関する記憶。ひとつひとつの技能についての記憶を意識的に想起して用いるのではなく，一連の記憶が統合されたかたちで定着したものである。

```
                        長期記憶
┌─────────────────────────────────────────────────┐
│                  手続き的記憶                    │
│                                                  │
│       例）車の運転，楽器の演奏，機械の操作など   │
└─────────────────────────────────────────────────┘

┌─────────────────────────────────────────────────┐
│                   宣言的記憶                     │
│  ┌───────────────────────┐ ┌──────────────────┐ │
│  │     エピソード記憶    │ │    意味記憶      │ │
│  │                       │ │                  │ │
│  │例）「先週の日曜日に友 │ │例）「クジラはほ  │ │
│  │   達と買い物に出かけた│ │   乳類である」   │ │
│  │   」                  │ │「三角形の内角の  │ │
│  │「昨日は○○小学校の授 │ │ 和は180°である」│ │
│  │   業に参加した」      │ │                  │ │
│  └───────────────────────┘ └──────────────────┘ │
└─────────────────────────────────────────────────┘
```

図3-2　内容の特徴による長期記憶の分類

②宣言的記憶：言語やイメージにより記述できる事実に関する記憶。
- エピソード記憶：個人が経験したある出来事についての記憶。その経験をした場所や時間といった文脈が特定され，それが検索にあたっての手がかりとなる。
- 意味記憶：一般的な知識や概念の記憶。学んだことが抽象化・一般化され知識の体制として形成されている（知識として定着することによってそれが獲得された際の経験は特定されなくなる）。

2. 記憶の促進に関わる主な要因

(1) 記憶の方略

重要な情報を長期記憶として貯蔵する際に，いくつかの有効な方略があることが知られている。ここではとくに代表的な方略として，リハーサル・体制化・精緻化を取り上げる。

1）リハーサル　覚えるべき情報を音声として（または心の中で）反復するという方略である。たとえば電話番号や郵便番号などを調べて，電話をかけたり宛先を書くまで繰り返し唱えているような場合を指す。リハーサルを行うことによって，情報は短期貯蔵庫に保持され続け，長期貯蔵庫に転送されやすくなると考えられる。

2）体制化　情報を意味的な共通性や関連性によってまとめ，整理して覚える方略である。たとえば，「リンゴ」「ミカン」「トマト」「ガム」…のようにいくつかの単語をランダムに提示したとき，それらを1つずつばらばらに覚えようとするのではなく，「果物」「野菜」「菓子」のようにカテゴリごとにまとめてリハーサルすることによって，覚えやすくなったり後で再生しやすくなったりする。

3）精緻化　記憶する対象となる情報に，さらに何らかの別の情報を付加することによって覚えやすくする方略を指す。たとえば単語のリストを記憶する際に，それらを結びつけたイメージや物語を作ったり，元素記号や円周率など文字や数字の羅列を覚える際に，語呂あわせなどによって少しでも意味のある情報にしたりすることである。

これらはいずれも，明確には意識していない場合も含め，日常生活の中で私たちがよく利用

している方略である。こうした方略の使用がそれぞれ実際に記憶を促進する効果があることは，さまざまな実験により確認されている。

(2) 記憶の制御

「記憶する」という行為は，どのような場合でもつねに同じように行われるわけではない。私たちは，「今度開かれる重要な会議には必ずこの資料を持参しなくてはならない」「この暗唱番号は後で使うものだが，忘れてしまうかもしれない」と判断したときに，前述した記憶方略を使用したり，あるいは手帳やふせんにメモをして目にとまるようにしておくことが多い。記憶すべき情報の重要性や忘れそうな可能性の高さなどから，必要に応じて記憶をとどめるために自分なりに有効と考える何らかの処置を行っているのである。

このように自分自身の記憶をコントロールすることや，自分の記憶能力についてもっている知識・信念をメタ記憶と言う。ケイル（Kail, 1990）は，医者が病気の治療をする「診断→処置→経過観察（→処置が不適切と判断された場合は処置の変更）」という過程のうち，「診断」「経過観察」の部分がメタ記憶に対応するとした。治療過程の「診断」にあたるのは，記憶課題に対してそれがどの程度重要だったり難しいかといったことを判断して適切な記憶方略を選択する「評価」の過程であり，また「経過観察」にあたるのは，その方略の使用によってどれくらい課題が達成されているかをモニターし，方略の調整や変更を図る「モニタリング」の過程である。

人が自分のもっている記憶方略をうまく使いこなしていくうえでも，メタ記憶は重要な役割を果たしている。メタ記憶を十分に備えていないと，記憶すべき課題を与えられてもどのような記憶方略を使用すればよいか自分ではわからなかったり，ある課題で使用するよう他者に教えられた記憶方略を他の課題にも同じように適用することができなかったりする。豊田（2007）は，記憶成績に影響する要因としてメタ記憶・記憶方略・記憶容量（保持できる情報の量）の3つをあげたモデル（DeMarie & Ferron, 2003）について（図 3-3），これらの要因は互いに関連しており，記憶方略が効果を生むのは覚えるべき情報に最も適した方略を用いることができたときであると指摘している。

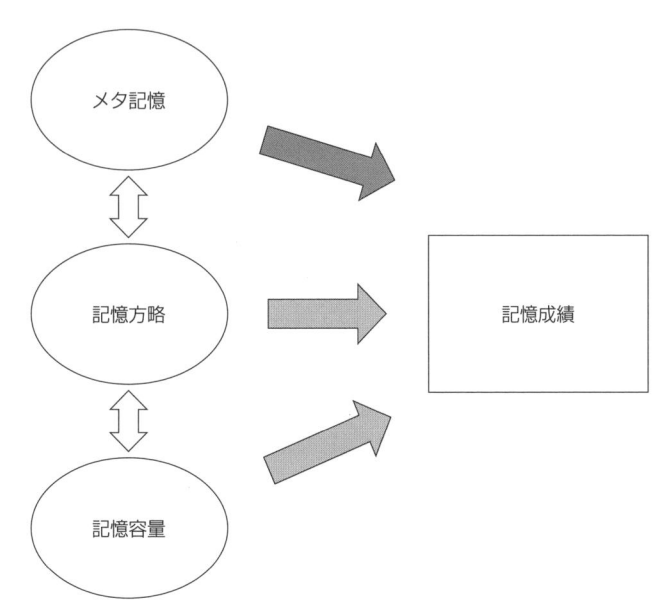

図 3-3 記憶成績を説明する3要因モデルの略図
（豊田，2007：DeMarie & Ferron, 2003 をもとに作成）

より多くの記憶方略をもつことと同時に，自分の記憶能力を把握し覚えるべき情報に即した方略を選択するというメタ記憶を十分にはたらかせることが，記憶の促進に大きく関わっているのである。

(3) 知　識

記憶すべき材料についてその人がどれくらい知識をもっているかということも，記憶の促進に影響する。知識が増えることによって意味記憶をより構造づけることができる。構造づけられた情報は，ばらばらな情報よりも記憶しやすい（図3-4）。

チー（Chi, 1978）は，チェスに熟達した10歳児と初心者の大人について，駒の配置の再生率を比較した。その結果，駒がランダムに配置されていた場合には両者に差は見られなかったが，チェスのルールに従って駒が配置されていた場合には熟達した子どものほうが良い成績をあげたのである。この実験結果から，子どもでもある領域についての知識が豊富であれば，それに関する記憶は大人よりも優れていることが示されたと言える。

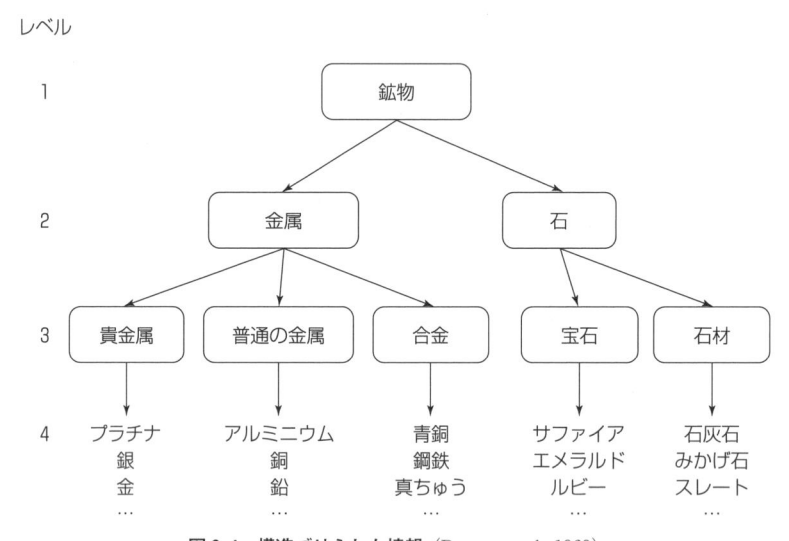

図3-4　構造づけられた情報（Bower et al., 1969）

3. 乳児期の記憶の発達

一般的に，人生で最もはじめの記憶は3歳ごろのことであるという人が多い。それよりも前の記憶は検索することが困難なようである。また，0-2歳前後の子どもはことばで自分の内的な世界を表現して伝えることがまだ難しいため，直接質問したり記憶課題を与えたりして「いま・ここで」の記憶の状態を確認することもできない。

では，生後まもない時期から幼児期のごくはじめごろにかけての記憶は，どのようにして測定されるのだろうか。そしてこの時期の子どもたちに，記憶能力はどの程度認められるのだろうか。

(1) 新生児の記憶

ことばに頼らずに行動を指標として，生まれたばかりの子どもの記憶を測定する方法の1つに，強化法がある。たとえばデ・キャスパら（DeCasper & Spence, 1986）は，妊娠中の女性に胎児に童話の一節を読み聞かせるよう依頼し，出産後，子どもがほ乳瓶を吸う力が強いとき

には胎児期に聞かせた一節の録音音声を，弱いときには同じ母親の声で別の一節を読み聞かせている録音音声を聞かせて，子どものほ乳瓶の吸い方に変化が現れるかを実験した。その結果，子どもは胎児期に聞いていたのと同じ一節の録音のほうを聞くことができるようほ乳瓶の吸い方を変える傾向のあることが示されたのである。一方，胎児期に読み聞かせをしなかった子どもには，ほ乳瓶を吸う反応に読み聞かせ音声の違いによる差は見られなかった。この実験結果から，生後間もない新生児でも胎児期に聞いていた母親の声，すなわち聴覚刺激を再認できると考えられる。

一方，視覚刺激の再認については，「慣れ」を利用した馴化法による実験がある。この方法では，最初にある視覚刺激（例：白黒の格子模様）を子どもに見せてそれに慣れさせておく。その後，最初の刺激と別の新しい刺激（例：よりマス目の細かな格子模様）を一緒に並べて提示し，その子どもがどちらの刺激をより長く注視するかを測定する。子どもが最初に見た刺激を記憶していれば，その刺激と新しい刺激を両方同時に示されたときに，まだ慣れていない新しい刺激のほうを長く見ると考えられる。この方法を用いて，最初の刺激を見せてからどれくらいの間その刺激を記憶しているかを測定したところ，生後1-4日以内の新生児でも5〜10秒以内の短い時間であれば再認は可能であることが報告されている（Friedman, 1972）。

このように，生後数日-1ヵ月以内の新生児でも，視覚や聴覚から得た情報をある一定の時間保持できることが明らかとなっている。記憶のはたらきは，人生の非常に早い時期からすでに存在しているのである。

(2) 乳児の記憶

新生児の時期を過ぎて月齢がもう少しすすんだ生後半年以内の子どもを対象に，身体の動きを用いて記憶を測定した実験による一連の研究がある。

ロヴィー゠コリアー（Rovee-Collier, 1989）は，子どもをベビーベッドに仰向けの状態で寝かせ，その頭上に吊されているモビールと子どもの片方の足首をリボンで結び，「足を動かすとモビールも動く」ということを学習させた。そしてその後，どれくらいの期間その子どもに足を動かす運動によってモビールを動かすという傾向が保持されるかを調べた。結果，2ヵ月児では2〜3日，3ヵ月児は1週間にわたって覚えていられることが示された。さらに，生後6ヵ月児の場合には約2週間情報が保持されるという報告もある（Fegan, 1973）。生後数ヵ月の間に，乳児は学習したことをより長期間記憶して再認することができるようになっていくのである。

さらに1歳前後になってくると記憶能力の発達とともに運動機能もより活発になり，子どもは他の人の行動やしぐさを観察して，後でその人がいないときでも同じ行動やしぐさをまねる延滞模倣が見られるようになる（Melzoff, 1995）。これも，乳児が人の動きを観察によって学習し，その記憶を一定期間保っていられることを示している。延滞模倣を利用した実験結果から，1歳前の子どもでも，数ヵ月以上覚えておくことが可能であると言われている（Carver & Bauer, 2002）。

1歳児の子どもたちの様子を見ていると，遊びのなかで積み木を電話に見立てて大人とやりとりを楽しんだり，「パパ，かいしゃ」のように身近な人が今目の前でなくどこに行っているのかを話したりする。また，食事や就寝，買い物の時間など，毎日の生活の流れを理解して，大人が言う前に自分で物をもってきたりする様子もみられるようになる。こうした姿も，記憶能力の発達に支えられたこの時期の育ちの現れとしてとらえることができる。まだ自分の記憶を客観的に理解したり言語で十分に表現することはできないが，2歳以前の子どもたちも基本的には記憶能力を有しており，それを日々の生活の中で活用していると言えるだろう。

4. 幼児期以降の記憶の発達

　一般的に，記憶能力は幼児期以降大人になるまで，年齢に伴ってしだいに向上していく方向で発達する。より多くのことを記憶していられるようになる（記憶容量の増大）だけでなく，前述した記憶の促進に関わる要因もそれぞれにより複雑なものとなり，質的にも高まっていくのである。ここでは，幼児期以降の記憶容量を中心とする記憶の基本的な能力と記憶の促進要因（方略・メタ記憶・知識）にそれぞれどのような発達的変化が見られるのか，その様相を概観する（表3-1）。

表3-1　さまざまな発達段階にみられる記憶の4つの側面（丸野, 1990（Siegler, 1986を改変））

発達する側面	0-5歳児	5-10歳児	10歳以後
基本的能力	いろいろな能力が現れる。連合，般化，再認など。5歳ころまでに，感覚登録器や短期記憶の絶対容量はほぼ大人の水準に達する。	処理のスピードが増す。	処理のスピードがますます速くなる。
方略	リハーサルや体制化などの方略を学習するが，記憶場面で効率的に利用することが困難。	多くの方略（リハーサルや体制化など）を獲得し，記憶場面で効率的に利用可能になる。	方略の精緻化，すべての方略の質的改善，方略利用の効率性の増大。
メタ記憶	記憶についての事実的知識が不十分。基本的モニタリング能力（考えや行動を監視したり，どれだけ記憶できるか予測するなど）はあるが，その機能は不十分。	記憶についての事実的知識の増大。モニタリング能力の改善およびその機能の効率性が増大。	事実的知識やモニタリングや記憶過程での制御の改善。事実的知識が記憶の仕方（手続き）に効果を発揮し始める。
内容的知識	確実に増大していく内容的知識がその関連領域での記憶を助ける。	確実に増大していく内容的知識がその関連領域での記憶を助ける。また新しい方略の学習や推論の仕方などにも影響を与える。	確実に増大していく内容的知識がその関連領域での記憶を助ける。また新しい方略の学習や推論の仕方などにも影響を与える。

（注）　4つの側面の発達的連関については，次のように考えられる。内容的知識の増大に伴い，基本的能力が熟達化するだけでは効率的な記憶行動を遂行することができない。そのためには，基本的な能力や内容的知識を巧みに使い分けていくためのいろいろな方略の獲得や精緻化が必要になるし，その方略を課題状況や自己の記憶行動の状態に応じてうまく機能させるためには，さらにそれをモニターしたりチェックしたりするメタ記憶の発達，改善が必要不可欠になる。この意味でメタ記憶は，基本的能力や内容的知識を制御する機能を果たす。

(1) 記憶の基本的な能力の発達

　子どもの記憶範囲は，最初から大人と同じというわけではない。年齢とともに増加していくことが研究により明らかにされている。たとえば，一度記憶した情報をそのまま思い出す再生課題では，2歳で平均2個，4歳で平均3個，さらに5歳では4個程度の項目を想起できるといった報告がある（Myers & Perlmutter, 1978; Chi, 1978）。また，以前提示された情報と同じ情報を与えられたとき，それに反応したり，はじめて示された他の情報を含む多くの情報の中から正しく選択したりする「再認」の成績も，年齢が上がるにつれて正答率がより高まっていく。

　一方で，こうした記憶を処理する速度も発達に伴って徐々に増大する。より効率よく情報を処理し，覚えたり検索したりすることができるようになっていくのである。

(2) 記憶方略の発達

　記憶方略の使用は乳児期の子どもにはみられないが，幼児期以降になると，しだいに記憶方略を使って情報を覚えようとする行動をとるようになっていく。フラベルら（Flavell, Beach &

Chinsky, 1966) は 5 歳児・7 歳児・10 歳児に 7 枚の絵を見せ，そのうち 3 枚を指さして 15 秒後に同じ絵を実験時と同じ順序で示すという課題を与えた。このとき，待っている 15 秒のあいだに写真に写っている対象の名前をリハーサルするような行動（声に出して復唱する，唇を動かして発声のような動作をするなど）を自発的に示した子どもの割合は，5 歳児では約 10%だったのに対し，7 歳児では約 60%となり，さらに 10 歳児では 85%にのぼっていた。また，リハーサルを行った者のほうが行わなかった者よりも課題の正答率は高かった。

また他の研究では，年齢があがるにつれて単にリハーサルを行うことが増えるだけではなく，その内容もより効率的なものとなってくることが指摘されている。すなわち，覚えるべき項目が次々と提示された場合に，8 歳児はその都度ひとつひとつの項目を機械的にリハーサルするだけであるのに対し，より年長の 13 歳児になると，先に示された他の項目もあわせ複数の項目を同時にまとめてリハーサルするようになるのである（Ornstein, Naus & Liberty, 1975）。

提示された項目について，そのカテゴリーや意味に従ってまとめて覚える体制化の方略についても，リハーサルと同様に，年齢があがることによって可能となることが示されている。モリーら（Moely, Olson, Halwes & Flavell, 1969）は，動物や家具といったいくつかのカテゴリーにおける具体物の絵を子どもに提示し，その際に体制化を行うかどうか比較した。その結果，5～6 歳児ではこうした方略の使用はほとんど認められなかったのに対し，10～11 歳児では急速に増加していた。

これらの研究結果をふまえると，体制化とリハーサルでは方略の自発的な産出が可能となる年齢に違いが見られたことから，方略ごとに発達の時期や様相は異なるということも指摘できる。いずれにしても，記憶方略は年齢とともによりその種類や効率性が向上していくものであり，とくに学齢期において著しい発達が認められると言える。

(3) メタ記憶の発達

メタ記憶の芽生えは幼児期のころから見られ，その後学齢期にかけてさまざまな能力が獲得されると同時に，その正確さも増していく。たとえば，フラヴェルら（Flavell, Friedrichs & Hoyt, 1970）は子どもたちに絵を提示して自分が一度見て再生できると思われる項目の数を予測させ，その後で実際の再生成績と比較した。その結果，保育所・幼児園児の場合には予測した再生項目数と実際に可能だった再生項目数の差が大きかったが，実験参加者の年齢があがるに従いその差は徐々に小さくなっていき，おおむね小学 4 年生の子どもになると両者の数はほぼ同じとなった。つまり，メタ記憶がより正確なものとなったと考えられる。

こうした自分の記憶能力に関する知識のほかにも，記憶方略に関する知識や課題の難しさや記憶する人の特性（年齢など）によって記憶成績には差が生じることの理解，そして自分があることをどの程度記憶できているのかを自分でモニタリングする能力など，年齢とともにメタ記憶に関する多様な側面が発達していく。こうしたメタ記憶の発達に支えられて，子どもは適切な方略を利用しながら複雑な情報をより効率的かつ正確に記憶することができるようになっていくのである。

(4) 知識の発達

知識は，身近で具体的なことから直接関わりをもたないことや抽象的なことまで，年齢とともにその量や広がり・深さを増していく。ただし，同じ年齢ならばある程度誰もが共通して学ぶことや知っていること，個人の興味や関心に応じて知識の幅が大きく異なることなど，領域や内容によってその特徴もさまざまである。場合によっては子どものほうが大人よりも知識を豊富にもっていることもある。そのため，先に述べたチー（Chi, 1978）によるチェスの駒の配置に関する例のように，特定領域の知識量の違いによって記憶能力に逆転した年齢差（子ども

のほうが大人よりも記憶能力が高い）がみられることも生じる。

　前述したように，知識が豊かになるということは，それに関連した新しい情報を構造づけて覚えやすくできるということにつながる。また，精緻化や体制化といった記憶方略を産出したり使用したりするうえでも，知識は必要である。

　さらに，知識は情報を記憶するときだけでなく，貯蔵している記憶を検索する際にも役立つ。自分のもつ知識をもとに推論を行って，記憶を再生することが可能となるのである。このように知識の発達は，記憶能力の発達と密接に関連していると言える。

5. 老年期の記憶

（1） 加齢と記憶能力

　記憶に関わるさまざまな能力は，いずれも青年期のころまでにほぼピークに達し，成人期以後は年齢とともに衰えていくと一般的には考えられている。確かに，多くの人は高齢になると新しい情報を覚えることに時間がかかったり困難が生じたりするし，またもの忘れもしやすくなる。成人の加齢による記憶能力の減退は，自分自身や身近な人の変化から誰もが経験的に感じることと言えるだろう。

　しかし，これまでの研究から，記憶の種類によってこうした記憶能力の低下の様相は異なることが知られている。短期記憶は60歳以降低下がみられるものの，その変化率は10％程度であり，日常生活を営むうえで支障はあまり生じない。一方長期記憶のうち，語彙力や一般的な知識などの意味記憶はほとんど低下しないが，ある特定の場所や時間といった個人的経験に関わるエピソード記憶は，加齢により成人期から老年期にかけて著しく低下していく（佐藤・堀田，1999）。このように，老年期になるとあらゆる記憶に関わる能力が一様に減退するというわけではなく，実は長い間あまり衰えない記憶もあるのである。

（2） 自伝的記憶

　記憶は，私たちの認知的な機能だけではなく，感情や自己とも密接に関連している。自分自身がこれまでの人生において体験した出来事についての個人史的な記憶を自伝的記憶と言う。自伝的記憶はエピソード記憶の一種とも言えるが，単なる事実の再生ではなく，個人的な感情を伴うものであり，自己の同一性や連続性を支えるうえでも重要な役割を果たすと考えられる。

　とくに老年期においては人生の統合が発達課題であり（Erikson, 1959），自分の人生と向き合い受け入れるうえでも過去の体験を思い起こすことは大きな意味をもつ。長田（1994）は，高齢者の回想について行った調査の結果から，高齢者がよく思い出すのは青年期であること，また思い出す内容としてもちょうどその時期にあたる戦争体験が最も多かったことなどを報告している（表3-2）。高齢者を対象とした研究において，20歳代のころの出来事が高い頻度で想起されることは他の研究でも示されており（Rubin, Wetzler, & Nebes, 1986），この現象はレミニッセンス・バンプと呼ばれている。

　もちろん自伝的記憶は老年期に限らず子どもを含め他のさまざまな時期においてみられるものであり，また発達の諸側面と結びついて私たちの日常や人生に深く関わっている。こうしたことから，今後の記憶研究の展開という点においても近年自伝的記憶研究はとくに注目されている。

表3-2 最もよく思い出す内容（長田，1994）

思い出す内容	(%)	思い出す内容	(%)
①特定の期間		③人物	
青春時代	6.5	両親	5.9
児童期	5.9	友人	3.5
子育ての頃	5.9	子ども	2.9
夫婦生活	4.1	配偶者	2.4
働いていた頃のこと	2.9	その他の親族	1.2
良き時代	0.6	その他の知人	1.2
②体験		④対象物	
戦争体験	19.4	故郷	2.9
親しい人との死別体験	7.6	仕事	2.4
辛く苦しかった体験	6.5	趣味に関するもの	1.2
嬉しく楽しかった体験	4.7	自然	0.6
旅行	4.1		
失敗	2.9		
対人関係でのトラブル	2.4		
病気	1.8		

（注）$N=164$　のべ回答数 170

引用・参考文献

Atkinson, R. C., & Shiffrin, R. M. 1968 Human memory. A proposed system and its control processes. In K. W. Spence, & J. T. Spence (Eds.), *The psychology of learning and motivation* Vol. 2. New York: Academic Press. pp. 90-197.

Atkinson, R. C., & Shiffrin, R. M. 1971 The control of short-term memory. *Scientific American*, **225**, 82-90.

Bower, G. H., Clark, M. C., Lesgold, A. M., & Winzenz, D. 1969 Hierarchical retrieval schemes in recall of categorized word lists. *Journal of Verbal Learning and Verbal Behavior*, **8**, 323-343.

Carver, L. J., & Bauer, P. J. 2001 The dawning of a past: the emergence of long-term explicit memory in infancy. *Journal of Experimental Psychology: General*, **130**, 726-745.

Chi, M. T. H. 1978 Knowledge structures and memory development. In Sigler, R. S. (Ed), *Children's thinking: What develops?*. Hillsdale, NJ: Lawrence Erlbaum Associates. pp. 73-96.

DeCasper, A. J., & Spence, M. J. 1986 Prenatal maternal speech influences newborn's perception of speech sounds. *Infant Behavior and Development*, **9**, 133-150.

DeMarie, D., & Ferron, J. 2003 Capacity, strategies, and metamemory: Test of a three-factor model of memory development. *Journal of Experimental Child Psychology*, **84**, 167-193.

Erikson, E. H. 1959 *Identity and the life cycle*. Psychological Issues, vol. 1. New York: International Universities Press.

Fegan, J. F., III. 1973 Infants' delayed recognition memory and forgetting. *Journal of Experimental Child Psychology*, **16**, 424-450.

Flavell, J. H., Beach, D. R., & Chinsky, J. M. 1966 Spontaneous verbal reheasal in a memory task as a function of age. *Child Development*, **37**, 283-299.

Flavell, J. H., Friedrichs, A. H., & Hoyt, J. D. 1970 Developmental changes in memorization processes. *Cognitive Psychology*, **1**, 393-403.

Friedman, S. 1972 Habituation and recovery of visual response in the alert human newborn. *Journal of Experimental Child Psychology*, **13**, 339-349.

Glanzer, M., & Cunitz, A. R. 1966 Two strage mechanisms in free recall. *Journal of Verval Learning and Verbal Behavior*, **5**, 351-360.

Glucksberg, S., & Cowan Jr., G. N. 1970 Memory for nonattended auditory material. *Cognitive Psychology*, **1**, 149-156.

Kail, R. 1990 *The development of memory in children* (3rd ed.). New York: Freeman. （R. ケイル（著）高橋雅延・清水寛之（訳）1993 子どもの記憶―おぼえること・わすれること　サイエンス社）

丸野俊一　1990　認知　無藤　隆・高橋惠子・田島信元（編）　発達心理学入門Ⅰ　乳児・幼児・児童　東京大学出版会　pp. 82-107.

Melzoff, A. N.　1995　What infant memory tells us about infantile amnesia: Long term recall and deferred imitation. *Journal of Experimental Child Psychology*, **59**, 497-515.

Miller, G. A.　1956　The magical number seven, plus or minus two. *Psychological Review*, **63**, 81-97.

Moely, B. E., Olson, F. A., Halwes, T. G., & Flavell, J. H.　1969　Production deficiency in young children's clustered recall. *Development Psychology*, **1**, 26-34.

Myers, N. A., & Perlmutter, M.　1978　Memory in the years from two to five. In Ornstein, P. A. (Ed.), *Memory development in children*. Hillsdale, NJ: Lawrence Erlbaum Associates. pp. 191-218.

長田由紀子　1994　老人と回想　教育と医学, **42**(11), 82-87.

中里克治　1990　老人の知的能力　無藤　隆・高橋惠子・田島信元（編）　発達心理学入門Ⅱ　青年・成人・老人　東京大学出版会　pp. 119-132.

Ornstein, P. A., Naus, M. J., & Liberty, C.　1975　Rehearsal and organizational processes in children's memory. *Child Development*, **46**, 818-830.

Peterson, L. R., & Peterson, M. J.　1959　Short-term retention of individual verbal items. *Journal of Experimental Psychology*, **58**, 193-198.

Rovee-Collier, C.　1989　The joy of kicking: Memories, motives, and mobiles. In P. R. Solomon, G. R. Goethals, C. M. Kelley, & B. R. Stephens (Eds.), *Memory: Interdisciplinary approaches*. New York: Springer-Verlag. pp. 151-180.

Rubin, D. C., Wetzler, S. E., & Nebes, R. D.　1986　Autobiographical memory across the life span. In D. C. Rubin (Ed.), *Autobiographical memory*. Cambridge, MA: Cambridge University Press. pp. 202-221.

佐藤昭夫・堀田晴美　1999　神経系の加齢変化　折茂　肇（編集代表）　新老年学（第2版）　東京大学出版会　pp. 125-143.

Siegler, R. S.　1986　Children's thinking. Upper Saddle River, NJ: Prentice-Hall. p. 256.

Sperling, G.　1960　The information available in brief visual presentations. *Psychological Monographs: General and Applied*, **74**(11), 1-28.

Squire, L. R.　1987　*Memory and brain*. Oxford: Oxford University Press.（L. R. スクワイア（著）河内十郎（訳）　1989　記憶と脳—心理学と神経科学の統合　医学書院）

髙野陽太郎（編）　1995　認知心理学　2　記憶　東京大学出版会

豊田弘司　2007　記憶力と学習能力　教育と医学, **55**(6), 30-38.

Tulving, E.　1972　Episodic and semantic memory. In E. Tulving & W. Donaldson (Eds.), *Organization of memory*. New York: Academic Press. pp. 381-4043.

★課題

1．記憶の仕組みに基づいて考えると，「記憶力がある」ということはどのように説明できるだろうか。

2．日常生活の中で，物事を記憶する際にどのような方略を用いているか，考えてみよう。

言語の発達

第4章

1. 話し言葉の起源

(1) 言葉の発達と大脳の機能

子どもは，言葉を話すようになるまでに，感覚器官，知覚器官，その他の身体の活動を最大限利用して，外部とコミュニケーションを図ろうとする。言葉の発達にはヒトの五感のうち，聴覚と視覚がとくに関係している。

言語に関係する大脳皮質の主な領域を図4-1に示す。ウェルニッケ野は聴覚器，視覚器を通して得られた情報の意味を理解することに関与している。この部位に障害があると音は聞こえるが，言葉の意味が理解できなくなる。情報は，音声言語の産出と理解に関係するブローカ野を経て，口唇や咽頭の運動に関係する運動野へ送られ，意味のある言葉が発せられることとなる。

(2) 聴覚と視覚の発達

胎児期から言葉の学習は始まる。胎児の聴覚については，妊婦の腹部に高周波の純音を当て，胎児の心音を測定すると，平均で胎生24週ごろから，早いものでは胎生20週ごろから心拍数が速まるという反応がみられる。子宮内では母親の血流音，心音，胎児自身の血流音，心音などの胎内音や，外界のさまざまな音が混ざり合っており，それを胎児は聞いている。子宮の中の音は平均85 dBであるが，心臓の鼓動ごとに95 dBとなる。地下鉄の電車の通過音が100 dB程であるので，騒音のような状態の中で音を聞き取っているのである。

新生児の聴覚については，純音500から4,000 Hzを提示した場合の閾値の平均は，60 dB（普通の会話程度の音圧）である。2ヵ月児は55から60 dB，4ヵ月児は30 dB，6ヵ月児は25 dB，12ヵ月児は20 dB程（ささやき声程度の音圧）となる（萩原・野田，1989）。成人の聴覚の閾値は0 dBであるので，新生児は人の話し声がやっと聞こえるか，聞こえないかという程度であり，1歳でもささやき声がやっと聞こえるぐらいである。おとなほどには聞こえていないということを考慮して子どもには，なるべく，はっきりと大きな声で語りかけることが大切である。

出生直後に新生児に胎内音を聞かせると鎮静効果がみられること，新生児に母国語と外国語を聞かせると母国語を嗜好することなどから，出生直後には胎内環境で聴いた音声の記憶が残っていることがわかる。また，生後4ヵ月ですでに，母国語を聞くのに適した神経回路を形成している可能性があることも検証されている。胎内にいるときからすでに母

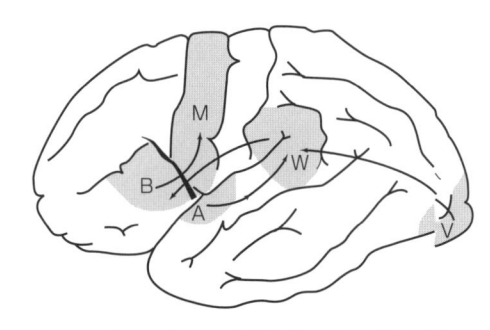

図4-1 音声方語の産出過程（Zemlin, 1997／邦訳, 2007）
発話産出のための特定領野を示す左大脳半球。これは聴覚野（A），ブローカ野（B），運動皮質（M），視覚皮質（V），ウェルニッケ野（W）を含む。

国語についての学習の基礎が始まっているのである。

　胎児の視覚については，網膜のもとができるのが，胎生4週頃である。網膜は映像を映すスクリーンの役割を果たす。胎生28週頃からは光を感知するようになるが，このころは眼球ではなく，脳で直接に明るさを感じている。出生間際では，母体の腹壁に光を当てて心拍数の変化をみると約20％の確率で反応がみられる。

　新生児の視力は30 cmの距離で0.04ほどである。これは母親が子どもを抱きあげたときの子どもと母親との顔の距離に相当する。ファンツ（Fantz, 1961）の実験によると，子どもの最も嗜好する図形はヒトの顔であった。明瞭には目の見えない新生児にとって，抱きかかえられることは有益な刺激になる。ヒトの顔を見るときには，生後1ヵ月児は頭部や顎などの顔の周辺部を注視するのに対して，2ヵ月児では目や口などの中心部を見つめるようになる。さらにその後はとくに目に注目するようになる。また，図柄については，無地よりも輪郭がはっきりしているもの，複雑な柄などを好んで注視することも知られている。

　乳幼児期の視力は生後3ヵ月児で0.01から0.02，4ヵ月児で，0.02から0.05，6ヵ月児で0.05から0.08，2歳児で0.5から0.6，4，5歳児でやっと成人と同様に1.2から1.5の視力となる。幼児期に入るころまでは，たとえば絵本や紙芝居を見せる場合には子どもをなるべく近くに引き寄せるなど，おとなほど視力が発達していないことを考慮して子どもに対する必要がある。

　子どもを，人の声，自然界の音，人工的に作成した雑音を聞かせると，人の声にのみ，手足を微妙に動かして反応する現象が見られる。これをエントレインメントと言う。子どもは自分の思いをそのときに可能な手段を用いて表現しているのだということを心に留めて，しっかりと応答してやることが大切である。

2. 前言語期：前言語的コミュニケーション

　意味する単語とそれを表す意味される内容が一致したときにはじめて言葉となる。まだ話すことができない段階であっても，泣き，喃語，指さし，模倣などを用いてコミュニケーションを図ることができる。

(1) 泣　き

　泣くことは有益なコミュニケーションの手段の1つであるとともに，発声器官をコントロールしおとなの声を模倣する練習の機会ともなっている。

　やまだ（1987）によると，新生児期の泣きは，空腹なとき，眠たいとき，興奮したとき，退屈なとき，体調不良のときなど不快な状態のときに泣く「生理的泣き」が中心である。不快な状態以外では，他の乳児が泣いている声を聞くと自分は不快でなくても，つられて泣く「伝染性の泣き（連鎖的啼泣）」がみられる。

　生後半年頃までには，現在は不快でなくても不快なことが次に起こりそうな状況が予想できて泣く「期待の泣き」がみられる。このころはまだ不快な状態は取り除かれていないにもかかわらず次に快適な状況が来ることが予想できて泣き止む「予期の泣き止み」や反対に現在は快適であるが，次に不快な状況が来ることを予想できて泣く「予期の泣き出し」が起こる。また泣き声が分化してきて，空腹，オムツがぬれていて不快，眠い，体調不良などにより，泣き方に変化がみられるようになる。おとなはこの泣き声の変化と，子どもの前後の様子により，それ以前よりも的確に子どもの要求を理解し適切に応じることができるようになる。

　生後半年過ぎから1歳2ヵ月ごろになると「欲求の積極的表現としての泣き」がみられるよ

うになる。たとえば自分のやりたいことが否定されたときに泣く「拒否の泣き」，要求を通すために泣く「要求表現の泣き」などがみられる。1歳を過ぎると「要求をかなえる道具として泣き」を利用するようになる。

1歳10ヵ月頃からは「うそ泣き」もできるようになる。

(2) 微　笑

　出生後まもないころには，まどろんでいるときや，不快なことが取り除かれたときなどに，口唇の端を引き上げ微笑むような表情がよくみられる。これを自発的微笑（生理的微笑）と言う。これは，脳の下位中枢のはたらきによる自発運動の1つである。愛らしいその表情におとなは思わず微笑んでしまったり，声がけをしたりするというように手厚い反応をすることになる。

　生後2，3週間が過ぎるとガラガラの音や，語りかけに対して微笑むようになる。これを誘発的微笑と言う。外部の刺激を受け，それにより微笑反応が起こる，その積み重ねで次第に子どもとおとなの交渉は活発になっていく。

　1ヵ月を過ぎると，みずから微笑むようになる。おとなの行う微笑と同様に相手を意識しての微笑みであり，これを社会的微笑と言う。生後3ヵ月ごろは，そのピークで誰に対しても愛想よく微笑むが，特定の人への愛着が形成されるにしたがって，不特定多数ではなく，微笑みの対象は見慣れた人などに限られてくる。

(3) 指 さ し

　おとなでも言葉が通じない場合には身振りや，指さしによりコミュニケーションを図ろうとする。1つの対象に他者とともに注意を向け，それを共有しようとすることを共同注意と言う。子どもは生後4ヵ月ごろから，おとなの視線の方向に自分も視線を向けることができるようになる。生後7，8ヵ月ごろから，おとなが指さした対象を見つめるようになる。そして，生後9，10ヵ月ごろから，自分から指さしができるようになり，指さしを他人に何かを伝えるコミュニケーションの手段として用いるようになる（やまだ，1987；山本，1987）。叙述的身振り（物を差し出して見せ，指をさして教える）は生後9ヵ月から12ヵ月の間にはじまり，要求の指さしが出現するのは生後13ヵ月ころである（大藪，2004）。

　指さしは主に機嫌のよいときあらわれる。初期の指さしの対象は新奇な物である場合が多いが，徐々に，見慣れた物や人を指さすようになる。また，子どもの視線は初期には対象を向いているが，段々，そのことを伝えたい相手の顔を見ながら，指先は対象に向くようになる。

(4) 発声と喃語

　発声には主に声帯，咽頭，口腔が使われる。言語音声をつくり出すために直接関係する器官（軟口蓋，硬口蓋，鼻腔，歯，歯茎，舌，口唇など）を構音器官と言う。構音器官を通じて会話に用いられる語音をつくり出すことを構音と言う（馬場，2009）。

　空気流を声帯から口唇までの声道を通過させることにより，言語音声が作られる。母音は咽頭や口腔の形を変化させることにより起こり，鼻音は鼻の共鳴による。原音の流れが口腔から外界に出る途中で咽頭や舌，歯茎，口唇などと関わると子音がつくられる。そのとき，声帯ヒダ，口唇，舌，軟口蓋は空気流れを妨げたり，開放したりする弁として作用する（図4-2）。

　新生児は発音器官が未発達であるため，調音が困難である。新生児の咽頭はおとなより短く，口腔，舌は相対的に大きいため，分節された音を発することはできない。6ヵ月から1歳までに，声道はおとなのものに似てくる。調音器官全体の制御は5，6歳頃からできるようになる。

　乳幼児の咽頭はおとなと異なり，舌骨と甲状軟骨は空隙がなく接触する。成長に伴い，咽頭が降下してくる。乳幼児の咽頭には性差はないが，7から11歳の間に声の基本周波数は女児で

図 4-2 発話メカニズムの概要（Zemlin, 1997／邦訳, 2007）

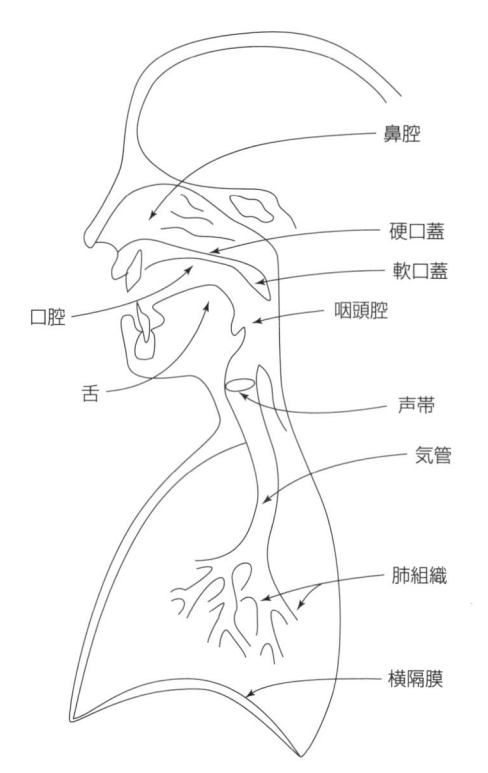

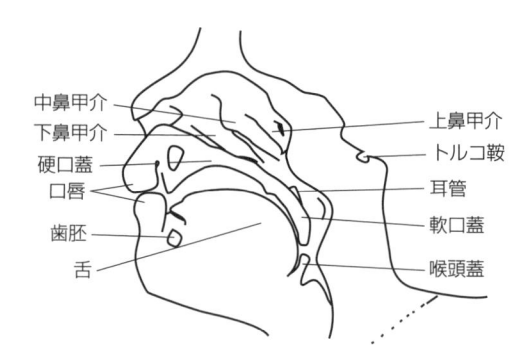

図 4-3 幼児の咽頭（Zemlin, 1997／邦訳, 2007）

30 Hz, 男児で 60 Hz 程度減少する（図 4-3）。

　声帯の長さは新生児 3 ミリ, 1 歳児 5.5 ミリ, 5 歳児 7.5 ミリ, 成人女子 15 ミリ, 成人男子 20 ミリほどである。乳幼児期はおとなの半分以下である。

　分節言語の発達は, 声道が曲がっていることが貢献している。新生児の中咽頭管は少しずつ歪曲しており, おとなの咽頭より短い一方, 口腔は大きい。舌が前方に位置しており, 動かしにくく, 軟口蓋と咽頭蓋は近い位置にあるため分節した音を発せられない。

　新生児期には, 発声は泣き, 笑い, しゃっくり, 咳などに限られているが, 生後 1 ヵ月を過ぎた頃から乳児は積極的に非叫喚音を発するようになる。意味不明の非叫喚音声からなる発声を喃語と言う。初期は「アー」「ウー」などの母音が主体であるが, k, g, n などの口蓋音が混じることもある。この時期の喃語は万国共通でどの国に生まれた子どもも同じような発声をするものであり, クーイングと呼ばれる。このときの子どもの発声の特徴として, 正高（1991）は, 子どもは自発的に発声した後, 相手の反応を待って沈黙し, 返事がないときには連続的に発声することを見出している。

　4 ヵ月頃から,「ママ」「ルルル」など同じ音が繰り返されるようになり, これは反復喃語と呼ばれる。その後,「ウグー」などの異なった音が組み合わされた発声になる。そして最終的にジャーゴンと呼ばれる, 母国語に近い発音だが意味不明の発声となる。

　養育者は乳児に対して語りかけるとき, 自然に, 50 から 70 Hz の高い声となり, 短く抑揚のある話し方や, 繰り返しを多用するようになる。この養育者が日常的に語りかける独特の言葉がけは総称してマザリーズと呼ばれ, 乳児にとっては聞き取りやすく応答しやすい話し方である（志村, 1989）。

(5) 模　倣

　人のまねをする模倣も，言葉を話す以前の子どものコミュニケーションの手段として用いられる。これは生後7，8ヵ月頃から出現してくる。模倣には動作模倣，音声模倣，音声と動作の模倣がある。たとえば，「バイバイ」と言った場合，相手が言った音声をまねした場合が音声模倣，バイバイと言いながら手を振る行動をまねした場合が音声と動作の模倣である。まだ意味がわからず，ただ単にオウム返しに発声している模倣であるが，模倣から言葉への移行，まねをしているだけから意味がわかって使うようになる瞬間は外観からはわからない。しかしながらこのとき，本人の中では重大な変革が起こっている。幼少時にかかった病のために，聴力，視力を失い，そのために話すこともできない三重の重複障害のヘレン・ケラーがはじめて"言葉"を獲得したときの逸話はちょうどこのときの子どもの状態と同じである。

(6) 応答的な環境

　言葉の発達には人的環境がおおいに関わっている。最近，サイレントベイビー（depressing baby：ふさいだ気分の赤ちゃん）と呼ばれる，おとなしく，表情が乏しく笑わない乳児が以前より多くみられるようになった。乳児は話せないので何もわかっていない，何を言っているのかわからないと思い，おとなが乳児に言葉がけをしたり，世話をしてあげなかったりすることが原因の一つであると考えられている。

　このような子どもを出現させないためには，まず子どもに積極的にはたらきかけることが大切である。たとえば，オムツ交換，授乳などのときにしっかりと子どもの目を見て，言葉がけをする。高橋（1974）では，生後1ヵ月から12ヵ月にわたり，おとなが乳児に微笑みかけながら話しかける場合と無表情で見つめる場合の乳児の総微笑時間を比較している。前者の場合には乳児はいつでも微笑み返すのに対し，後者の場合には3ヵ月をピークに微笑反応が減少し，それは人形や，絵に描いたヒトの顔に対する反応と違いがなかった。相手をしてくれる，生身の人がいることが大切なのである。同様に，単にテレビをつけておくだけでは豊富な言葉の刺激を与えるだけで，応答的な環境とは言えない。

　次に子どもがなにかを訴えているときにはそれにすぐに応じることも重要である。自分が環境にはたらきかければ環境は応えてくれる，この思いが積極的に外界に関わろうとする子どもを育てることになる。反対に環境にはたらきかけてもなにも変化しないとしたら子どもははたらきかけても無駄であると思い反応を示さなくなってくる。

　子どもが幼いうちは，相手をしなくても静かにしているような手のかからない子どもよりも，少しでも構わないでいると，ぐずったりするようなおとなしくない子どもの方が，刺激や情報を多く受け，発達を助長されることになる。

　また心理的にゆとりをもっていると学習は進むものであるので，養育者も子ども本人も心が落ち着いた，ゆったりとした状態にしておくことも必要である。

3. 話し言葉期：話し言葉の発達

(1) 初語および一語発話（一語文）

　子どもは生後10ヵ月頃から有意味語を話し始める。はじめて獲得した有意味語を初語と言う。頻繁に聞く機会がある言葉，模倣する機会が多い言葉，興味をもつ言葉，生活の中で子どもにとっては必須の言葉などが初語となりやすい。1歳前後から覚えた有意味語をよく話すようになる。この一語発話（一語文）は一語を発することにより，いろいろな意味を表現する文の役割を果たすことから，一語文とも言う。たとえば「ワンワン」と言う場合，大きなイヌが

表 4-1　品詞別初出語数（大久保，1967）

品詞＼年齢	1— 1：11	2— 2：5	2：6— 2：11	3— 3：11	4— 4：11	5—6	全	体％	使　用　数％	
名　　詞	183	200	138	234	321	593	1,669	52.45	7,456	33.99
固 有 名 詞	15	21	10	54	46	89	235	7.39	765	3.49
数　　詞	4	8	7	36	10	42	107	3.36	468	2.13
代 名 詞	11	2	4	3	2	2	24	0.75	1,348	5.77
動　　詞	75	87	44	88	105	128	527	16.56	7,048	32.29
形 容 詞	24	17	9	15	21	33	119	3.74	1,197	5.46
形 容 動 詞	7	5	7	10	11	25	65	2.04	450	2.05
副　　詞	15	23	13	27	44	53	175	5.50	1,348	6.14
連 体 詞		8		2	3	1	14	0.44	305	1.39
接 続 詞		5	9	4	9	6	33	1.04	580	2.64
感 動 詞	21	14	9	17	15	8	84	2.64	795	3.62
音 ま ね 語	5	22	5	24	26	34	116	3.65	188	0.86
連語その他		1	1	1	3	8	14	0.44	37	0.17
（接　辞	6	5	5	16	11	17	60		1,590)	
全　体　％	360 11.35	413 12.98	256 8.05	515 16.18	616 19.36	1,022 32.19	3,182 100.00	100.00	21,985	100.00

いる，イヌに触りたい，イヌが鳴いているなどさまざまな意味をあらわす。おとなはそれまでの経緯，状況，子どもの様子などからその発話の意味を推し量り，応答することになる。この場合，言葉を補ったり，説明を加えたりすると，子どもの言葉の発達は促される。初期にはまだ喃語も残っていて，意味不明の長文を発する場合と，明瞭な単語を発する場合がある。

　また，このころには幼児音もみられる。幼児音とは構音機能が未発達の子どもが発する言葉で，この頃の特徴は音の転置（例：テレビ→テビレ）・母音の変化（例：エンピツ→エンペツ）・子音の変化（例：サカナ→シャカナ）・音の脱落（ハナ→アナ）などである（岩渕ほか，1968）。たとえば手のことをオテテなど，おとなは子どもが発音しやすいように容易に発音できそうなやさしい言葉に言い直すことがある。これが育児語である。子どもがこの言葉を使う場合を幼児語と言う。

　大久保の資料では1歳後半から2歳前半に初出語が増えている（表4-1）が，これには個人差，性差があり，女児の方が一般的に早くピークがくる。

(2)　二語発話（二語文）

　1歳後半から二語を連ねることができる二語発話（二語文）の時期がくる。
　自立語（名詞・動詞・形容詞など）と付属語（助詞），あるいは自立語と自立語という二語をつなげられるようになると，表現が豊かになる。それまでは「ワンワン」とだけ発していたのが「ワンワンキタ」「ワンワンオオキイ」などと言えるようになる。語順も羅列的であったのが徐々に主語，述語の順に統語的にも整ったものになる。二語文になると場所，命名，要求，否定，事態，所有，修飾，質問などはるかに表現が豊かになる。

(3)　第一質問期

　2歳前後から，「コレ，ナニ」という言葉を頻繁に発するようになる。この時期を第一質問期

という。物には名前がついていることを理解し，名称をたずねるのである。これにより，爆発的に語彙が増加する。またあまりうまく話せない子どもは簡単なこの二語を発することにより，おとなは長文で返答をしてくれる。自分はつたない話し方ではあるが，おとながそれを補い，立派な会話が成立する。子どもが会話を楽しんでいる時期とも言える。

(4) 多語発話（多語文）・第二質問期
　2歳半を過ぎると三語以上を連ねて話せるようになる。たとえば「ワンワン　キタ　ママ」（自立語＋自立語＋自立語）と言えるようになると，間もなく「ワンワン　キタ　ママ　ミテ　オオキイ　ネ」（自立語＋自立語＋自立語＋自立語＋自立語＋付属語）の六語文も話せるようになる。このころには接続詞，連体詞，助詞も使われるようになる。

　その後，「どうして」「どうやって」などの質問を頻繁にする時期がくる。これを第二質問期と言う。第一質問期と異なり，物事の原因・経過・方法・理由などに興味をもつようになったために発する質問である。この場合，おとなはなるべく平易な表現で応答してやると，子どもの言葉の世界はさらに広がっていく。

4. 書き言葉期

(1) 書き言葉の発達過程
1）文字　文字の習得過程のうち，ひらがなの読みについては，まず自分の名前を構成している文字から読めるようになることが指摘されている（無藤ら，1992）。そして，就学前には基本音節文字のほとんどを読めるようになる。一方，書く能力については，就学前の子どもたちは，読める文字の約50％を書くことができる。また，文を読んで理解することに関しては，基本文字のほとんどを習得した子どもでも困難で，50％程の正答率である。（天野，1986）。

　子どもは鏡映文字を書くことがあるが，その場合，正しい文字を教えるよりも，書いたことをほめてあげて，文字への興味，文字を書くことの喜びや動機づけを高めることの方が大切である。

　幼稚園教育要領には，「言葉」の領域の内容に「(10) 日常生活の中で，文字などで伝える楽しさを味わう」，内容の取扱いの「(4) 幼児が日常生活の中で，文字などを使いながら思ったことや考えたことを伝える喜びや楽しさを味わい，文字に対する興味や関心をもつようにすること」と明記されている。また小学校学習指導要領「国語」では学年別漢字配当表の文字に関して読み書きができるようになることが目的とされている。このように就学前，就学後の学校教育の側からの指導もあり，小学校入学以降は，ひらがな，カタカナはすべて読み書きでき，さらに漢字も読み書きができるようになる。

2）読書　0歳，1歳代という早期から絵本を読み聞かせる方がよいと考える家庭が多く，絵本の読み聞かせは，文字や知識を習得させる，イメージの世界を広げるなどの目的をもって親主導で始められる。子どもの本の扱いについては，初期には，物としての興味をもち，ぱらぱらめくる，なめる，噛むなど，読むこと以外の使い方をする場合もある。

　子どもに読み聞かせる場合には，注意を喚起する呼びかけ，質問，命名，応答という単純な構造の繰り返しの形式が多くみられる。文字がよく読めない時期はもちろんであるが，読めるようになってもストーリーを楽しむためには，おとなが読んでやる方がよい。

　親の読書との関係については，親の読書好意度が高いことが子どもの読書に関するはたらきかけに影響している。また，子どもに読み聞かせるなど，直接かかわることの方が，蔵書量，親自身の読書行動よりも子どもの読書感情に与える影響が大きいこと，蔵書量は子どもの読書へ

の好意度と関係があること，読み聞かせの影響は学年とともに小さくなるが，図書館・本屋に連れていくことの影響度は変化しないことなどが指摘されている（秋田，1998）。また，子どもの読書行動には遺伝的な影響があることも示唆されている（安藤，1996）。

(2) 第二言語獲得過程

子どもの母国語習得は無意識的になされるものであるが，おとなの第二言語習得には，かなり意識的な学習が必要となってくる。

白井（2008）には，アメリカの大学で中級スペイン語の学生を，①リーディング（自由に自分の好きな読み物を選んで読む），②リーディング＋ディスカッション（メインの読解教材についてディスカッションをする），③文法と作文をスペイン語で教える，の3つのグループに分け，開始前と開始後の試験の得点の比較を行ったところ，得点の上昇は②がよいという結果が得られたというクラシェン（Krashen, 1985）の研究が紹介されている。白井はインプットだけでは外国語の習得はできない，インプット理解と，何度も行動を繰り返すうちに自動化し，注意を払わなくても無意識的にできるようになる意識的学習の自動化という両方のプロセスを生かすことが大切であると考えている。

幼少期から外国語に触れ，それほど苦労せずにバイリンガルとなっている子どもを多くみかける。ところが成人してから外国語を習得しようとすると，それはかなりの意識的な努力を要する。言葉を聞くだけではなく，さらにそれを使うという行為を反復するというこの学習法は，第二言語が，母国語のように無意識的なレベルにまで到達することを可能にする方法の一つであると考えられる。

5. 発声に関する障害

(1) 構音障害

構音障害には，器質性構音障害（たとえば口蓋裂など構音器官の形態や機能に異常があるもの）と機能性構音障害（たとえば舌などの構音器官の使用に問題があるもの），麻痺性構音障害（たとえば脳性マヒなどにより舌に運動障害があるもの）とがある。

(2) 吃　音

吃音とは語音や音節を反復する発声で，原因としては，本人の素質，環境，遺伝が考えられる。たとえば，チックを意識してどもらないようにしようとすると，かえって症状は悪化する。治癒する可能性があるものは一過性発達性吃音，良性吃音，4から6歳で発病し15歳でも治癒しないものは持続性吃音と呼ばれる。

引用・参考文献

秋田喜代美　1998　読書の発達心理学　国土社
天野　清　1986　子どものかな文字の習得過程　秋山書店
安藤寿康　1996　子どもの読書行動に家庭環境が及ぼす影響に関する行動遺伝学的検討　発達心理学研究, 2, 170-179.
馬場一雄　2009　新版小児生理学　へるす出版
Boysson-Bardies, B.　1996　*Comment la parole vient aux enfants: De la naissance jusqu'à deux ans.* Paris: Odile Jacob.（B. ド・ボワソン＝バルディ（著）加藤晴久・増茂和男（訳）2008　赤ちゃんはコトバをどのように習得するか（誕生から2歳まで）　藤原書店）
Fantz, R. L.　1961　The Origin of Form perception. *Scientific American*, **204**, 66-72.

萩原英敏・野田雅子 1989　乳幼児のきこえ　信山社
岩淵悦太郎・波多野完治他　1968　ことばの誕生　うぶ声から5歳まで　日本放送出版協会
Krashen, S. D.　1985　*The input hypothesis: Issues and implications.* New York: Longman.
正高信男　1991　ことばの誕生―行動学からみた言語起源説　紀伊國屋書店
Maurer, D., & Maurer, C.　1988　*The world of the newborn.* New York: Basic Books.（D. マウラ・C. マウラ（著）吉田利子（訳）　1992　赤ちゃんには世界はどのように見えるか　草思社）
無藤　隆・遠藤めぐみ・坂田理恵・武重仁子　1992　幼稚園児のかな文字の読みと自分の名前の読みとの関連　発達心理学研究, 3, 33-42.
大久保愛　1967　幼児言語の発達　東京堂
大藪　泰　2004　共同注意―新生児から2歳6ヶ月までの発達過程　川島書店
志村洋子　2005　乳児の音声における非言語情報に関する実験的研究　風間書房
白井恭弘　2008　外国語学習の科学―第二言語習得論とは何か　岩波書店
高橋道子　1974　乳児の微笑反応についての縦断的研究　心理学研究, 45, 256-261.
やまだようこ　1987　ことばの前のことば　新曜社
山本政人 1987　乳児における視線の共有と指さしへの反応　教育心理学研究, 35, 271-275.
Zemlin, W. R.　1997　*Speech and hearing science: Anatomy and physiology* (4th ed.). Boston: Allyn & Bacon.（W. R. ゼムリン（著）館村　卓（訳）　2007　言語聴覚学の解剖生理（原著第4版）　医歯薬出版）

★課題
1．0歳から3歳ごろの子どもの発語を収集し，幼児語，幼児音の内容を調べてみよう。
2．子どもがどのような時に身振りを用いるかを観察してみよう。

思考の発達

第5章

1. ピアジェの認知発達理論

　認知能力とは外界の刺激を取り入れそれを処理し，外界にはたらきかける過程全体を意味する。学習，思考，言語，感覚，知覚などがこれに含まれる。ピアジェ（Piaget, J.）は一貫した構造性，体系性をもった特定の心内活動を操作と呼び，この操作が，出生から順次獲得されていく認知発達の過程を次の4段階に分けて考えている。
　第1段階　感覚運動的知能の段階（出生から2歳頃まで）
　第2段階　前操作的表象の段階（2歳頃から7，8歳頃まで）
　第3段階　具体的操作の段階（7，8歳頃から11，12歳頃まで）
　第4段階　形式的操作の段階（11，12歳頃から）

(1)　第1段階　感覚運動的知能の段階

　まだ言葉を獲得していない乳児は，見る，聞く，触る，なめる，嗅ぐ，たたくなど目や耳などの遠受容器からの情報や唇，手などの感覚運動のはたらきによって物事を考える。ピアジェは外界を認識するために用いる表象の面から認知的発達段階を考え，このころを，感覚運動的知能の段階と呼んでいる。
　これは次のような6段階に分かれる（図5-1）。
　1）反射的な活動，反射的なシェマの使用（生後1ヵ月まで）　生まれながらにもっている原始反射をシェマ（諸々の活動に共通する構造ないし組織）として用いて，外界と関わる。たとえば，吸啜反射により，乳を吸い，把握反射によって物をつかむ。そのようなやり方で環境と接触することにより徐々に，適応的になっていく。同化（既存のシェマによって外界の新しい情報を自分の中に取り入れるはたらき）と調節（新しい情報によって，自分の既存のシェマを変化させて外界に適応していく活動）のめばえがみられる時期である。

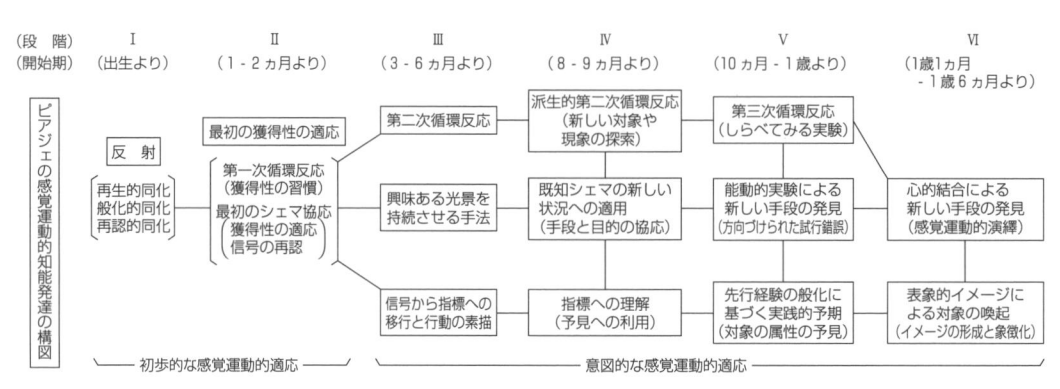

（段階）	Ⅰ	Ⅱ	Ⅲ	Ⅳ	Ⅴ	Ⅵ
（開始期）	（出生より）	（1-2ヵ月より）	（3-6ヵ月より）	（8-9ヵ月より）	（10ヵ月-1歳より）	（1歳1ヵ月-1歳6ヵ月より）
ピアジェの感覚運動的知能発達の構図	反射／再生的同化／般化的同化／再認的同化	最初の獲得性の適応／第一次循環反応（獲得性の習慣）／最初のシェマ協応（獲得性の適応／信号の再認）	第二次循環反応／興味ある光景を持続させる手法／信号から指標への移行と行動の素描	派生的第二次循環反応（新しい対象や現象の探索）／既知シェマの新しい状況への適用（手段と目的の協応）／指標への理解（予見への利用）	第三次循環反応（しらべてみる実験）／能動的実験による新しい手段の発見（方向づけられた試行錯誤）／先行経験の般化に基づく実践的予期（対象の属性の予期）	心的結合による新しい手段の発見（感覚運動的演繹）／表象的イメージによる対象の喚起（イメージの形成と象徴化）
	初歩的な感覚運動的適応			意図的な感覚運動的適応		

図5-1　ピアジェの感覚運動的知能発達の構図（Piaget, 1952／邦訳，1978）

2）最初の適応行動の獲得と第一次循環反応の成立（生後1-4ヵ月）　目的と手段が未分化なため，活動自体に興味が向けられる循環反応が生じる。主に自分の身体を用いた反応，たとえば，偶然親指が口に触れる，吸うという2つの動作が結びついた指しゃぶりや，偶然自分の両手が触れて音が出ると，この手の感触と音の聞こえという2つの結びついた動作を何回も繰り返し楽しむようになる。同化と調節が分化してくる。

3）第二次循環反応の成立，目と手の協応（生後4-8ヵ月）　興味のある環境を変化させたいという目的をもち，自分の身体だけではなくものを介した活動が見られるようになる。目的と手段が分化してきて，行為によって生じる外界の変化に興味をもつようになる。目と手の協応が発達する。起き上がりこぼしやがらがらなどのおもちゃを好み，何回もたたいたりする遊びが始まる。また，ティッシュペーパーの箱から中身をどんどん取り出したりして遊ぶ。

4）2次的シェマの協応，目的と手段の分化，物の永続性の理解（生後8-12ヵ月）　目的と手段が分化し，ある目的に適した手段が選択できるようになる。進行中の出来事の結果予測が可能となる。物の永続性が理解されてきて見えなくても物はそこに存在していることがわかってくる。

物を見たり，触ったりできなくてもどこかに存在し続けていることがわかる場合を物の永続性を理解しているという。生後4ヵ月以前では物が見えなくなると，もうそれ以上探そうとはしない。4ヵ月を過ぎると，物の一部が見えていればそれを手がかりに発見することができる。そして，6から8ヵ月頃になると，隠されたものを探し出せるようになる。ただ，このころには，隠される場所が目の前で移動するのを見せられても，もとの場所を探し続ける。移動した物が探し出せるようになるのは1歳半頃からである。

生後6ヵ月頃になると，いないいないばあをすると喜ぶようになるのは，人の顔が視界から消えたことと手の後ろにはそれが存在していることがわかっているためである。

5）第三次循環反応の成立，能動的探索・試行錯誤による新しい手段の発見（生後12-18ヵ月）
目的を達するためにさまざまな手段を試みるようになる。やり方を変えたりして，対象の様子を観察し，その性質を調べ，試行錯誤により新しい方法，手段を生み出す。同化と調節の協調性が高まり，事態を解決する。

6）感覚運動的知能の完成，シェマの内面化，洞察的課題解決の始まり（生後18-24ヵ月）
試行錯誤的に，実際に身体を使ってやってみなくても，頭の中にイメージを思い浮かべ，いくつかの方法を考えることによって，新しい手段を発明できる。洞察することにより突然の理解が可能である。

（2）　第2段階　前操作的表象の段階

2歳から7，8歳ごろまでの時期には，記号によってものごとを表す象徴的作用，たとえば，言語，象徴的遊び，心像，延滞模倣，描画などが現れる。この象徴的作用が出現してくると，表象形成や活動の思考への内化も可能になってくる。

1）前概念的思考の段階（2歳頃-4歳頃まで）　象徴的行動，たとえばごっこ遊びなどの象徴的遊びをよくするようになる。意味するもの（能記）と意味されるもの（所記）との関係が理解できてきて，これは言葉の習得によりさらに助長される。

自己中心性がこのころの特徴で，子どもは自分の見方でしかものごとを考えることができず，他者の視点を取ることができない。

2）直観的思考の段階（4歳頃-7，8歳頃まで）　物を分類したり，関係づけたりする概念化ができるようになる。しかしながら，その際の推理や判断は直観的になされるのが特徴である。たとえば判断が知覚によって左右されやすく，論理的思考の芽生えはあるものの見かけに惑わされてしまう。保存の概念，あるいは可逆性の理解はまだ獲得されていない。保存とは対

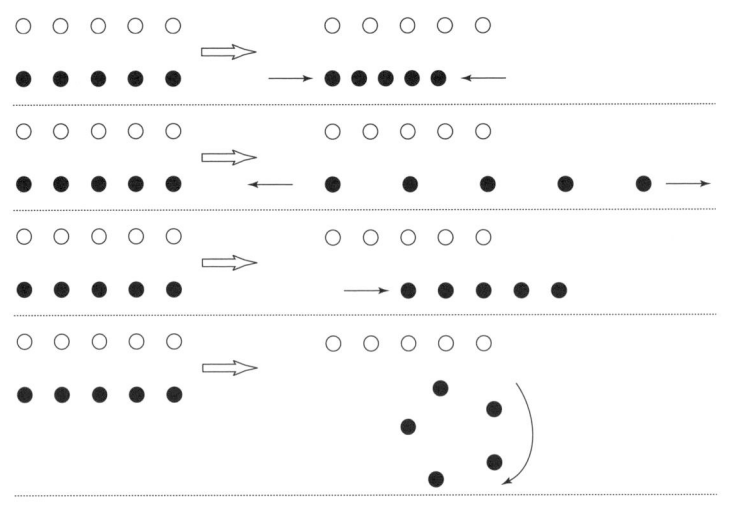

図5-2 数の保存課題

象が知覚的に変化したとしても，そのものの本質は変わらないことを認識することである。ピアジェは数，重さ，物質量，体積などの保存の実験を行っている（図5-2）。たとえば数の保存の実験手続きは，①2つの集合を並行して一列に等間隔に並べ，子どもに数が同じであることを確認させる。②子どもの目前で片方の集合の配列を変換する。③「どちらが多いか，それとも同じか」を問い多少等判断をさせ，このとき判断理由をたずねる。以上の3段階からなる。保存が獲得されている者は，どのような配置であっても同じであると答える。その理由として「ただ動かして形を変えただけだから」（同一性），「もとに戻せば同じだから」（可逆性），「列は長くなったけれども，間隔が広いから」（相補性）をあげることができる。

保存の概念が獲得されると，次の具体的操作の時期に入ったことになる。

(3) 第3段階　具体的操作の段階

7，8歳ごろから11，12歳ごろには，クラスと系列という思考の枠組みができる。知覚に影響されることなく，具体的に理解できる範囲のことがらについては論理的な操作により思考できるようになる。この論理的な思考操作の体系のことをピアジェは群性体と呼んでいる。これは論理と代数の入り混じった，数学でいう集合に似た構造で，組み合わせる，つなげる，同じものと考える，逆にするなど，9つのはたらき（群性体Ⅰ（クラスの一次的加法），群性体Ⅱ（クラスの二次的加法），群性体Ⅲ（クラスの一対一乗法），群性体Ⅳ（クラスの一対多乗法），群性体Ⅴ（非相称関係の加法），群性体Ⅵ（相称関係の加法），群性体Ⅶ（関係の一対一乗法），群性体Ⅷ（関係の一対多乗法），群性体Ⅸ（予備的群性体））が含まれる。たとえば群性体Ⅰとはクラスの包含関係に関する群性体であり，例として，ソメイヨシノのクラス（A）はサクラのクラス（B）に含まれ，さらにそれはバラ科のクラス（C）に，さらに被子植物のクラス（D）に，そして植物のクラス（E）に含まれるというような場合が考えられる。ピアジェの研究の中の2色の木製のビーズについての全体と部分の理解などがこれにあたる。この9つの群性体のもっている属性については共通性が認められており，それは合成性（$A+A'=B$, $B+B'=C$），可逆性（$A+A'=B$に対して$B-A'=A$または$B-A=A'$），結合性（$((A+A')+B'=A+(A'+B')=C$），一般的同一性（$A+(-A)=0$また$A+0=A$），特殊同一性（$A+A=A$）の5つである。

(4) 第4段階　形式的操作の段階

11, 12歳ごろからは，具体的な活動を行わなくても，仮説演繹的に推理することが可能になってくる。現実でなく，命題，仮説も思考の対象となることができる。たとえば複数の薬品を混合する化学の実験では，実際に実験を行う前に，あらゆる組み合わせを想定することができ，また元素記号により混合された物質を予期することができる。

このピアジェの研究から得られた認知発達に関する知見はその後多くの追試が行われている。

2. 言語と思考

複雑なことを考えるときに言葉を用いるが，発達初期には言葉を思考の手段として用いることはできない。言語はいつごろからどのように思考の手段となっていくのであろうか。

(1)　言語的相対仮説（サピア・ウォーフの仮説）

「山吹色」「クリーム色」という言葉を聞いたときに，その色を思い浮かべることができる。「山吹色」は「黄色」より濃く，「クリーム色」は「黄色」よりも淡い色である。このように私たちの思考は言葉によって統制されているともいえる。この理論はサピア・ウォーフの仮説（言語的相対仮説）と言う。

アメリカの先住民族のホーピ族はトリ以外の空を飛ぶもの，たとえばトンボ，飛行機，パイロットを1つの名詞で表す。このような包括的な範疇化でも生活上不便を感じないのである。イヌイット（エスキモー）は英語でsnowと一語で表現するところを，降ってくる雪，積もった雪，氷のように固められた雪などに対して個々の単語を用いる。それは私たちからすれば共通性があるものであるが，イヌイットにとっては感覚的にも対処の仕方にしても異なったものなのである。

図5-3　言語的相対仮説（Sapir et al., 1932／邦訳, 1970）

(2) 自己中心性言語

1） ピアジェとヴィゴツキーの論争　ピアジェ（1923）は，前操作的思考の時期の精神構造の特徴の1つである自己中心性について，それが言語面に現れたものを自己中心性言語と呼んでいる。彼は6歳の男児2名の幼稚園での発語を採取し，それを自己中心性言語（反復・独語・集団的独語）と社会性言語（適応的報告・批判・命令・要求・応答）とに分類した。彼は自己中心性言語とは，他人との交渉のない自分自身のための言語であり，社会性言語とは他人との社会的な交渉のための言語であると考えている。集団的独語とは，集団の中で発する独語であり，周囲の者を意識せずに，自分自身に対して話しかける言葉である。この2名の自己中心性言語の自発的言語に対する割合（自己中心性係数）は0.43と0.47であり，この時期の子どもは発語の50％近くを自己中心性言語が占めていることが示された。同様に3歳から7歳までの自己中心性係数を算出し，3歳児0.51，4歳児0.48，5歳児0.46，6歳児0.45，7歳児0.28という値を得た。年齢が高くなるに従って，自己中心性言語が減少し，社会性言語が増加しているのである。この結果を自己中心性という閉鎖的な思考から，他の視点に立って思考することができるようになるという思考の発達過程と関連づけて，ピアジェは，言葉は個人的なものから，自己中心性言語を経て社会的なものへと発達すると主張した。

これに対して，ヴィゴツキーは次のように反論した（Vygotsky, 1934）。ある子どもを言葉の通じない外国語を話す子どもや聴覚障害児の中に入れて観察したところ，その子どもの自己中心性言語が著しく減少した。このことから，周囲の人の反応を期待していないというピアジェの主張は必ずしも妥当ではないと考えた。それではいかなるときに自己中心性言語は出現するのか。ヴィゴツキーは，この自己中心性言語は子どものみでなくおとなになっても使われていること，とくに困難な課題に取り組んでいるときに多く出現することを見出した。

ヴィゴツキーは言葉の機能を2つに分けて考えている。1つは声を外に出して話すコミュニケーションの機能としての言語（外言），そして，もう1つは声を外に出さず，頭の中で考えるときに用いる思考の手段としての言語（内言）である。本来言葉とは社会的なものであり，言葉は社会的コミュニケーションの手段としての外言の形式から，形式としては外言であるが，機能，構造的には内言である自己中心性言語を経て，思考の手段としての内言に移行すると主張した。ピアジェも後年この仮説に同意している。

このヴィゴツキーの外言から内言への移行の問題については彼の後継者たちによりさまざまな実証的検証が行われている。

2） 言語の行動調整機能　幼い子どもに机を2回たたきなさいというと，必ずしもうまく叩けない場合がある。ルリヤ（Luria, 1966／邦訳，1969）は言葉の機能として，言語の行動調整機能に着目している。彼の一連の実験，たとえば，赤いランプが点滅したときにはボタンを押し，緑のランプが点滅したときには押さないという課題では，3，4歳児では緑のランプに対してもボタンを押してしまうという現象が見られた。この年齢では，運動を自制することが困難なのである。しかしながら，このレベルの子どもでも，赤いランプの点滅に対しては「ひとつ」「ひとつ」と言わせ，緑のランプに対しては無言でいるという言語訓練を行うと，簡単に課題解決ができるようになった。また1回のランプの点灯に対してボタンを2回押すという課題に対しては「ふたつ」という発語を伴わせても1回しかボタンを押すことができない子どもであっても，「押せ，押せ」，「いち，に」などの2単位の言葉に変更すると成功することができた。年齢が上がるにしたがって，2単位の言葉ではなく「ふたつ」という発語でも成功するようになり，さらに成長すると無言でも2回押せるようになった。

このように言語が行動を調整することにおいても，①外的な言語教示により行動を統制する段階から，②子ども自身が発する言葉により行動を統制する段階を経て，③内言による意味的側面から行動を統制する段階へ移行していく過程が見られるのである。

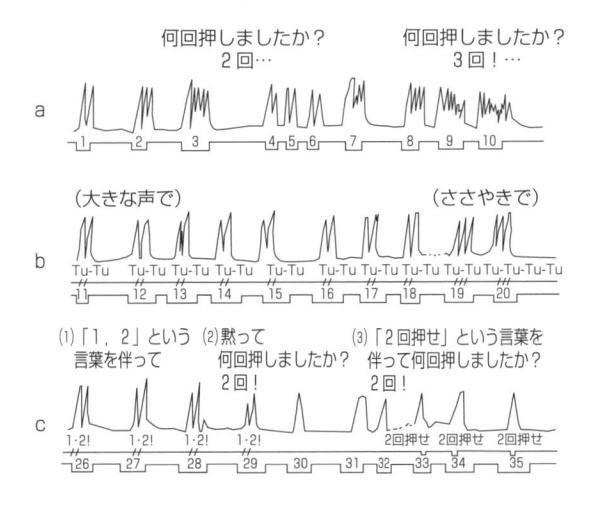

何回押しましたか？　　　何回押しましたか？
2回…　　　　　　　　3回！…

a

(大きな声で)　　　　　(ささやきで)

b
Tu-Tu Tu-Tu Tu-Tu Tu-Tu Tu-Tu Tu-Tu Tu-Tu Tu-Tu Tu-Tu Tu-Tu Tu-Tu

(1)「1，2」という　(2)黙って　　(3)「2回押せ」という言葉を
　言葉を伴って　　何回押しましたか？　伴って何回押しましたか？
　　　　　　　　　　2回！　　　　　　2回！

c

3歳児の運動反応の調整に対するインパルス的および一般化された（意味をもつ）言語の効果
（オ・カ・チホミーロフによる）

a)「ランプがついたら2回押しなさい」という教示による運動反応の形成
b)《tu－tu》というインパルス的言語反応を伴った運動反応の形成（運動反応の正常化）
c)「2回押せ」あるいは「ふたつ」という一般化された言語反応を伴った運動反応の形成

図5-4　ルリヤの方語の行動調整機能の実験（Luria, 1996／邦訳, 1969）

3）知的行為の多段階形成理論　知的行為とは思考・学習・知覚・技能・概念等の活動のことである。これが次の5つの段階により形成されるというのがガリペリン（Gal'perin, 1969）の主張する知的行為の多段階形成理論である。

　第1段階　行為の定位的基礎をつくりだす段階（行為の目的についての説明をする）
　第2段階　物質的または物質化された行為の段階（実際に活動を行う）
　第3段階　外言における行為の段階（内容について言葉を発して理解する）
　第4段階　自分に向けられた外言の段階（つぶやきにより内容を理解する）
　第5段階　知的行為の段階（内言形式により理解する）

　言葉を外言からつぶやきを経て内言へ変化させることにより，段階的にある行為を形成させる教授法の1つである。これにより，初歩的な数学概念・量概念・保存の概念などの形成や文字の習得ができることが実証されている。たとえば量の初歩的概念の形成については，「これから重さについての勉強をします」と言って天秤ばかりを子どもたちに見せ，実験手続きに関する説明をする（第1段階）。天秤ばかりで実験者が実演する（第2段階）。理由づけを子どもたちに声を出して言わせる（第3段階）。子どもたちは各自つぶやきながら確認する（第4段階）。量の初歩的概念を理解する（第5段階）。の5段階により獲得できることが示されている（玉川，1973）。

3. 創造的思考

　ここでは科学的な新発見・新発明，すぐれた芸術作品の創作などを生み出す創造的思考につ

いてふれる。

(1) 創造性とは何か

恩田（1971）は「創造性とは，新しい価値あるもの，またはアイデアをつくり出す能力すなわち創造力，およびそれを基礎づける人格特性すなわち創造的人格である」と考えている。

またマズロー（Maslow, A. H.）は創造性を「特別な才能の創造性」と「自己実現の創造性」とに分けている。前者は天才や科学者，発明家，芸術家などの特別な人たちに見られる創造性であり，「自己実現の創造性」を専門的に深めていけば「特別な才能の創造性」へと変化していくと考えている。マズローは，創造性とは，自己実現するすべてのヒトにみられる普遍的な特徴であり，自己実現するヒトとは，柔軟で自発的，勇気があり，誤りをいとわず，開放的で謙虚であること，他人からの嘲笑を恐れず，物事を新鮮にみることのできる者であるとしている。

ピアジェは創造的人間とは「遺伝的にも，社会環境的にも，物理環境的にも，まだ作られたことのない構造を作る」ヒトであると定義している。彼は自身の研究について，「可能性すなわち，新しい組み合わせが始まったというだけ」であり，「もし，その組み合わせが，直前の可能性のなかに含まれているとすれば，それは創造的とは言えない」と述べている（Evans, 1973／邦訳 1975）。

ギルフォード（Guilford, J. P.）によると，創造性は問題への感受性，思考の流暢さ，思考の柔軟性，思考の独自性，再定義の能力，工夫する能力の6つの要素から構成されているという。また，彼は知的能力を集中的思考（収束的思考）と拡散的思考に分けている。問題が明確で解答が1つであり，系統的，論理的に考えていけば解決できる思考が集中的思考，与えられた情報から種々の新しい考えを生み出していく思考が拡散的思考である。創造性にはとくにこの拡散的思考が強く関係している。

イジメなどの社会的な人間関係や教育の影響のためか，周りのヒトの様子をうかがい同調行動を取りやすく，他者と異なる目立つ行動をとりたがらないのが現在の若者の特徴のようである。だが，優れた学者，芸術家などの偉業を成し遂げるヒトは他人の興味をもたないような分野であっても疑問に思い，興味関心を抱いて，真理を追求するべく集中的に研究や作業を継続し成果を上げている。このような創造的な活動には膨大な時間がかかることもある。他人と同じような活動ばかりを追っていては学問，文化，社会の進歩は望めない。

真のゆとりの教育とはじっくりと自分自身で考える時間を十分に子どもに与えることである。集中的思考をする場面が多い昨今である。塾ではいかに早く正確に答えに行きつくか，最短の方法を教示する。しかし，その1つの答えに行きつくにも筋道は幾通りも考えられるはずである。たとえ時間がかかってもその答えが得られたときに達成感は得られる。勉強が好きになるとは，1つには，そのような場面にいかに多く遭遇したかによる。

(2) 創造力の測定法

創造性を測定する方法の1つとして創造力テストがある。これは拡散的思考，直感的思考，創造的思考を測定しようとするものである。

小学校4年生以上の者を対象にしたS-A創造性検査C版（旧O版は，A，Bテスト版）は，テスト1応用力，テスト2生産力，テスト3空想力の3つの領域についての問題，各4問から構成されている。また，小学校3年生以下の者を対象としたP版は着眼点，発想力，構成力の3つの領域についての問題，各1問から構成されている。

どちらの検査も，思考の速さ（どの程度速く考えられるか），思考の広さ（どの程度広い視野で考えられるか），思考の独自さ（どの程度人とは違う考え方ができるか），思考の深さ（どの程度ものごとを具体的に考えられるか）の4つの思考特性について評価する。

(3) 創造性の発達と知能，学力との関係

　一般的に創造性検査と知能とには低い正の相関が見られるが，創造性が発揮されるには知能の一定の能力が確保されていることが必要で，それ以下では十分に発揮できないと考えられる。

　また，知能が高いことも創造性の発揮に役立たないだろうと考えられ，いくつかの研究からは，知能の平均より少し上位である知能指数115から120の辺りの知能において，創造性が十分に発揮されることが示されている。

　知能と学力との間にはかなり高い相関関係がみられることがいろいろな研究からわかっているが，それに比べれば，創造性と学力との関係については，相関は低いが，ゲッツェルスとジャクソン（Getzels & Jackson, 1962）やトーランス（Torrance, 1966）の研究では，知能はそれほど高くなくても創造性検査の成績の良い者は学力成績も優れている場合があることが示されている（岡本編／滝沢，1969）。

　恩田（1994）は，創造性と知能との関係については，年齢が低い段階ではかなりあるが，年齢が上がるに従って関係は浅くなること，一方，創造性と学力との関係については，低年齢ではあまり関係はみられないが，年齢が上がるにつれて深くなることを指摘している。

(4) 創造性を開発する方法

　創造性の開発法としてブレインストーミングとKJ法を紹介する。

1）ブレインストーミング　オズボーン（Osborn, A. F.）の考案した集団思考の技法であるブレインストーミングはまず，1つのテーマについてリーダーを含めて5～10名の集団で，一定時間自由に発言する。終了後に出されたアイデアについて有効なものを選択する。

　ここでは，①アイデアに対して批評や批判をしない，②現実離れした意見でもよい，③たくさんのアイデアを出す，④他人の意見を活用する，を原則とする。

2）KJ法　川喜多二郎によって考案された資料整理の方法である。発想，演繹，帰納を行う思考過程に有益なものである。たとえば発想したことを1枚ずつカードに書いていき，数十枚のカードの中から類似した内容のカードを集める。これを，小グループから次第に大グループに構成し，構造的に図解する。その後，図解されたものを文章化し，さらに数回この過程を繰り返す。これは，少数の意見も無視したり，省略したりすることもなく，空間的に組み立てられた図解などを通し，創造的な問題解決がなされるものである。

4. 文明と思考

　1953年にテレビ放送が開始され，ラジオが中心だった生活は一変した。さらにビデオが普及し，1983年にはファミリーコンピューターが発売された。それ以来，子どもたちの生活の中にテレビゲームは深く浸透してきている。また携帯電話も1990年代から急速に進歩してきた。このような社会の文化的変化の中で子どもたちの心身の発達にもさまざまな影響が出てきている。

　2010年12月に29年ぶりに新しい常用漢字表が内閣告示された。これは旧常用漢字表の1945字からあまり使われない5字を外し，196字を追加した2136字からなる。新しく加わった文字には手書きの難しいものもあるが，パソコンを使用することを想定して，書けなくても読めればよいとしている。ワードプロセッサーのない時代を経験しているおとなたちは，この便利な道具のせいで，漢字が書けなくなってきていることを実感している。電卓で計算することも，便利ではあるが，暗算や手計算をする機会を減らしている。読み書きそろばんというが，機械という文明に頼り，私たち日本人の能力はかなり退化してきている面がある。今後の文明の発展のためにも，このことを認識する必要がある。次世代を担う子どもたちには，しっかりと

外に出て遊ぶ，対人的なつながりをもつ，声を出して本を読む，パソコンに頼らず文字を書く，手計算をする等の活動の機会を多く与えたい。迅速な対応ばかりが求められている現代社会ではあり，これらの行為は時間がかかる作業であるので敬遠されることが多いが，脳の活動にとり大切である。

引用・参考文献

新井邦二郎　1973　知的行為の多段階形成理論　教育心理学研究，21，192-197．

Arieti, S.　1976　*The magical synthesis.*　New York: Basic Books.（S. アリエティ（著）加藤正明・清水博之（訳）1980　想像力―原初からの統合　新曜社）

Evans, R. I.　1973　*Jean Piaget, the man and his ideas.*　New York: E. P. Dutton.（R. エヴァンズ（著）宇津木　保（訳）1975　ピアジェとの対話　誠信書房）

Gal'perin, P. Y.　1969　Stages in the development of mental acts. In M. Cole, & I. Maltzman (Eds.), *A handbook of contemporary Soviet psychology.*　New York: Basic Books. pp. 249-273.

Getzels, J. W., & Jackson, P. W.　1962　*Creativity and intelligence.*　New York: Wiley.

Luria, A. R.　1966　*Human brain and psychological processes.*　New York: Harper & Row.（ルリヤ，A. R.（著）松野　豊・関口　昇（訳）1969　言語と精神発達　明治図書）

恩田　彰（編）　1969　S-A 創造性検査手引き　東京心理

恩田　彰（編）　1971　講座創造性の開発2　創造的人格の形成　明治図書

恩田　彰　1994　創造性教育の展開　恒星社厚生閣

岡本夏木他（編）　1969　児童心理学講座5　知能と創造性　金子書房

Piaget, J.　1923　*Le langage et la pensée chez l'enfant.*　Neuchâtel: Delachaux et Niestlé.（J. ピアジェ（著）大伴　茂（訳）1970　児童の自己中心性（改訳改版）同文書院）

Piaget, J.　1952　*La naissance de l'intelligence chez l'enfant.*　Neuchâtel: Delachaux et Niestlé.（J. ピアジェ（著）谷村　覚・浜田寿美男（訳）1978　知能の誕生　ミネルヴァ書房）

Sapir, E., Whorf, B. L., Henle, P., Nida, E., Frake, C. O., Burling R., Ohman, S., & Weisgerber, L.　1932　*Cultural anthropology and linguistics.*（E. サピア他　池上嘉彦（訳）1970　文化人類学と言語学　弘文堂）
〈http://uu.academia.edu/JeroenVermeulen/Papers/296121/Edward_Sapir〉

佐藤三郎（編）　1978　創造的な能力―開発と評価―　東京心理

住田幸次郎　1969　創造性　第3章　知能と創造性　岡本夏木他（編）1969　児童心理学講座第5巻　金子書房

玉川公代　1973　幼児の思考の発達に関する研究―課題の提示形式と量概念の形成について―　教育心理学研究，21，21-31

Torrance, E. P.　1962　*Guiding creativity talent.*　Englewood Cliffs, NJ: Prentice-Hall.（E P. トーランス（著）佐藤三郎（訳）1966　創造性の教育　誠信書房）

Torrance, E. P.　1979　*The search for satori and creativity.*　Buffalo, NY: Creative Education Foundation.（E. P. トーランス（著）佐藤三郎・中島　保（訳）1981　創造性修業学：ゆさぶり起こせねむっている創造性　東京心理）

Vygotsky, L. S.　1934　*Thought and language.*　Cambridge, MA: MIT Press.（Original work published 1934）（L. S. ヴィゴツキー（著）柴田義松（訳）1976　思考と言語　明治図書出版）

Whorf, B. L.　1940　Science and linguistics. *Technological Review*, 42, 227-231, 247-248. Cambridge, MA: The Technological Press.（池上嘉彦（訳）1970　文化人類学と言語学　Ⅴ　科学と言語　弘文堂）

★課題

1．幼児に対して，ピアジェの保存の実験を実際にやってみよう。
2．幼児期から現在に至る自分の生活の中でテレビゲーム，パソコン等のデジタル的な機械に触れる時間がどれぐらいあったか調べてみよう。

知能の発達

第6章

1. 知能の概念

これまでに多くの心理学者が知能の定義を試みてきたが，合意は得られていない。代表的な知能の概念としては，次のようなものがある。
①新しい環境や状況に適応する能力
②学習する能力
③高次の抽象的思考力
④知能検査が測定している能力

このうち④はボーリング（Boring, E. G.）によって提唱されたもので，操作的定義と呼ばれる。これは，外的な知能検査の尺度を用いて心理測定的に知能を定義しようとするものである。

包括的な定義としては，たとえば，コーシーニの心理学百科事典のなかでは，次のように書かれている。「知能は適用範囲の広い学術用語で，個人の複雑な精神能力に関連している。素人には，頭の回転の速さ，学業成績，職業上の地位，特定分野での傑出など，を意味する。知能を測定する心理学者には，利用できる知識の量，新しい知識を獲得する速度，新しい状況に適応する能力，概念，関係性，抽象的な記号を操作する速度，さらに端的には，知能テストが測定する現象を意味する」。訳は村上（2007）による。

2. 知能の測定

(1) ビネー式知能検査

20世紀初頭，義務教育が始まったフランスで，普通の学校教育では学ぶことが難しい児童を判定し特殊教育に配置する必要が生じた。このため，フランスの教育省は，1904年，ビネー（Binet, A.）にこうした児童を判定する装置の開発を要請した。この要請に応えて，ビネーがシモン（Simon, T.）と協力してひとつの知能検査を開発した。これが1905年版（1905 Scale）と呼ばれるもので，易しいものから難しいものへと配列された30の問題からなる。その後，改訂を重ね，1911年の改訂版では，3歳-10歳，12歳，15歳，成人の各年齢階層に5問ずつ配当されている（表6-1）。

ビネーは，知能の表示に精神年齢（mental age: MA）という指標を使用した。しかし，ドイツのシュテルン（Stern, W.）は，暦年齢（Chronological age: CA）が異なると，精神年齢の遅れの意味が異なってくると批判し，精神年齢と暦年齢の比率を用いた。アメリカでビネー式検査を改良し，普及させたターマン（Terman, L. M.）は，シュテルンの精神年齢の比率を100倍した知能指数（intelligent quotient: IQ）の概念を提案した。すなわち，

$$IQ = [MA/CA] \times 100$$

表 6-1 ビネー法の項目例（1911年版）（井上，2010）

年齢級	課題例
3歳	自分の目，鼻，口を指し示す 6音節の文章を反復する
6歳	午前と午後を区別する 女性の顔を描いた2つの絵のうち美しい方を選ぶ
9歳	身近なものについて用途以上の定義をする 5つの物を重さの順に並べる
12歳	不合理な文章を批判する 指定された3つの単語を1つの文中で使う

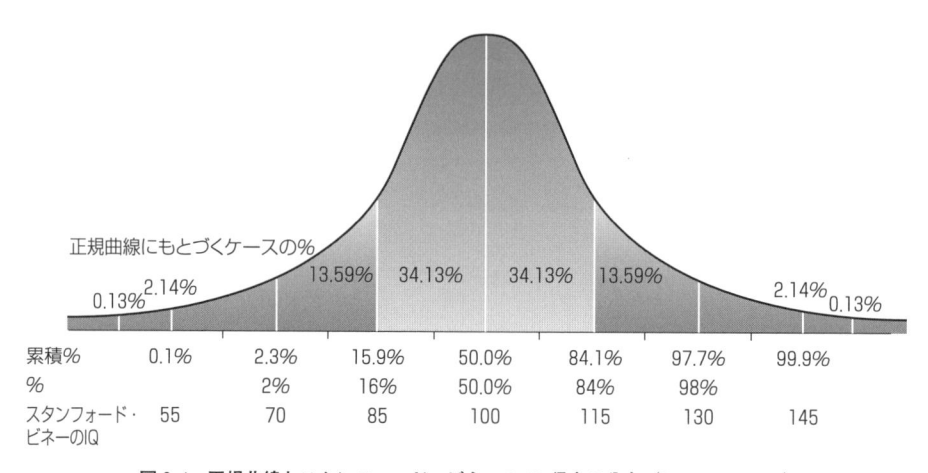

図 6-1 正規曲線とスタンフォード・ビネーのIQ得点の分布（Santrock, 2008）

である。1916年には，ターマンによってスタンフォード・ビネー検査が発表されている。

IQを求める公式は，精神年齢が暦年齢に比例して直線的に発達することを前提にしているが，実際には，10代の中ごろを過ぎると加齢とともに精神年齢の伸びは緩やかになるため，知能指数は年齢とともに低下することになる。こうした欠点をカバーするために，スタンフォード・ビネー検査では，1960年の改定版からIQを廃止して偏差IQ（DIQ）を導入している（井上，2010）。

$$DIQ = 100 + 16 \times (個人の得点 - 平均) / 標準偏差$$

なお，ビネー法は1908年には日本に紹介され，現在は，スタンフォード・ビネー検査をもとに開発された田中ビネー知能検査が普及している。図6-1は，正規曲線とスタンフォード・ビネーのIQ得点の分布を示したものである。

(2) ウェクスラーの知能検査

広く普及している知能検査には，もうひとつウェクスラーの知能検査がある。ウェクスラーは，1939年に，今日WAIS（Wechsler Adult Intelligence Scale）として知られる最初の成人用の知能検査を発表した（Wechsler, 1939）。1997年には，WAIS Ⅲが刊行されている（日本版は2006年に刊行）。ウェクスラーの知能検査の子ども用としては，WISC（ウィスク：Wechsler Intelligence Scale for Children）とWIPPSI（ウィプシ：Wechsler Preschool and Primary Scale of Intelligence）が開発された。WISCの日本版は，1953年には刊行され，2003

表6-2 WISC-Ⅲの下位検査（井上，2010）

言語性下位検査（数唱は補助検査）		
知　識		人名・場所など一般的知識に関する質問をして，答えさせる
類　似		2つの言葉を口頭で示し，似ている点，共通点を答えさせる
算　数		算数問題を口頭で示し，暗算で答えさせる
単　語		単語を口頭で示し，意味を答えさせる
理　解		日常的なこと，社会的なこと，ことわざなどの意味を答えさせる
数　唱		数系列を読み上げ，同じ順序あるいは逆の順序で復唱させる
動作性下位検査（記号探しと迷路は補助検査）		
絵画完成		一連の絵カードを見せて，欠けている部分を指摘させる
符　号		幾何図形または数字と対になっている記号を書き写させる
絵画配列		数枚の絵カードを，論理的に意味が通るように，並べ替えさせる
積木模様		モデルになる模様を示し，決められた数の積木で同じ模様を作らせる
組合せ		ピースを特定の配列で示し，それを組合わせて，具体物の形を作らせる
記号探し		刺激記号が記号グループの中にあるかどうかを判断させる
迷　路		迷路問題を解かせる

年にはWISC-Ⅳが刊行されている。なお，子ども用の日本版の対象年齢は，WISCが5歳10ヵ月-16歳11ヵ月，WIPPSIが3歳10ヵ月-7歳10ヵ月となっている。

　ビネーの検査では，問題・作業が年齢段階に従って配列されているのに対して，ウェクスラーの検査は，問題・作業の型によって尺度が構成されている点に特徴がある。たとえば，WISC-Ⅲは，言語性下位検査6種類と動作性下位検査7種類から構成されている（表6-2）。ウェクスラーの検査では，全検査IQだけでなく，言語性IQ，動作性IQと複数の指標が産出され，知能を分析的に解釈できるところに特徴がある。

3. 新しい知能研究の流れ

(1) スタンバーグの三頭理論

　スタンバーグ（Sternberg, 1988）は，分析的知能，創造的知能，実際的知能からなる三頭理論（triarchic theory of intelligence）を提起した。分析的知能は，知能の基礎となる情報処理システムで，メタ成分（問題解決を効率的に実行する成分），実行成分（問題解決方略を実行する成分），知識獲得成分（問題解決に必要な知識を学習・獲得する成分）からなる。創造的知能は，経験的知能とも呼ばれ，経験をいかしてよいアイデアを思いつく知能である。実際的知能は文脈的知能とも呼ばれ，自分の生活に関連した現実世界から選択・形成・適応する能力である。スタンバーグはSTAT（Sternberg Triarchic Abilities Test スタンバーグ三頭能力検査）を作成し，三頭理論の有効性を実証する研究を行っている。スタンバーグは，これら3つのタイプの能力は実際には相互に関連し合っており，純粋に分析することは困難であるが，実際の授業では，子どもたちに3つのタイプの知能を使う機会を提供することが重要であると主張している（Sternberg, 2008）。

(2) ガードナーの多重知能理論

　ガードナー（Gardner, 1983）は，天才や特異な才能の持ち主の状態，異なった文化の下での知能の現れ方，脳損傷の症例などを分析し，多種多様な役割を遂行することを可能にしているのは，組み合わさって作用する多様な知能であるという多重知能理論（multiple intelligences）を提起した。すなわち，知能は，言語的知能，論理的＝数学的知能，空間的知能などの伝統的

な知能に加えて，音楽的知能（音楽の鑑賞，作曲，演奏に関わる），身体的－運動感覚的知能（敏捷さを求められるスポーツ，ダンス，毎日の活動などに関わる），対人的知能（他人と関係をもつ，社会的記号を解釈する，人づきあいの結果を予測するなどに関わる），個人内知能（自分自身の行動を理解し予測することに関わる）などの7つの知能からなり，個人によって比較的高い知能と比較的低い知能の独自の組み合わせがあり，これによって個人差が特徴づけられるとした。しかし，ガードナーの多重知能理論には，現実世界の単なる観察に頼っていて十分な根拠がない，能力の領域と知能の種類を混同している，などの批判がある（村上，2007）。

(3) 情動性知能

　情動性知能（emotional intelligence: EQ）は，ダニエル・ゴールマン（1995）のベストセラー『EQ～こころの知能指数』によってよく知られるようになったが，情動性知能を最初に定義したのは，サロヴェイ（Salovey, P.）とメイアー（Mayer, J. D.）であった（Salovey & Mayer, 1990）。すなわち，情動性知能とは，自分自身や他者の感情を対象化して認知し，さまざまな感情の違いがわかり，それを適切に命名し，感情がもつ情報を利用して思考と行動を導く能力である。ゴールマンは，EQを，①自分自身の情動を知る，②感情を制御する，③自分を動機づける，④他人の感情を認識する，⑤人間関係をうまく処理する，の5つに分類し，社会的に成功するうえでのEQの重要性と教育可能性を主張している。

4. 知能の規定要因

(1) 遺伝要因の影響

　知能のレベルを決めるのは遺伝か，環境か，知能に関する「氏－育ち論争」というものがある。知能における遺伝要因の影響を検討できるのは，双生児研究である。図6-2は，説明のための単純なパス・モデルを示したものである（Loehlin, 1992）。以下のパス図の説明は，村上（2007）による。

　「T_1とT_2は双生児。図の上方の○で囲んだものは仮説的な変量で，共有環境，非共有環境，遺伝である。二卵性双生児の図で両方向の矢印の上に0.50とあるのは，二卵性双生児の遺伝の共通性を0.50と仮定しているからである。小文字のcは共有環境の経路，uは非共有環境の経路，hは遺伝の経路である。

　さて，T_1とT_2を接続する矢印を見てみよう。左側の一卵性双生児の場合，T_1からhを経て遺伝へ行き，再びhを経てT_2に行く経路がある。もう一つはcを経て共有環境に行き，cを経てT_2に行く経路である。つまり，T_1とT_2の関係は，二つの経路の和h^2+c^2で記述できる。つまり，一卵性双生児の相関$r_{MZ}=h^2+c^2$である。

　次に，二卵性双生児の場合，T_1からhを経て遺伝へ行くが，0.5を介して，もう一つの遺伝へ行き，hを介してT_2へ行く経路がある。もう一つはcを経て共有環境に行き，cを経てT_2に行く経路である。これは一卵性双生児の場合と同じである。T_1とT_2の関係は，二つの経路の和$h \times 0.50 \times h + c^2$で記述できる。つまり，二卵性双生児の相関$r_{DZ}=0.5h^2+c^2$である。

　r_{MZ}とr_{DZ}は，調査すればわかる。すると，変数が二つ，式が二つの簡単な方程式になる。これを解くと，遺伝率（遺伝子の影響力）は$h^2=2(r_{MZ}-r_{DZ})$となる。環境の影響力の方は$c^2=r_{MZ}-h^2$である。

　これは非常に単純なモデルだが，遺伝率をはっきりと目に見える数字で表せる。このモデルを発展させると，遺伝子の発現型を組み込んだり，実子と養子の比較研究にも適用できる」。

　グリゴレンコ（Grigorenko, 2000）によると，一卵性双生児の場合の相関は0.75と最も高く，

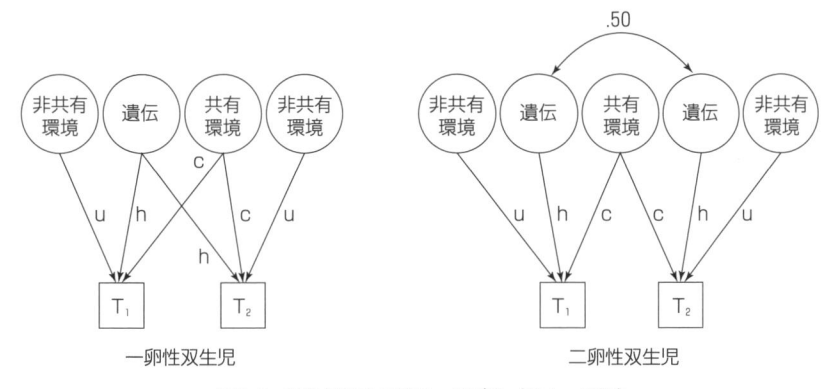

図6-2 双生児研究のパス・モデル（村上，2007）

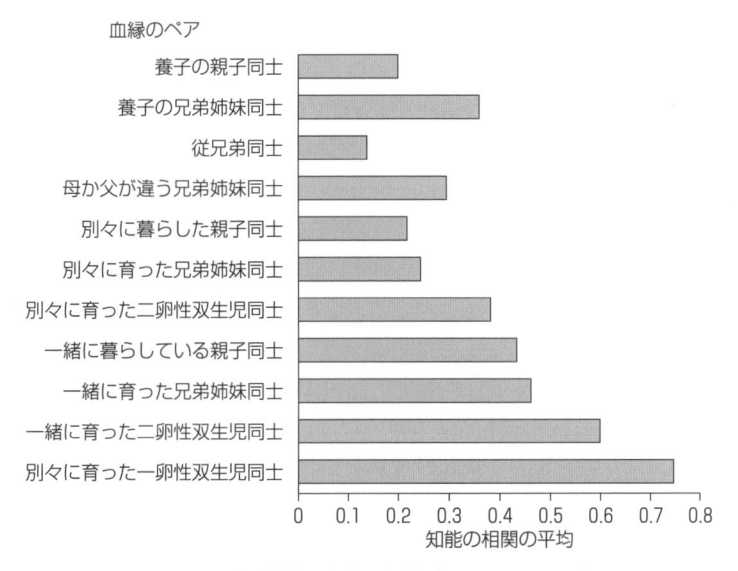

図6-3 血縁関係者の知能の相関（Grigorenko, 2000）

二卵性双生児の相関が0.6とそれに次ぐ。遺伝子の影響はかなり強いことを示している（図6-3）。

(2) 家族要因の影響

養子のIQは成長過程において明瞭に環境の影響を受けるので，養子研究はIQに対する環境要因の影響を検討する有力な証拠となる。キャプロンとダイム（Capron & Duyme, 1989）は，乳幼児期に養子となった38人のフランスの子どもを研究した。およそ半数の子どもは，富裕層の高度の教育を受けた両親のもとに生まれ，他の半数は労働者階級ないし貧困層の両親のもとに生まれた。両グループの一部は，富裕層の両親の養子となり，他方は貧困家庭で成長した。養育条件の効果は歴然としており，実の親の社会階層や教育程度に関係なく，上層の家庭で育った子どもは下層の過程で育った子どもに比べ15-16ポイント高かった。養子の知能研究は，子どもの知能の発達に対する環境要因の影響が，遺伝要因に劣らず大きいことを示している。

(3) 環境要因の影響

ニュージーランドの心理学者フリン（Flynn, 1984, 1987）は，先進工業国の人々の平均知能が，1950年代から一貫して上昇し続けているという研究結果を示して，注目を浴びた。この興

味深い現象は，フリン効果として知られている。全体としてみると，10年で平均3ポイントずつ上昇している。結晶性知能を測定するウェクスラー検査やビネー検査よりもレイヴン・プログレシブ・マトリクスなどの流動性知能の尺度において著しい。

したがって，19世紀初期に平均的知能であるとみなされた人々のかなりの割合が，今日の知能検査では平均以下とみなされることになる。また，かりに今日の人々の代表的なサンプルが1932年のスタンフォード・ビネー検査を受けたならば，約4分の1が通常は全体の3％よりも少ないとみられる非常に優れた知能の持ち主（IQ≧130）と判定されることになる。もちろん，実際にはそのようなことが起きないのは，IQテストは定期的に，平均値が100となるように再標準化されているためである。

IQがかなり遺伝的要因の強いものであるとするなら，どの世代の平均も変わらないはずである。しかし，このように短期間に大きく変化したということは，教育的・文化的影響が大きいと考えられている。学校教育の向上，テストを受けることへの慣れ，複雑化を増す環境においてテレビやビデオゲームで育つことによる影響などが検討されているが，現時点では確証はない。

5. 知能の発達

(1) 乳幼児の知能検査

乳幼児の知能検査の開発は，知能検査の研究を基礎に発展するが，児童や成人の知能検査の開発とは異なる困難があった。乳幼児の知能検査は，年長の児童の知能検査に比べてより言語に依存しない必要があった。つまり，乳幼児の知能検査は，知覚－運動面の発達に関係した項目をより多く含むことになる。

乳幼児の検査に対する最も重要な初期の貢献をしたのは，アーノルド・ゲゼル（Gesell, A.）である。彼は，乳児の発達が正常か否かを判定する測定を発展させた。これは，多数の乳児をかかえた養子縁組の機関にとってとくに有用であった。ゲゼルの検査は，今日も小児科医が乳児の判定に使っている。ゲゼル検査の現代版は行動の4つのカテゴリーからなる。すなわち，運動，言語，適応的，および個人的－社会的である。発達指数（DQ：developmental quotient）はこれらのカテゴリの下位検査を結合するかたちで全体の得点を出している。

広範に使われているベイリーの乳幼児発達検査（Bayley, 1969）は初期の感覚・運動技能を測定している。たとえば，3ヵ月児は懸垂に手が届く，9ヵ月児はカップに立方体を入れる，17ヵ月児は3つの立方体で塔を作る，などがある。また，一部はより明瞭に認知的課題も含まれている。たとえば，8ヵ月児は，モノの永続性の面を測定するためにオモチャの覆いを取る，など。ベイリーのような乳幼児発達検査は乳児や幼児の発達の遅れを判定するのには役に立つが，その後の知能や学業成績を予測する道具としてはあまり期待できない。12ヵ月児のベイリーの検査得点と4歳児の知能検査得点の相関はおよそ.20から.30にすぎない。したがって，乳幼児の知能検査で測定されている内容は，児童や成人の知能検査で測定されている内容とは同じものではない。ただし，ベイリーⅢ（Bayley, 2006）は，将来の知能の予測力を高めるため，感覚・運動技能に加え，認知的・言語的発達を測定する検査を多く含んでいる（Boyd & Bee, 2009）。

最近，あるモノや絵を繰り返し見せたとき，どの程度，暴露したときに興味を示すのを止めるかといった慣れ（habituation）が乳幼児の知能を測定するうえで有用であるとの研究がある。ヨゼフ・ファガンは，馴化速度の標準検査として，ファガン乳幼児知能検査を開発した（Fagan & Detterman, 1992）。しかし，この検査の有用性に関しては，まだ検討中である。

なお，日本における乳幼児の発達検査としては，遠城寺式乳幼児分析的発達検査（遠城寺，2009），津守・稲毛式乳幼児精神発達診断検査（津守・稲毛，1961），新版K式発達検査（中瀬，2005）などがある。

(2) 青年期における知能の安定性と変化

ホンツィークら（Honzik, McFarlane, & Allen, 1948）は，6歳，8歳，9歳のときのIQが10歳のときのIQと強い相関があることを示した。たとえば，8歳と10歳の相関は.88，9歳と10歳の相関は.90であった。思春期直前期（9～12歳）のIQと18歳のIQとの相関は若干低いがそれでも.70であった。これらの研究は集団としてみた知能の安定性を示しているが，個別にみると，かなり大きな変動も認められる。したがって，児童期の知能はかなり変動する可能性があるが，そうした変動の可能性は発達初期の得点の不確からしさによるところが大きい（Santrock, 2010）。

(3) 知能の生涯発達モデル

縦断的研究が盛んになってきた頃，キャッテル（Cattell, R. B.）の流動性知能と結晶性知能の検証が問題となった。流動性知能（fluid intelligence）は，精神の流動性を反映し，情報処理の速度と能力に関連していると考えられている。また，この流動性知能は，児童期，青年期に発達し，成人期には加齢により低下すると考えられている。これに対して，結晶性知能（cristallized intelligence）は，経験が集積された知識の結晶を反映し，社会化を通じて教えこまれると考えられている。また，この結晶性知能は，生涯にわたって発達するか，少なくとも老年期までは発達すると考えられている。流動性知能の低下を結晶性知能の増加が補い，成人期の知能は全体としては老年期の入り口までは低下しないと考えられている。図6-4は，こうした2つの知能の生涯発達に関する仮説を提示したものである（Horn, 1970）。

バルテスら（Baltes, Lindenberger, & Staudinger, 2006）は，流動性知能や結晶性知能を拡充し，認知的メカニクスと認知的プラグマティクスからなると考えている。認知的メカニクスは，心のハードウェアで，進化を通じて発達した頭脳の神経生理学的構造物を反映し，感覚入力，注意，視覚・運動的記憶，弁別，比較，カテゴリー化などの処理のスピードと正確さからなる。認知的メカニクスは，生物学的要因，遺伝および健康の影響を受けるため，加齢とともに衰退するとみられている（図6-5）。他方，認知的プラグマティクスは，文化に基づく心のソ

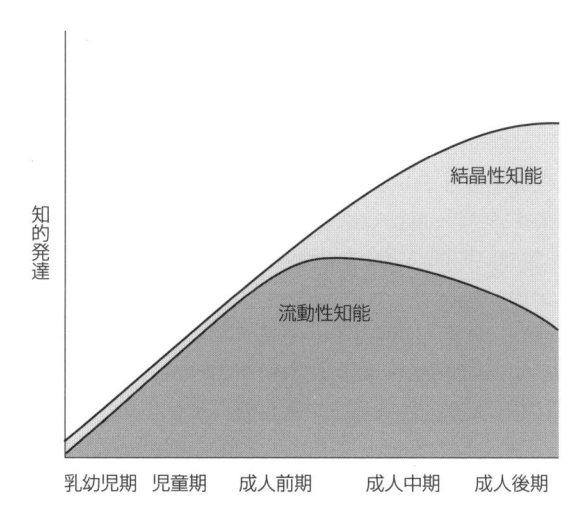

図6-4 流動性知能と結晶性知能の生涯発達モデル（Santrock, 2010）

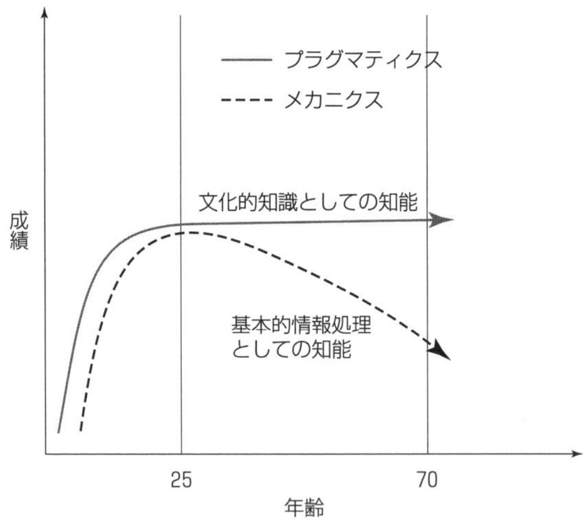

図6-5 認知的メカニクスと認知的プラグマティクスの生涯発達モデル（Santrock, 2010）

フトウェアで，読み書きのスキル，言語理解，教育的資格，専門的スキル，自己についての知識のタイプ，生活スキルなどからなる。認知的プラグマティクスに対しては，文化の影響が強いため，老年期に入ってなお改善が続くとみられている（Santrock, 2010）。

6. 知能の両極性

(1) 知的障害

知的障害（intellectual disability）とは，全般的知能が平均的水準から有意に低く（個別式の知能検査でIQが平均を2標準偏差以上下回る），かつ社会生活や日常場面の適応機能が制約されている状態が18歳までに生じた場合を言う。適応機能とは，その人の住む文化圏でその年齢に対して期待されるもので，コミュニケーション，自己管理，家庭生活，社会的・対人的スキル，地域社会資源の利用，自律性，学業，仕事，余暇，健康，安全の諸領域を含む（牟田，2009）。なお，教育・福祉の領域，法律・行政分野では1999年の法改正でそれまでの精神薄弱にかわってこの知的障害という用語が使われるようになったが，他方，医学領域では，精神遅滞（mental retardation）の用語が使われている。

知的障害の程度は，IQの範囲によって，IQ 55-55～およそ70を軽度（mild），IQ 35-40～50-55を中等度ないし中度（moderate），IQ 20-25～35-40を重度（severe），IQ 20-25以下を最重度（profound）に分けられる。また，心理・社会モデルでは，その人の現在の機能に対して必要とする支援の量から，「一時的な必要なときだけの支援を要する」「限定的だが継続的な支援を要する」「長期的で定期的な支援を要する」「全面的な強力な支援を要する」の4段階に分けられる（牟田，2010）。

牟田（2010）によれば，軽度知的障害は，成人までに9-12歳の知的発達を達成し，学校で学修困難であるが，成人では仕事が可能な程度，中等度知的障害は，6-9歳程度の知的発達を達成し，発達の遅れは顕著だが，ある程度の生活自立やコミュニケーションが可能，重度知的障害は，成人では3-6歳の知的発達を達成し，つねに介助が必要な状態，最重度知的障害は，成人では3歳未満の知的発達の程度で，身辺自立やコミュニケーションに制約が大きく全面的な支援が必要な状態となる。また，以前の特殊教育では，知的障害の程度を医学的に分類し，

軽度は特殊学級（現特別支援学級），中・重度は知的障害養護学校（現特別支援学校）に措置するというかたちで行われてきたが，特別支援教育では，個々人の必要とする支援（特別な教育ニーズ）を評価し，それに応じた教育サービスを行うという考え方に変わっている。

(2) 天才と創造性

IQ 130 以上あるいは何か優れた才能をもつ子どもは天才児と呼ばれる。ウィナー（Winner, 1996）は，天才児の特徴として，①早熟である，②自分独自のやり方をもつ，③自分の関心のあることに対して並はずれた情熱を示す，などをあげている。ターマンによると，スタンフォード・ビネーでIQ 140 以上の天才児を調べたところ，専門家や高い業績を有する職業人にはなっていたが，とくに革新的な仕事をしている人はいなかったという。ただし，世間では天才児は不適応傾向が強いと思われがちであるが，大方の予想に反し，IQ の高い天才児は社会的には適応的であったという（Santrock, 2010）。

したがって，知能の高さと創造性とは同じものではない。創造性の高い人は大方，知能もある程度以上に高いが，知能が高いからといって創造性が高いということにはならない。天才児は，ある確立された領域の課題を早期に修得できるが，領域全体を変えてしまうような革新的な仕事ができるようになるというわけではない。パーキンス（Perkins, 1984）は，創造性の高い人の特徴として，①柔軟性があり，問題を楽しむことができる，②内発的動機づけが高く，創造活動自体の喜びによって動機づけられている，③失敗する勇気があり，リスクをいとわない，④創造的な人は風変わりで，主観で動いていると思われがちであるが，意外と客観的に仕事を評価している，をあげている。

ところで，もし潜在的に創造性の高い天才児が，成人した後に本来もっている創造性を十分発揮できない状態になってしまう危険性があるとしたら回避されるべきであろう。ウィナー（Winner, 2000）は，教師，親，そして心理学者が協力して，潜在的に創造性の高い天才児が高度の専門家に終わらず創造的で革新的な人へと成長することを促すうえで，次の4つの危険を回避する必要があると指摘している。

①子どもの修得しようとする内発的動機づけが名声という外発的動機づけへの熱望に変わってしまう危険を避けること。

②子どもがふつうの子ども時代をもてなくなってしまう危険を避けること。

③子どもがさして革新的でないにもかかわらず，安全で技術的に完璧であるという点でご褒美が与えられてしまう危険を避けること。

④完璧にこなす有名な天才児が忘れられた大人に陥落してしまうことによる心理的傷を避けること。

引用・参考文献

Baltes, P. B., Lindenberger, U., & Staudinger, U. M. 2006 Lifespan theory in developmental psychology. In W. Damon & B. Lerner (Eds.), *Handbook of child psychology* (6th ed.). New York: Wiley.

Bayley, N. 1969 *Bayley scales of infant development.* New York: Psychological Corporation.

Bayley, N. 2006 *Bayley scales of infant and toddler development* (3rd ed.). San Antnio, TX: Psychological Corplation.

Berk, L. E. 2010 *Development through the lifespan* (5th ed.). Boston, MA: Allyn & Bacon.

Boyd, D., & Bee, H. 2009 *Lifespan development* (5th ed.). Boston, MA: Pearson Education.

Capron, C., & Duyme, M. 1989 Assessment of effects of socio-economic status on IQ in a full cross-fostering study. *Nature*, **340**, 552-554.

遠城寺宗徳　2009　遠城寺式・乳幼児分析的発達検査法　慶応義塾大学出版会

Fagan, J. F., & Detterman, D. K. 1992 The Fagan Test of Infant Intelligence: A technical summary. *Journal of Applied Development Psychology*, **13**, 173-193.

Flynn, J. R. 1984 The mean IQ of Americans: Massive gains 1932 to 1978. *Psychological Bulletin*, **95**, 29-51.

Flynn, J. R. 1987 Massive IQ gains in 14 nations: What IQ tests really measure. *Psychological Bulletin*, **101**, 171-191.

Gardner, H. 1983 *Frames of mind*. New York: Basic Books.

Grigorenko, E. 2000 Heritability and intelligence. In R. J. Sternberg (Ed.), *Handbook of intelligence*. New York: Cambridge University Press.

Honzik, M. P., McFarlane, I. W., & Allen, L. 1948 The stability of mental test performance between two and eighteen years. *Journal of Experimental Education*, **17**, 309-324.

Horn, J. L. 1970 Organization of data on life-span development of human abilities. In L. R. Goulet & P. B. Baltes (Eds.), *Life-span developmental psychology*. New York: Academic Press.

井上俊哉　2010　個人差　西村純一・井森澄江（編）教育心理学エッセンシャルズ（第2版）ナカニシヤ出版　pp.27-45.

Loehlin, J. C. 1992 *Genes and environment in personality development*. Newbury Park, CA: Sage.

村上宣寛　2007　IQってホントは何なんだ？　知能をめぐる神話と真実　日経BP社

牟田悦子　2010　知的障害　西村純一・井森澄江（編）教育心理学エッセンシャルズ（第2版）ナカニシヤ出版　pp.123-125.

中瀨惇　2005　新版K式発達検査にもとづく発達研究の方法　ナカニシヤ出版

Perkins, D. 1984 Creativity by design. *Educational Leadership*, **42**, 18-24.

Salovey, P., & Mayer, J. D. 1990 Emotional intelligence. *Imagination, Cognition, and Personality*, **9**, 185-211.

Santrock, J. W. 2010 *A topical approach to life-span development* (5th ed.). New York: McGraw-Hill.

Santrock, J. W. 2008 *Educational psychology* (3rd ed.). New York: McGraw-Hill.

Sternberg, R. J. 1988 *The triarchic mind: A new theory of human intelligence*. New York: Viking.

Sternberg, J. W. 2008 The triarchic theory of successful intelligence. In N. Salkind (Ed.), *Encyclopedia of educational Psychology*. Thousand Oaks, CA: Sage.

津守　真・稲毛敦子　1961　乳幼児精神発達診断法　大日本図書

Wechsler, D. 1939 *The measurement of adult intelligence*. Baltimore, MD: Williams & Wilkins.

Winner, E. 1996 *Gifted children: Myths and realities*. New York: Basic Books.

Winner, E. 2000 The origins and ends of giftedness. *American Psychologist*, **55**, 159-169.

★課題

1．乳幼児の知能検査と児童や成人の知能検査とでは，内容や予測可能性にどのような違いがあるか調べてみよう。
2．どのようなデータから知能の個人差に関する遺伝や環境の影響を推測することが可能になるか調べてみよう。

自己の発達

第7章

1. 自己とは

(1) 主体としての自己と客体としての自己

　人は，成長とともに，自分は自分であるという感覚をもち，自分はどのような特徴をもった人間かを把握できるようになる。自己とは，このように自分に意識され経験される自分であり，自分であるという感覚や自分についての認識である。

　自己は，ジェームズ（James, 1890）によれば，主体としての自己と客体としての自己から構成されているという。

　主体としての自己とは，他の者と区別した自分であり，主観の自己である。自我と呼ばれることも多い。主体としての自己は，乳を飲む，手を動かすといった行動の主体として早くから存在するが，主体的自己は対象として気づかれるのではなく，行動をする際に，副次的に気づかれる。乳児の場合は，この気づきは不明瞭であり，他者から区別された自分が存在するという意識は，母親と他の者が区別できる3ヵ月ごろから始まっていると推測される。主体としての自己とは，自分の経験をある程度コントロールできるという感覚（自律性），自分の経験は他の誰もが経験しえないものという感覚（独自性），自分の過去，現在，そして未来はつながっているという感覚（連続性）などを含んでいる。

　客体としての自己とは，自分によって認識され，評価される自分である。自己概念や自己認識と呼ばれ，自分で認識できるすべての特徴を総合したものである。心理学辞典（平凡社，1981）によれば，①自分の身体的特徴（身体，顔），②欲求，情動や情操，思考や意思の内容，③才能や性格，④社会の文化基準が内面化したもの，⑤地位，身分，職業，名声，⑥家族，所属団体，地域社会，民族，国家，⑦所有物，財産や財宝，業績，製作物，⑧全体としての現象的自己からなるという。これらのカテゴリーからも明らかなように，客体としての自己は物質的，社会的，精神的な側面など広範囲なものを含んでいる。この章では，自己の諸側面がどのように認知され，形成されていくのかについて見ていく。

(2) 自己の発達の概要

　自己は生涯を通して発達していく。エリクソン（Erikson, 1959）は，人間の一生を8つの段階に分け，人間を，身体的・心理的・社会的・文化的・歴史的存在としてとらえ，統合的主体としての自我を重視している。自己は，これらのさまざまな制約と個人の内面的要求との葛藤の中で形成されていくと考えている（表7-1）。各発達段階には，果たすべき固有の課題があり，その発達課題に直面して解決していくことが，次の課題の準備となる。各段階の発達課題を解決することによって，次の段階がスムーズに進んでいくと考えている。

第7章 自己の発達

表7-1 エリクソンの発達段階 (Erikson, 1987／邦訳 1989)

発達段階	A 心理・性的な段階と様式	B 心理・社会的危機	C 重要な関係の範囲	D 基本的強さ	E 中核的病理 基本的な不中和傾向	F 関連する社会秩序の原理	G 統合的儀式化	H 儀式主義
I 乳児期	口唇－呼吸器的感覚－筋肉運動的(取り入れ的)	基本的信頼 対 基本的不信	母親的人物	希望	引きこもり	宇宙的秩序	ヌミノース的	偶像崇拝
II 幼児期初期	肛門－尿道的,筋肉的(把持－排泄的)	自律性 対 恥,疑惑	親的人物	意思	強迫	「法と秩序」	分別的(裁判的)	法律至上主義
III 遊戯期	幼児－性器的,移動的(侵入的,包含的)	自主性 対 罪悪感	基本家族	目的	制止	理想の原型	演劇的	道徳主義
IV 学童期	「潜伏期」	勤勉性 対 劣等感	「近隣」,学校	適格	不活発	技術的秩序	形式的	形式主義
V 青年期	思春期	同一性 対 同一性の混乱	仲間集団と外集団:リーダーシップの諸モデル	忠誠	役割拒否	イデオロギー的世界観	イデオロギー的	トータリズム
VI 前成人期	性器期	親密 対 孤立	友情,性愛,競争,協力の関係におけるパートナー	愛	排他的	協力と競争のパターン	提携的	エリート意識
VII 成人期	(子孫を生み出す)	生殖性 対 停滞性	(分担する)労働と(共有する)家庭	世話	拒否性	教育と伝統の思潮	世代継承的	権威至上主義
VIII 老年期	(感性的モードの普遍化)	統合 対 絶望	「人類」「私の種族」	英知	侮蔑	英知	哲学的	ドグマティズム

2. 自己の存在への気づき

　いつごろから自己に気づき始めるのかを知るためには，自分の記憶をたどればよいのであるが，私たちはいつごろまでのことを思い出すことができるのであろうか，自分の記憶は曖昧で，自己についての確信や実感は不確かである。では私たちはどのような手がかりで自己を認識していくのだろうか（図7-1）。

(1) 身体的自己の発見

　生まれたばかりの乳児は，自他未分化の状態にあり，自分が周囲にあるものと一体的に結びついていると感じているらしい。手を吸ったり，手足を動かしたり（1ヵ月以内），足で蹴ったり，唇をかんだり，頭を揺すったり，自分の手をじっと見つめたり，自分の手足をつかんだり，かじったりしたときに痛みを感じたり（2ヵ月頃から），体内でのさまざまな生理的な緊張やそれに伴う情動を体感し，自分の中で「まとまりのあるもの」として，漠然とした自己を感じていく（Stern, 1985／邦訳, 1989）。

　このような自分の体に対して行われた自己刺激的な運動は，生後6ヵ月頃から1年くらいの間で頻繁にみられる（表7-2）。また，おもちゃの固さや肌に触れる布の柔らかさの違いを感じたりするなかで，自分に属するものと，そうでないものが区別されて理解されていく。こうして自分以外のものの存在に気がつき始めた乳児は，他者や外界と異なる自己を感覚的に確かめていくと考えられる。このような自他刺激的運動を通して，自他の分化が図られるが，この過

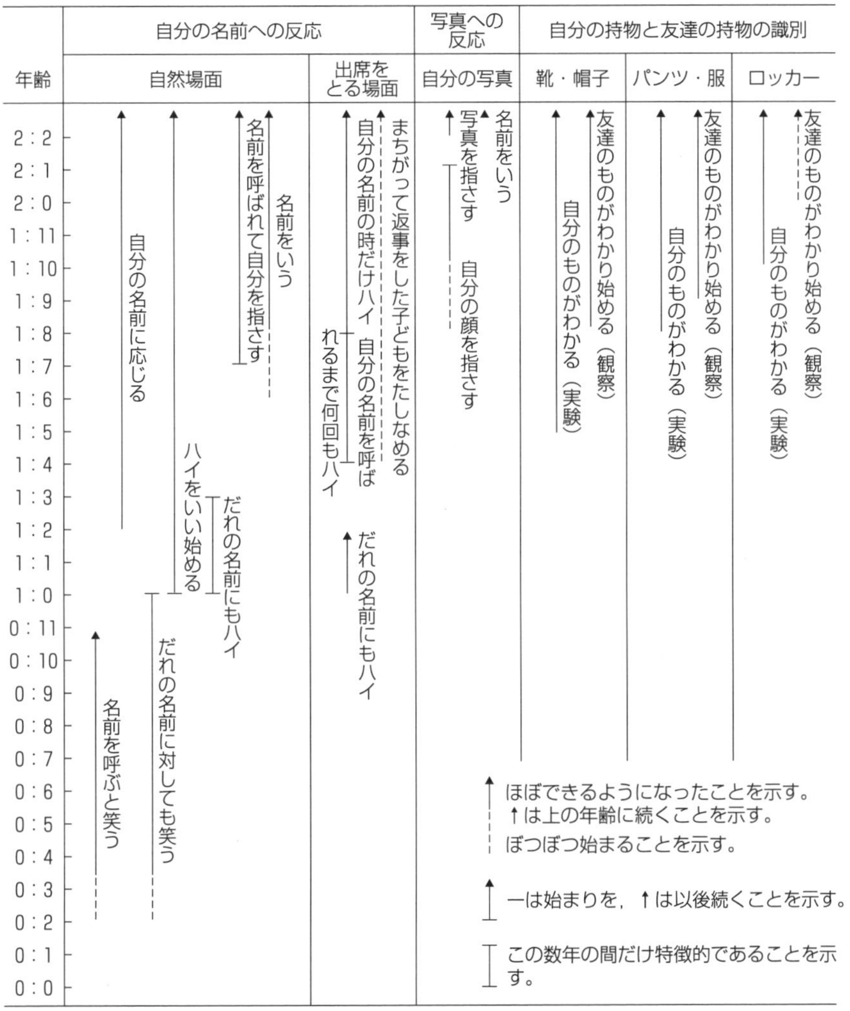
年齢
自分の名前への反応
写真への反応
自分の持物と友達の持物の識別
自然場面
出席をとる場面
自分の写真
靴・帽子
パンツ・服
ロッカー
2：2
2：1
2：0
1：11
1：10
1：9
1：8
1：7
1：6
1：5
1：4
1：3
1：2
1：1
1：0
0：11
0：10
0：9
0：8
0：7
0：6
0：5
0：4
0：3
0：2
0：1
0：0
自分の名前に応じる
名前を呼ばれて自分を指さす
名前をいう
ハイをいい始める
だれの名前にもハイ
名前を呼ぶと笑う
だれの名前に対しても笑う
まちがって返事をした子どもをたしなめる
自分の名前の時だけハイ
自分の名前を呼ばれるまで何回もハイ
だれの名前にもハイ
写真を指さす
名前をいう
自分の顔を指さす
友達のものがわかり始める（観察）
自分のものがわかる（実験）
友達のものがわかり始める（観察）
自分のものがわかる（実験）
友達のものがわかり始める（観察）
自分のものがわかる（実験）
ほぼできるようになったことを示す。
↑は上の年齢に続くことを示す。
ぼつぼつ始まることを示す。
ーは始まりを，↑は以後続くことを示す。
この数年の間だけ特徴的であることを示す。

図 7-1　自己意識の発達過程（植村，1979）

表 7-2　誕生から 1 年以内にあらわれる自己刺激的な運動の生起頻度（Kravitz & Boehm, 1971）

月　齢	200 例中の各行動の生起頻度（%）					
	足を蹴る	唇をかむ	頭を揺する	かかとを吸う	頭を振る	頭を打ちつける
1 ヵ月	7.0					
2 ヵ月	63.5					
3 ヵ月	20.5	13.0				
4 ヵ月	4.0	29.5	16.5	2.5	1.5	
5 ヵ月	3.0	28.0	32.5	17.5	1.0	0.5
6 ヵ月	1.0	11.5	17.0	22.0	1.5	1.0
7 ヵ月		4.5	13.0	23.5	1.5	3.5
8 ヵ月		4.5	8.0	16.0	1.0	0.5
9 ヵ月		1.0	2.0	1.0	0.5	
10 ヵ月			2.0	1.0	2.5	1.0
11 ～ 12 ヵ月		1.0			0.5	0.5
12 ヵ月以降	1.0	7.0	9.0	16.5	90.0	93.0
中央値（月齢）	2.7	5.3	6.1	6.7	12<	12<

（注）　手を吸う運動は生後 1 ヵ月以内で 100%の乳児で認められるので表からは除外した。

程での感じた自己を身体的自己と呼んでいる。

(2) 鏡映像の自己認知

　子どもが，鏡に映る自分の顔を認識できることは，客体としての自己の成立をうかがわせる現象である。3ヵ月から6ヵ月の乳幼児は，鏡に映った自分を自分とは知らずにじっと見たり，触ったり，鏡に写った顔を見て笑ったりしている。その鏡の中に母親が映っており，その母親のそばに自分が映っている場面を通して，鏡の中に映る顔が自分であると理解できるのは1歳半を過ぎてからである（表7-3）。

　鏡映像の自己認知の成立を確認する方法として，アムステルダム（Amsterdam, 1972）は，子どもに気づかれないように子どもの顔に口紅で印をつけ，子どもが鏡に映っている顔を見てどのような反応をするかで調べた。自分の顔の印に反応すれば，自己認知ができているとみなして実験したところ，1歳半には認知ができていた。

　さらに鏡に映っている顔と写真やビデオに写った顔が同一の顔であることがわかりだすと，上述の自他運動的刺激からくる自己と視覚的刺激からくる自己像が強固に結びついていく。

表7-3　鏡映像をもとにした認知の発達的推移（百合本, 1981）

段階	課題						月齢			総数
	①	②	③	④	⑤	⑥	15ヵ月	19ヵ月	22ヵ月	
1	−	−	−	−	−	−	2			2
2	+	+	−	−	−	−	2	1	2	5
3	+	+	+	−	−	−	1	2		3
4	+	+	+	(+)	−	−	2	2		4
5	+	+	+	+	−	−	3	1		4
6	+	+	+	+	+	+	1	3	7	11

（注）①は鏡に映った人形を探す，②は鏡に映っている保母がどこにいるのか答える，③は鼻はどこか答える，④は鏡に注目させて本人がどこにいるか答える，⑤は鼻にそっとつけた口紅に鏡を見ながら触れる，⑥は自分の鏡映像を見ながらこれは誰か答える課題。+は成功を，−は失敗を示す。

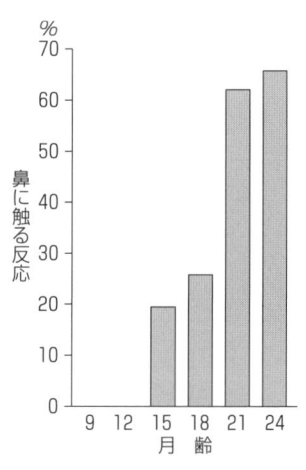

図7-2　口紅のついた鼻にさわった率（Lewis & Brooks-Gunn, 1979）

(3) 名前からの自己認知

　自分の名前に対する反応から，自己への気づきの度合いを知ることができる。それではいつごろから自分の名前に反応するのであろう。図7-1に見るように，1歳未満の乳児は，名前を呼ばれても，単なる声がけとしか理解しておらず，他人の名前を聞いてもにっこり笑っている様子を見せるだけである。しかし，1歳2ヵ月を過ぎると，自分の名前を呼ばれると，返事をするなど明確な反応をする。言語の発達段階の「物に名前があることを理解する時期」に重なり，その名前が自分のことであることが明確に認識されるようになる（図7-1）。

　さらに，1歳半になると，自分の名前が言えるようになり，2歳ともなれば，「○ちゃんは△△した」と自分に起こったことなどが言えるようになり，他者に起こったこととの区別ができるようになる。これを自己のラベル化と呼ぶ。このラベル化ができると，数日前の自分と今の自分は同じであるという自己の永続性を理解していく。

　さらに，自分のことを一人称で「わたし」「ぼく」という4歳頃になると，自己意識は明確になっていく。

(4) 自己の性別認知

　自分の名前と同じように，自分が男の子か，女の子かという性の区別も自己の重要な側面である。性の同一性はどのようなきっかけで，いつごろから始まるのであろうか。子どもは自分が着ている服の色やズボンかスカートのどちらを履いているか，おもちゃの種類，親の身体的特徴から自分がどちらの親の性と同じなのかなどから，2歳から3歳頃には自分の性を類推し，理解できるようになる。

　性別が理解できると，性役割の理解が進み，親の真似などをする中で，男の子は男らしく，女の子は女らしくなるように学習していく。また周囲からも性別しつけが行われ，性別行動が奨励される。

　性に伴った社会的期待，すなわち性役割があることは学童期前期にならないと気づかないが，親への同一視を通して親の価値観，態度，世界観を自分の中に内在化し，両親の性役割の基準を自分のものにする。この過程を性役割取得と言う。しかし性役割観も今日では薄れてきているとも言われる。また，中には自分の生物的性に違和感をもち，やがては「頭の性」と「身体の性」の不一致に悩み始める人々もいる。このように性に関する同一性は，自己意識の形成のうえからも重要な事柄である。

3. 自己認知の過程と展開

　幼児期になると，感覚的・身体的自己も拡大していく。と同時に外からは見えない内的な世界にも自己を広げ深めていく。ここでは自己の拡大の様相と認知的自己・主観的自己の発達過程をみていく。

(1) 自己の内容の多様化

　子どもはどのような面に自己を拡大していくのか。表7-4は，3歳，4歳，5歳児に対して，自己紹介の時のおしゃべりの内容を分類したものである（Keller & Ford, 1978）。それによると，どの年齢段階でも最も頻度が高かった項目は，「○○ができる」「○○する」という行為に関するものであった。3歳頃には行動的な自己が形成され始め，4歳頃には「弟がいる」「友達がいる」など人間関係に言及し，自己概念を拡大していくことがわかる。

(2) 所有意識と向社会的行動

　自分の持ち物に対する所有意識をもつことは，自己を拡大することである。自分の持ち物は1歳半ごろからわかりだし，数ヵ月後には他人の持ち物もわかるようになる（図7-1）。2-3歳頃には所有権を主張し，自分のものを抱え込む。その後3，4歳になる頃には「ぼくのオモチャ貸してあげる」という社会的なやり取りができる。このような愛他的行動がとれるようになるという変化は，子どもにおける自己の意識の深まりと広がりを物語っていると言えよう。

　愛他行動などの向社会的行動や自己統制行動は，自己概念と深く結びついていることがグルセック（Gresec et al., 1980）らの研究で明らかにされている。たとえば，その子どもについて「親切だ」，「いい子」だと価値づけると，その特定の行為だけではなく，その子どもの自己概念を肯定的なものに変え，それが好ましい行動を促進させ，道徳意識の発達にもつながっていくと言う。

(3) 行動の決定因としての自己と第一反抗期

　自己意識が芽生え，移動能力や認知能力の増大に伴って，自分の行動に対する自信が高まり，

表7-4　ケラーたちの文章完成課題の結果（Keller & Ford, 1978）

	3歳		4歳		5歳	
	男子（%）	女子（%）	男子（%）	女子（%）	男子（%）	女子（%）
活　動	51	50	46	49	68	42
関　係	2	1	2	1	5	5
身　体	20	29	33	18	28	30
所有物	14	13	12	16	15	9
個人的ラベル	4	2	2	1	0	0
性	2	1	1	0	1	1
年　齢	3	1	0	0	0	0
評　価	1	1	1	5	0	2
個人的特徴	4	2	2	10	11	11
分類不可能	0	1	0	1	0	0

　ケラーら（Keller & Fond, 1978）は幼児の自己理解を調べるために，「私は……である／ができる／をもっている。」という文を完成させる課題を幼児に行った。幼児の回答は次の9つのカテゴリーに分類された。
1）活動：具体的な行動に関する回答（たとえば，自転車に乗れる）。
2）関係：人間関係に関する回答（いい友達がいる）。
3）身体：身体に関する回答（骨がある）。
4）所有物：もち物に関する回答。
5）個人的ラベル：個人を表すラベル（名前がある）。
6）性：性別に関する回答。
7）年齢
8）評価：自己評価に関する回答（幸せだ，いい子である）。
9）個人的特徴
　上の表からわかるように，「活動」が圧倒的に多く，「身体」，「所有物」が続くという結果になった。この傾向は3歳児から5歳児まで差は見出されなかった。自己理解の大きな変化は学童期まで待たないと生じないようである。

　明確な意図をもって自分で行動しようとする。自分ができる・やれると思っていることに対しては，親や他人がみて危険であったり本人の力では無理であると判断して手をだしたりした時に，「自分で！自分で！」と，他人の援助を拒否したり，他人の言うことに対してはことごとく「いや！」と拒否する。激しい感情表出，親への不服従・親の援助の拒否など，食事や排泄などの拒否的態度が見られ，何もかも自分でやろうと強情を張る。これらの行動が第三者には反抗的にみえるのである（図7-3）。これが第一反抗期であり，4～5ヵ月ほど続く。この時期，子どもも自己の能力の限界を超えた主張を行い，自分は何でもできるという全能感を持っているが，実際にはできないことが多い（靴の紐を結ぶ，洋服の1番上のボタンかけ）。そのことで実は，内心自信喪失も体験している場合がある。この時期の発達水準では独力ではできないことが多く，反抗は，自分だけでやりたいという動機と自分にはできそうもないという意識（自己査定）の葛藤の現れとも言える。
　自分の能力でできない時には大人の援助を受けながら，食事，排泄などの生活習慣が自立していく（柏木，1988）。そのためには，親をはじめ周りの大人は課題を子どもの発達水準に適したものに置き換えたり，「してはいけない」という言い方ではなく，「してほしいな」という成熟を促す要求をしながら，子どもに達成感や効力感を味わわせることで，子どもが自立的・自発的行動をとりやすくなるような工夫をすることが望まれる。このようにして，自主的・自発的行動がとれるようになると，他人に強制されなくても，何かに取り組もうとする自主性が芽ばえる。この感覚は，意欲や達成動機づけと結びついていくもので，ある行動が他者によって決められたものではなく自分自身の決定によるものであると認知する自己決定感を味わうことができる。

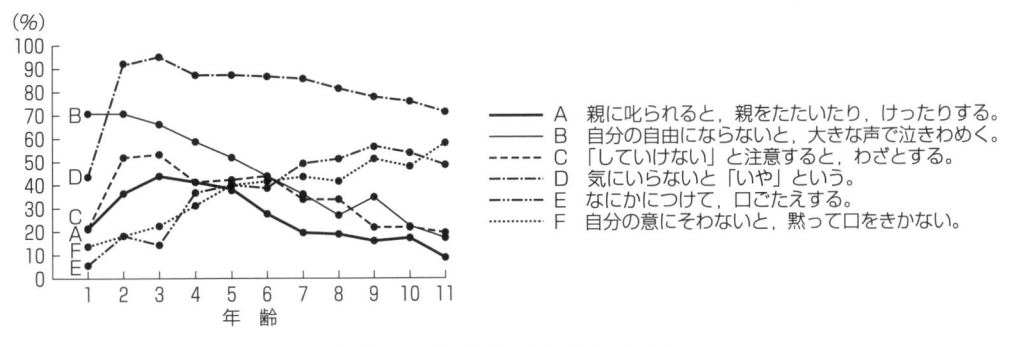

図7-3 反抗の年齢的変化（中西，1959）

グラフの凡例：
- A 親に叱られると，親をたたいたり，けったりする。
- B 自分の自由にならないと，大きな声で泣きわめく。
- C 「していけない」と注意すると，わざとする。
- D 気にいらないと「いや」という。
- E なにかにつけて，口ごたえする。
- F 自分の意にそわないと，黙って口をきかない。

（4） 自尊心の芽ばえと自己肯定的自己

　3歳ごろには，あることができるか・できないかによって自己を評価し，さらに，3歳から5歳になると，自分の過去と現在の達成度を比較して，自己の能力を測ることができるようになると言われる（Suls & Mullen, 1982）。

　一方，年齢が上がると自己の能力の限界も知り，他の子ができるのに自分ができないと恥ずかしいと思うようになる。できないと恥ずかしいので，できないと予測できることに対して大人の援助を求め，恥をかかないようにしていく様子がみられる。自尊心が芽生えることによって，他から低い評価をされないように努力するなかで，生活習慣やさまざまな学習が成立していく。

　自尊心とは，自分自身が価値あるものと思う心情をいう。誇りは「肯定的な自己意識的な感情であり，ある人の行動，発言，特徴が優れている，または望ましいことを他者から肯定的に評価された時に経験される」（Fischer & Tangney, 1995）と定義される。誇りを経験すると，他者から成功を認めてもらうために，さらに積極的な行動や発言をし，自分自身を立派であり，力強いと感じ，自分自身を肯定的に評価するようになる。

4. 比較による自己と自己認識の深まり

　幼児期に行動の主体としての自己や自己についての概念が曲がりなりにも形成され始めてから，児童期に入って子どもはどのように自己を拡大し，深めていくのであろうか。

　デーモンとハート（Damon & Hart, 1988）は4歳から14歳までの子どもに，自己定義，自己評価，過去と未来の自分，理想自己，連続性，自己形成の主体，独自性の7項目の質問をし，自己理解の発達についてのモデルを作成した（図7-4）。身体的自己，行動的自己，社会的自己，心理的自己の4側面からなる自己を「客体としての自己」，連続性，独自性，自己形成の3側面による自己を「主体としての自己」とし，これらを時期によって4レベルに分類し，自己理解が深まっていく様子を明らかにしている。それによれば児童期前期はカテゴリー的自己が自己理解の大部分を占めているのに対し，児童期中期・後期になると，比較による自己査定が加わるようになる。

　さらに，自己概念の内容を調べるものに，20項目からなる「私は誰でしょう」という自由記述式の検査法（20答法）がある。10歳から18歳までの子どもに実施した結果をみると，どの年齢でも自己概念の中でほぼ一定の比重を示す項目は，自己の能力に関する項目であるが，国籍，身体的特徴，持ち物などは，年齢が上がるにしたがって低くなる。その逆に対人関係の持ち方，自己決定意識，気分のタイプなどは高くなり，自己の認識の広がり，多様化がみられる

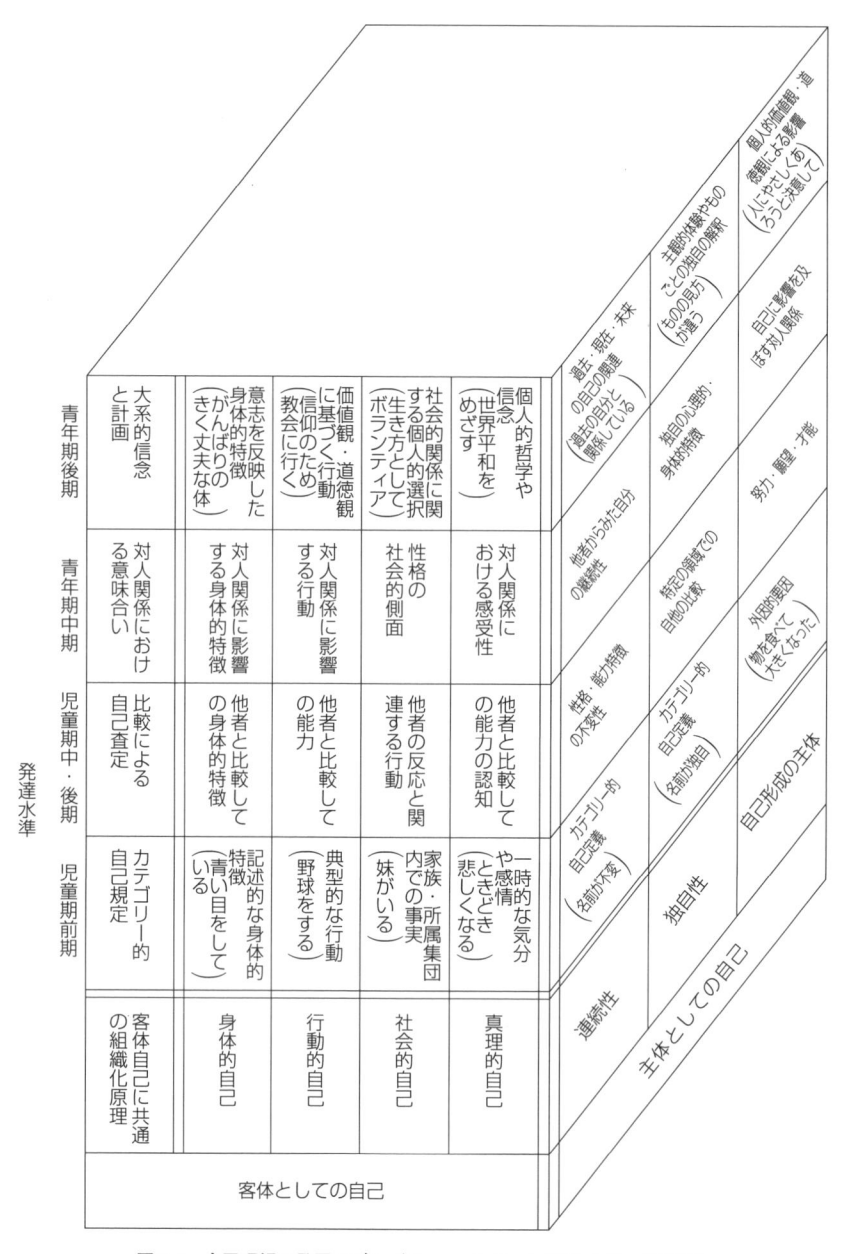

図7-4 自己理解の発展モデル（Damon & Hart, 1988より一部改変）

と同時に，どのような領域のどんな自己をより強く認識するかなどの点で，発達的変化がみられる。すなわち知覚的・外面的・物理的な自己から内面的な自己すなわち認知的自己・洞察的自己へと進んで行く（表7-5）。

(1) 他者と比較する自己

児童期に始まる，内面的自己認識への移行は，同時に私的自己から公的自己への展開でもある（柏木，1983）。他者から自分はどう見られているのかを意識することによって，自分の主観に頼っていた自己から客観的に認知できるようになる。この時期になると，友達と比較する能力が発達し，他者―とくに友人や教師―の言動・態度・評価から，現実的な自己像・自己概念

表 7-5 20答法において得られた自己概念の特徴
(Montemayor & Eisen, 1977 を一部改変)

記述された内容の分類	年齢					記述された内容の分類	年齢				
	10	12	14	16	18		10	12	14	16	18
〔固有の特徴〕						〔思想および信条〕					
性　別	45	73	38	48	72	宗　教	7	0	4	5	10
年　齢	18	35	30	25	41	政治的信条・感情	0	0	4	3	5
名　前	50	10	8	11	31	思想や信念	4	14	24	24	39
先　祖	5	4	2	13	15	道徳的価値観	4	23	17	28	26
親族関係	37	28	18	25	57	〔個人の存在様式〕					
国籍, 市民権	48	16	21	13	11	個としての存在感	0	34	19	26	54
〔所有するもの〕						個としてのまとまりの感覚	0	0	15	17	21
持ち物	53	22	24	14	8	〔個人の意識〕					
身体的特徴	87	57	46	49	16	自己決定の意識	5	8	26	45	49
〔個人の活動〕						能力の意識	36	37	44	48	36
知的関心	36	28	40	24	23	好　み	69	65	80	45	31
芸術活動	23	36	30	28	18	気分のタイプ	27	42	65	81	72
その他の活動	63	62	82	75	60	他人の判断に帰する	23	23	24	28	57
〔社会における役割〕						対人関係の持ちかた	42	76	91	86	93
職　業	4	12	29	28	44	〔その他〕	19	15	10	6	8
学生だという役割	67	59	37	54	72						
社会的地位	4	0	0	2	3						

を形成するようになる。客観的に，冷静に自己を見始めるこの時期は，自己を能力ある存在としてとらえることもできるが，自己に対する不満や批判も生じ，有能感や劣等感が形成される。このように自己に対する感情や評価にまで自己は展開されていく。自己を距離をおいてみること，すなわち自己の客体化が可能になるのである。自己概念と呼ぶにふさわしい内容が現れるのは少し先の14歳以降であると言う。

(2) 能力ある者としての自己

　環境に意味のある変化を引き起こすことができる力が自分にはあるという信念・感情のことをコンピテンス（有能感）という。

　乳児でも，自分の行動に対して養育者からタイミングの良い反応が返ってくると，世界をコントロールしているのは自分であるという有能感が生まれるが，児童期になると，明確に「○○ができる」，「○○する自分」という主体としての自己の感覚が生じ，それを基にして自分はどれくらいまでならできるかという自己評価の側面から自己をとらえることができるようになる（Harter, 1982）。

　ハーターの8歳から13歳までの研究によれば，この年齢群では自己をさまざまな能力をもつ存在だと認識していることがわかる。ハーターの開発した尺度は，学業に対してどの程度の能力があるかという学習能力，スポーツに対してどの程度の才能があるかという身体的能力，仲間の中でどのくらい人気があるか・どの程度仲間に受けいれられているかという社会的能力の3側面の有能感を調べるものである。このハーターの尺度の日本版を作成して，小学3年生から中学3年生までを調べた結果，学年が上がるごとに社会的有能感が高くなるのに対して，全体的有能感と，認知的有能感は低くなる傾向にあった（図7-5）。一方アメリカの結果は，学年により有能感には差が見られなかった（Harter, 1982）。日米の差は教育制度等のあり方に起因していると思われる。

　さらに，このコンピテンス測定尺度を用いて，松井と村田（1997）は，中・高・大の具体的生活領域の有能感を測定している。学習活動と対極的な課外活動全般での有能感を測定し，ま

た社会的能力の側面を同性の友人関係と異性関係に分けてそれぞれについて有能感を測定したところ，高校生は学習面での有能感は低く，学習領域での有能感はその他の領域における有能感とは独立しており，学習面での有能感が高い者は全体的自己評価も高いという結果が得られている。学童期以降の自己形成にとって，学習面での有能感が占める特有の位置が確認されたようである。

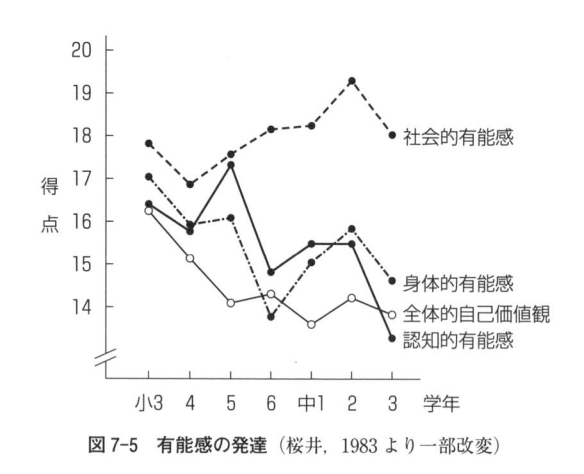

図7-5　有能感の発達（桜井，1983より一部改変）

5. 自己の認識の深まりとアイデンティティの確立

青年期に入ると，第2次性徴に伴う急激な身体的変化により，心身は不安定になり，いろいろな刺激に対して敏感になり，まさに青年たちは疾風怒涛の時代といわれる苦悩の多い時代に入り自己は大きく揺らぐ。また自分を観察する自分と，自分によって観察される自分が分化していくのに伴い，精神的に高次な個人化が進み，自己を閉じて孤独に浸り，内省にふけるなど，自己の関心が内面に向かう時期でもある。また，児童期までの自己意識は自分が中心であったが，青年前期の10歳ころからは他者から自分はどのように見られているのか，という他者からの視点をもつことができ，いろいろな場面や状況における自己，内部矛盾する自己など，自己の側面は拡大し複雑になっていく。

とくに今日ではさまざまな価値観が錯綜する時代であり，何が重要なのか，どのように生きていけばよいかなど，決定困難な時代である。高齢社会・就職難・非正規雇用・リストラなど今日的な課題に取り囲まれ，青年期の自己は揺り動かされている。

(1) 多面的にとらえられる自己

青年期の自己のとらえ方は，たとえば「人に親切である」とか「自分は判断力があり，頼りになる」などの性格特徴や気分のタイプ，さまざまな欲求，他者とのかかわりの中で相対化された自己，価値観や信念，社会での役割など多様化し複雑になっていく（岩熊・槙田，1991）。ハーター（1985，1988）が作成した自己測定尺度の児童版では「学習能力」，「運動能力」，「容姿」，「友人関係」，「道徳性評価」の5側面と，「全体的自己価値観」からなっていたものが，青年版ではそれらに「職業能力」，「社交性」，「異性関係」が追加され，さらに大学生版では「親との関係」，「自己の知性や創造性」の側面も加えられているなど，年齢に応じ，自己の内容は複雑になっている。これらの諸側面間では，日本もアメリカの青年も，「容姿評価」と「全体的自己価値観」の間に高い相関がある。誰の目にも明らかである容姿というものが評価の対象になりやすいことがこのような内容を生み出しているとも考えられる。

(2) 現実自己と理想自己

　アイデンティティを確立する際に，自分がどのような自分であると感じ・考えているかという現実自己に対して，過去・現在・未来という時系列の中で自己をとらえた結果，こうなりたい・こうでありたい自分という理想自己が現れてくる。なりたくない自分も同様である (Marcus & Nurius, 1986)。

　自己概念の形成のうえで，理想自己をもつことが重要であることは言うまでもない。「大きくなったら○○になりたい」という理想自己は，幼児期や学童期のそれは漠然としたものである。しかし，青年期に入ると，現実問題として理想の自己と重ね合わせて，進学・就職先を決定しなければならない。現実自己と理想自己とのズレが大き過ぎると，社会への適応が困難な場合がある。その意味でズレの大小は個人の社会への適応の指標の1つである。

　青年期の理想自己には容姿をはじめとする身体的なことからはじまり，性格，学習や運動など諸能力，他者から見た自分，職業に対する展望などさらに多くの内容が含まれる。理想自己と現実自己を比較し，自尊心をもったり，劣等感をいだいたりする。このズレが適度であれば，理想自己が獲得目標にもなるが，ズレが大きすぎると自己評価が低くなる。

　理想自己と現実自己のズレがどの年齢段階で大きいかについて調べた結果（松岡，2006：高校生から60代までの対象者)，ズレが最も大きかったのは高校生であり，年齢が上がるにしたがい，ズレは小さくなっている。これは，現実認識により，自己評価を見直し，理想自己を現実自己に近づけた結果と考えられる。

(3) アイデンティティの確立：アイデンティティ・ステイタス（identity status）

　青年期はアイデンティティを確立する時期である（表7-1）。アイデンティティという概念は，精神分析家のエリクソンによって提唱されたものであり，主体性・自己定義・存在証明・自覚・自己評価などの意味を内包している。エリクソンはアイデンティティを「自分を自分たらしめている自我の性質であり，他者の中で自己が独自の存在であることを認めると同時に，自己の生育史から一貫した自分らしさの感覚を維持できている状態である。アイデンティティはつねに拡散状態や混乱と力動的な対（危機：筆者注）を成している」と定義している。アイデンティティが確立されたということは，自分がどのような社会的現実に置かれているかを理解したうえで，自分はどのような人間で，どのような価値観・世界観をもち，自分が何者になろうとしているかについて明確なイメージをもち，自分が間違いなくその目標に向かって発達しつつあり，自分の存在が独自のものであり持続的であることに確信をもち，自尊感情に裏づけられながら行動できることである。そして青年期は，このような課題に直面し，自分なりに答えをみつけていく時期である。

　アイデンティティを確立するためには，自己の能力，社会的状況，将来の展望等を見きわめなければならない。当然不安や葛藤があり，決定困難な状態にあると言える。このような決定困難な状態をエリクソンは「危機」と呼んでいるが，この意味での危機的状況を乗り越えて社会に適応し，自分のなすべきことが明確になったとき，私たちはアイデンティティを獲得したと言える。

　しかし，「危機」を乗り越えていくことは容易ではなく，アイデンティティの確立のありさまを，マーシャ（Marcia, 1966）は，4つのパターンに分けている（表7-6)。さらに無藤（1979）の大学生を対象にした追試的研究の結果が表7-7に示されている。アイデンティティを確立した者の割合は，研究者によっても異なっているが，これは，時代によっても違うことが予想される。危機も体験せず早期に自己を確立する者から，教育期間の長期化，価値観の多様化，社会の複雑化，経済的時代的変化などの要因で，アイデンティティを確立するのに時間がかかり，心理的な猶予期間（モラトリアム）が必要な者もいる。確立する時期が遅れたり，もがき苦し

表7-6 自我同一性地位 (Marcia, 1980；無藤, 1979を一部変更)

自我同一性地位	危 機	傾 倒	概　略
同一性達成	経験した	している	幼児期からのあり方について確信がなくなり，いくつかの可能性について本気で考えた末自分自身の解決に達して，それに基づいて行動している。
モラトリアム	その最中	しようとしている	いくつかの選択肢について迷っているところで，その不確かさを克服しようと一生懸命努力している。
早期完了	経験していない	している	自分の目標と親の目標の間に不協和がない。どんな体験も，幼児期以来の信念を補強するだけになっている。硬さ（融通のきかなさ）が特徴的。
同一性拡散	経験していない	していない	危機前 (pre-crisis)：今まで本当に何者かであった経験がないので，何者かである自分を想像することが不可能。
同一性拡散	経験した	していない	危機後 (post-crisis)：無力感，諦観，運命論などから，傾倒することを無意味と考えている。
同一性拡散	経験していないまたは経験した	傾倒しないことに傾倒している	プロテウス的拡散：すべてのことが可能だし可能なままにしておかなければならない。
同一性拡散	経験していないまたは経験した	傾倒しないことに傾倒している	擬似拡散：傾倒しないことに首尾一貫した理論的基礎をもっていて，いわば冷笑的に傾倒することを拒否している。

表7-7 アイデンティティ・ステイタス (高田, 1993を一部変更)

研究者	対象者・数	同一性達成	モラトリアム	早期完了	同一性混乱
渡邊 (1978)	大学4年生（男子）45名	24%	22%	42%	12%
無藤 (1979)	大学4年生（男子）63名	46	6	32	16
園田 (1980)	大学4年生（女子）56名	25	22	39	14
小柳 (1981)	大学4年生・大学院生（女子）45名	29	29	29	13
小柳 (1982)	大学3，4年生・大学院生（女子）45名	31	29	29	11

み確立に失敗して自己確立を拒否することもある。このことをアイデンティティが拡散していると言い，それに陥った者は無気力，無関心，怠惰な生活を送ったり，精神症状を呈する場合がある。年々増えており今日社会問題ともなっているフリーター，ニート，パラサイトシングル，引きこもりなどはアイデンティティ・ステイタスと深く関連していると思われる。

6. 安定した自己と自己の問い直し

(1) 安定した自己

　成人期には，青年期の課題であるアイデンティティを確立し，現実の社会で具体的に実践し・確実なものにしていく時期である。その後比較的安定したライフサイクルが続き，心理社会的に安定すると考えられてきた。エリクソンによれば，成人の心理社会的危機は，「生殖性 対 停滞性」（表7-1）である。多くの人は自分の潜在能力・可能性を発揮し，自己の到達できる最高の状態をめざし，その人らしい生きがいのある人生を送っていく。このように成人期は自己実現を達成し，豊かな老後の準備をする時期である。

　しかし，ギリガン（Gilligan, 1982）によれば，アイデンティティの発達・成熟は，男性と女性では違いがあり，異なった経路をたどるという。従来，女性は男性と同等な形で扱われて来ており，個性化や自立の概念が優先されていたが，女性特有のアイデンティティの発達の特徴は，就職・結婚・出産を契機に，他者への配慮・責任という関係性の中で自己を形成していく点にあると言う。これをうけて岡本（1994）は，成人以降のアイデンティティの発達は，個と

してのアイデンティティと関係性に基づくアイデンティティの両者がそれぞれの重みをもちながら発達していくと考えるべきであるとしている。

(2) アイデンティティの問い直し：中年期クライシス

自己が安定していた人にも，今日の社会情勢の変化，すなわち，終身雇用の原則の崩壊，転職，再就職，休職などに見舞われる可能性は高くなっている。このことは，アイデンティティの確立が青年期に終結するのものではなく，中年期において改めて「自分とは何か」と問い直さざるを得ない状況に直面することを意味する。

とくに女性は，夫の定年退職や子どもの独立など家族の変化を機に，もう一度自己を問い直して生き方を変えたいと思う者もいる。このように中年期においてアイデンティティが吟味され見直され続ける場合がある（岡本，1994）。とくに母親は，子どもが巣立っていった後の「空の巣症候群」や「抑うつ感」をはじめ，種々の現代的なストレスにさらされる可能性が高い。ストレスによっていろいろな心理的問題が生じ，それが昂じて精神疾患に陥る場合もある。

7. 自我の統合と死の受容

(1) 自我の統合

高齢期は，自己の各側面，とくに人格面において成熟の域に達し，吟味され続けた自己が頂点に達するサクセスフル・エイジングの時期である。人格面で円熟の域に達したパーソナリティとは過去の自分を後悔することなく受容し，未来に対しても現実的な展望のある統合されたパーソナリティ―知的で統合された特性を示し，ユーモアがあり，寛大で，自分の人生の成功・失敗を自覚し，生活を楽しみ，情愛にあふれた対人関係を保っている―を持つと言う。（伊藤，1994）。

高齢期は，生理的・身体的変化，諸機能の機能低下，環境の変化，肩書きの喪失，生きがいの喪失，対象喪失，病，死の不安・受容等を体験する時期でもある。エリクソンのいう老年期の危機的課題としての「統合 対 絶望」の時期である（表7-1）。多くの高齢者は喪失や変化・変転を経験し，戸惑ったり，落胆したり或いはそれらをはね返したりしながら適応を図っていく。社会的な一線を退いた男性たちは地域活動に参加するべき基盤もなく，孤立化しがちである。女性たちが若いときから構築してきた多くの友人とのネットワークを楽しむのに対して，男性たちはどちらかというと「テーマ」「趣味」を深めるという個人プレーに撤する途をたどる傾向にある（福本，2000）。近年「無縁社会」「孤独死」など暗い文字が紙面に踊るが，幼い時から人との絆を紡ぐための社会的なバックアップがとくに男児には大切であろう（福本，2000）。年間3万人の自死者が出ているわが国の現状をかえりみるとき，対人的なかかわりこそが人間存在，あるいは人間の自己発達にとって抜き差しならない緊要な要件であることが改めて思わせられる。

(2) 死の受容

たとえ人生を満足に送れたとしても，誰でも死を迎える。この高齢期の生き方は，次世代への引継ぎを済ませ，死の不安を克服し静かに死を待つ者から，その準備もできず失意のままで死を迎える者まで，千差万別である。

自己は死という現実に一体どう立ち向かうのであろうか。この時期をどのようにとらえるかが，自己の完結の仕方に大きく影響し，それは高齢者個々のおかれている社会的・時代的状況も大きく関係してくるであろう。たとえば，上述したような今日の社会的状況の変化，単身家

族の増大，少子・高齢社会への移行などによる，孤独死の増大，消えた100歳問題，戸籍上162歳，200歳の生存者問題など，従来では考えもしなかった事態が生じている。これらによって今までの高齢期のあり方が大きく変えられてきていると思われる。これらの状況に如何に対応するかということは個人の課題であるとともに広く社会・国家の課題でもあろう。

引用・参考文献

Amsterdam, B. 1972 Mirror self-image reactions before age two. *Developmntal Psychology*, 5, 297-305.

Damon, W. & Hart, D. 1988 *Self-understanding in childhood and adolescence.* New York: Cambridge University Press

Erikson, E. H. 1959 Identity and the life cycle. Selected papers. New York: International Universities Press. (E. H. エリクソン（著）小此木啓吾（訳編）1973 自我同一性 誠信書房)

Erikson, E. H., & Erikson, J. M. 1987 *The life cycle completed.* New York: W. W. Norton. (E. H. エリクソン・J. M. エリクソン（著）村瀬孝雄・近藤邦夫（訳）1989 ライフサイクル，その完結 みすず書房)

Fischer, K. W. & Tangney, J. P. 1995 *Self-conscious emotion and the effect revolution: Framework and overview.* New York Guilford Press.

福本 俊 2000 女子青年の自己意識に関する縦断的研究 日本女子大学大学院紀要, 6, 97-108.

Gilligan, C. 1982 *In a different voice.* Cambridge, MA: Harvard University Press

Gresec, J. E., & Reader, E. 1980 Attribution, reinforcement, and altruism: A developmental analysis. Developmental Psychology, 16, 525-534.

Harter, S. 1982 The perceived competence scale for children. *Child Development* 53, 87-97

Harter, S. 1985 *Manual for the self-perception profile for children.* Denver, CO: University of Denver.

Harter, S. 1988 *Manual for the self-perception profile for adolescents.* Denver, CO: University of Denver.

板倉昭二 1999 自己の起源 比較認知科学からのアプローチ 金子書房

伊藤隆二・橋口英俊・春日 喬（編）1994 老年期の臨床心理学 駿河台出版（引用：Reichard, S., Livison, F., & Peterson, P. G. 1962 Ageing and personality: A study of eighty-seven older men. New York: John Wiley.）

岩熊史朗・槙田 均 1991 セルフ・イメージの発達的変化―WAI技法に対する反応パターンの分析― 社会心理学研究, 6, 155-164.

James, W. 1890 *Principles of psychology.* New York: Holt. (W. ジェームズ（著）今田 寛（訳）1934 心理学 岩波書店)

亀谷純夫 1999 自己発達の心理学 文化書房 博文社

柏木惠子 1983 子どもの「自己」の発達 東京大学出版会

Keller, A. & Ford, L. H. 1978 Dimensions of self concept in preschool children. *Development Psychology* 14, 483-490.

Kravitz, H., & Boehm, J. J. 1971 Rhythmic habit patterns in infancy, their sequence, age of onset and frequency. *Child Development*, 42, 399-414.
http://www.kahoku.co.jp/spe/spe020.htm.

Lewis, M., & Brooks-Gunn, J. 1979 *Social cognition and the acquisition of self.* New York: Plenum Press.

Marcia, H., & Eisen, M. 1980 Identity in adolescence. In J. Adolsen (Ed.), *Handbook of adolescent psychology.* New York: Wiley. pp159-187.

Markus, H., & Nurius, P. 1986 Possible selves. *American Psychologist*, 41, 954-969.

松井 均・村田純子 1997 青年用有能感調査票の研究 教育心理学研究, 45, 220-227.

松岡弥玲 2006 理想自己の生涯発達―変化の意味と調整過程を捉える― 教育心理学研, 54, 45-54.

Montemayor, R., & Eisen, M. 1977 The development of self-conception from childhood to adolescence. *Developmental Psychology*, 13, 314-319.

無藤清子 1979 「自我同一性地位面接」の検討と大学生の自我同一性 教育心理学研究, 27, 178-187.

中野善重・坪井尚子 2004 高齢者における精神的生きがいの日独比較 大手前大学社会文化部論集,

4, 123-144.
中西信男　1959　友情行動の発達研究　教育心理学研究，6，144-152.
岡本祐子・松下美知子（編）　1994　女性のためのライフサイクル心理学　福村出版
岡本祐子（編著）　2010　成人発達臨床心理学ハンドブック　ナカニシヤ出版
岡本祐子（編著）　1999　女性の生涯発達とアイデンティティ　北大路書房
桜井茂男　1983　認知されたコンピテンス測定尺度の作成　教育心理学研究，31，245-249.
植村美民　1979　乳幼児期におけるエゴ（ego）の発達について　心理学評論，22，28-44.
Reichard, S., Livison, F., & Peterson, P. G.　1962　Ageing and personality: A study of eighty-seven older men. New York: John Wiley.
Stern, D. N.　1985　*The interpersonal world of the infant: A view from psychoanalysis and developmental psychology.* New York: Basic Books.（D. N. シュテルン（著）神庭靖子・神庭重信（訳）1989　乳幼児の対人世界　理論編　岩崎学術出版社）
坂上祐子　2006　第7章子どもの自律につきあう―反抗期をめぐって―　加藤邦子，飯長喜一郎（編）子育て世代応援します！　ぎょうせい　pp.153-175.
Suls, J., & Mullen, B.　1982　From the cradle to the grave: Comparison and self-evaluation across the life-span. In J. Suls（Ed.），*Psychological perspectives on the self.* Vol. 1. Hilsdale, NJ: Lawrence Erlbaum Associates.
高田利武　1993　青年の自己概念形成と社会的比較―日本人大学生にみられる特徴　教育心理学研究，41，339-348.
若井邦夫・高橋道子・高橋義信・城谷ゆかり（共著）　1994　乳幼児心理学　人生最初期の発達を考える　サイエンス社
百合本仁子　1981　1歳児における鏡像の自己認知の発達　教育心理学研究，29，261-265.

★課題

自己形成を促すものについて，とくに乳児の人との相互作用から具体例をあげて考えよう。

社会性と情緒の発達

第 8 章

1. 子どもと情緒・感情：「いま・ここ」の気持ち

　「いま・ここで」の暮らしをしている幼い子どもたちは，その時々の感情に左右され，それをそのまま外に現す。「あのくらい思い切り泣いてみたいな」と時には思ってしまうような混み合った車内での赤ん坊の泣き声。ちょっとしたことで気分がくるっと変わって真ん円お月さんのような笑顔になる子どもたち。破顔とはよく言ったものだ。筆者たちの子ども時代では「今泣いたカラスがもう笑った」とお互いにはやし立てたものだった。

　このような屈託のない表情も，成長とともに影を潜めていく。これも社会化のなせる業である。泣き方や笑い方も社会的な学習の産物である。ここで嬉しい気持ちと悲しい気持ちの例をあげてみよう。

　「今夜，4つになる，小さな女の子に会いました」
　友だちの月は，話しはじめました。
　「いままで，はなやかな衣装を着て，幸せそうにしている人たちは，たくさん見てきましたけどね，この女の子ほど，うれしそうにしていたのを見たことはありません。たったいま，新しい青いドレスと，ばら色のぼうしをもらったのです。『まあ，なんてかわいいのでしょう。もっと明るいところで見せて』みんな，口ぐちにいいました。月の光ではたりなかったのですね。女の子はまるでお人形のように，こちんこちんになって立っていました。『あした，それを着て，お外へ行ってもいいわよ』お母さんがいいました。すると，女の子は目をかがやかせ，ぼうしを見あげたり，スカートをひろげてみたりしながら，いいました。『おかあさん，あたしのこのドレスを見たら，ワンちゃんたち，なんていうかしら』」
　　　　　（『アンデルセンの絵本　絵のない絵本』角野栄子（訳，2004　小学館より）

　あっというまに　ぼうしが　とんでいって　しまいました。ぼうしは　ひろい　のはらの　なかで，ちいさく　なっていきました。
　わたしは　なきました。おとうさんが，「とんでいったのが　おまえでなくて　よかったよ。」といいました。
　えきに　ついて　おかあさんは　アイスクリームを　かってくれました。でも　わたしは　たべませんでした。そして，まえよりも，もっと　おおきな　こえで　なきました。
　　　　　　　　　　　　　（『わたしのぼうし』さのようこ　1976　ポプラ社より）

　「命がけで生きている」子どもたちの一日一日は喜怒哀楽に溢れている。これらの感情の変化と社会化の過程をできるだけ結びつけてみたい。

2. 社会的な存在としてのヒト

　生後1年間の「胎外胎児」は，その外見上の無力さのために，周りのおとなたちをじっとさせておかない。何かにつけておとなたちは赤ん坊に手を差し伸べ，誕生直後から濃密な社会環境が赤ん坊を取り巻く。私たち人類がこれまで築いてきた膨大な文化を次代の子どもたちが継承するためには，人生最初期からこのような社会的な環境に取り巻かれることは，実に理にかなっている。

　もともと生命体としてのヒトには他者と同調する欲求と能力が遺伝的に継承されている。典型的にはおとなの「舌出し」をまねる共鳴（co-action）などに見られる。さらに，生後10ヵ月にもなると赤ん坊は興味のあるものを指で指し示しながら側にいる親の顔を見ることが頻繁に起こる。これが指差し（pointing）である。この指差しによって作り出される関係が三項関係である。そして赤ん坊とおとなの「共通項」（たとえばヌイグルミ）は「ことば」に置き換えられていく。

3. 社会性と社会化

　大把みで言えば，社会性とは社会化の過程を通じて個人が獲得していく諸属性である。その諸属性は，その個人が属している社会の「良き一員」として身につけていることが求められているものである。役割属性とも言う。社会化とは発達と大きく重なる概念である。「社会がその構成員を望ましい姿に仕立て上げていく」というニュアンスの強い言葉である。社会の出先機関にあたるものが「社会化の担い手（agent）」である。父親・母親をはじめとする養育者・家族・近隣・地域・学校・マスメディア等々である。

4. 情緒と社会化

　情緒とは英語で言うsentimentやemotionに該当する。あの人は情緒的な人だと言うことがある。「感じやすい人」に通じる。目の前の出来事に，まず情が大きく動くというイメージである。情緒に似たものに，感情，情操，情動などがある。明確に区別がつきにくく，教師泣かせの用語である（と筆者は情緒的に苦笑しながら反応している）。本章では情緒を「明確に区別される感情以前の段階での感覚」と考えたい。そこではもっぱら「快・不快」が中心になる。成長するに伴い，この未分化な情緒が，文脈に添った独自の感情に変わっていくのが「情緒の分化的発達」である。表8-1がブリッジェス（Bridges, 1932）の情緒発達の古典的な研究である。

　マズロー（Maslow, 1943）は，欲求の階層を次のように提案している。生理的欲求・安全の欲求・愛情と所属の欲求・自尊の欲求・自己実現の欲求である。物理的なものから精神的なものへと変化している。それぞれの欲求に対して独自の情緒が関わっているのであろう。

　このように社会化と情緒は深く関係しあっている。

　ここで喜怒哀楽の例として「泣き」を取り上げてみよう。「泣き」はとても面白い。泣いている本人は弱いから泣くのであるが，「泣く子と地頭には勝てない」と言うとおり，「弱いはずの泣いている」人が結局勝ってしまう。悲しいから泣くのである（キヤノン・バード説）が泣いていると悲しくなってしまう（ジェームズ・ランゲ説）。

表 8-1 情緒の変化 (Bridges, 1932)

幼児		成人	老人	
未分化の反応，でまかせ行動	分化と統合の過程	情緒的感受性と統御の成熟，反応と審美的感情の最大分化	固定化と若干の崩壊の過程	圧縮された反応，固執的行動

興奮
- 不快
  - 心配 ------- 悲しみ
  - 恐怖 ------- 苦悩
  - 羞恥 ------- 自己れんびん
  - 怒り ------- 罪悪感
  - 嫌悪 ------- 不平   ┐憂うつ
  - 嫉妬 ------- 短気
  - 失望 ------- 退屈
  - 落ち着きのなさ
  - 不安
                                    ┐無感動と消極性
- 快
  - 喜び ------- 神秘的恍惚
  - 得意 ------- 満足   ┐満足
  - 希望的期待
  - 愛情 ------- 慈悲心
  - 性愛 ------- 味覚の敏感

(1) 「泣き」と社会化

　わずか7cmの産道を2時間以上もかけて今胎児が"しゃば（しゃばも）"に出てきた。多分非常な圧迫感に締め付けられた赤ん坊の表情は決して快適とは言えない。その直後の肺呼吸への切り替えのあかし（あかしき）である「産声」は渋面そのものである。私たちは言ってみれば"泣きながら"この世の中に出てくる。そしてその瞬間から"泣き方のレッスン"いう課程に入っていく。置かれた状況に相応しい泣き方の練習である。

　その社会が許容する「泣き方」を身につけていく過程は「泣きの社会化」と言えよう。混み合った電車の中で大きな口を開けて身体一杯におとなが泣いたとしたら，とてもそれは奇異な風景であろう。赤ん坊なら普通であっても，おとなにはすでに許されないのである。喜怒哀楽の変化の過程を示した表8-1のブリッジェスの研究にあるとおり，苦痛は快適な感覚よりは印象が強いために，不快感の方がより細かく意識されるのであろう。この喜怒哀楽の感じ方・表し方に，多分"その人らしさ"が素直に表現されるであろうし，その個人を取り囲む国・社会の特徴も多分如実に示されるのであろう。このように喜怒哀楽というきわめて個人的な事象も社会化の産物なのである。

　喜怒哀楽の表現の典型として「泣き」を取り上げてみよう。

　表8-2は筆者らの「園児の泣きについて」の調査結果の一部である。この中から泣きと友だちとの関係のエピソードを紹介する。

　M子（3歳）が母親を恋しがって泣いている。保育者の膝の上にいるM子にA子「みんな我慢しているのよ」と諭す。A子も実は母親がとても恋しいのだ。

　D男（3歳）「（お弁当）食べられない」と泣く。保育者が一緒に食べようと慰める。側で見ていた男子たち「泣いちゃだめ。泣いたらダイレンジャーに変身できなくなる」と励ます。D男は泣き止み，頑張って全部平らげた。

(2) 客観視の発達

　自分をわずかであっても「客観視」できるようになるという発達の一面が観察される。

　G男（3歳）は夏休みまで母親となかなか離れられなかった。慣れるまで母親に幼稚園で待機してもらっていた。その結果，夏休み前には1人でも頑張れるようになった。夏休みが終わって9月を迎えると，自分を客観的に表現するようになった。降園近くなって，G男「そろそ

表 8-2 「泣き」の文脈と場面の頻度 (福本・星,1995)

分類	3歳男子	3歳女子	4歳男子	4歳女子
愛着の対象と別れる	37	26	1	3
苦手な事をする	4	6		3
取り残される	6	9		
身体的な痛さ	16	17	2	8
注意・批判される	9	13	1	4
誤りの自覚	2	1		2
あるべきものが無い	3	2		
気に入らない状態	1			
人との衝突	4	3	1	
理解して貰えない	1	1		1
自分のものを失う	1	6		2
体調が悪い	3			
希望が容れられない	3	6		1
思うように行かない	1	18		2
怖いもの・ことに直面		4		1
同情する		2		
困惑する		1		
時間や順番を待てない		2		
不明		2		

ろ涙が出て来そうだよ」。そう言った後は,自分で遊び出している。

仲間たちに励まされ,保育者に慰められながら,集団生活により相応しい行動・態度を学び取っていく。これもまた社会化の一場面である。

5. 社会化の担い手

社会化の担い手（socialization agent）の代表として親と友だちを取り上げる。

(1) 親子関係と感情：愛着

かあさんが はしると,ぼくも はしる
かあさんが とまると,ぼくも とまる
かあさんが そらを みあげると,ぼくも みあげる。
かあさんが おはなを くんくんすると,ぼくも くんくんする。
かあさんが にっこり わらうと,ぼくも にっこり わらう。
ぼくは かあさんの まねっこをしながら,
たくさんの ことを おぼえた。

(『つきのよるに』 いもとようこ 2004 岩崎書店より)

これはカモシカの親子の情景を描いているが,そのまま私たち人間にも当てはまる。
胎児期の身体的な母子一体化の次に訪れる心理的な母子一体化である。愛着関係によって両者は結ばれている。そこにあるのは多分深い安心感であろう。絵本ではこの場面の後に母親に

表8-3 ストレンジ・シチュエーション法（高橋，1983）

エピソード	登場する人	時間	行動の内容	
			a. 子どもがひどく混乱したら，短縮する。	
			b. 子どもが遊びに熱中するまで延長する。	
Ep. 1	母（M）子（C）実験者（E）	30秒	Eは，M，Cを実験室に案内し，Cのスタートの位置を指示して退室する。	
Ep. 2	M, C	3分	Mは，自分の椅子によって本を見ている。Cが要求したことには応じる。2分たっても遊ばなければ，遊びにさそう。	
Ep. 3	M, C 見知らぬ女性（S）	3分	Sが入室。1分間は黙っている。次に，Mと話し，2分すぎたらCに近づいて，玩具で「遊ぼう」とさそう。3分したらMが静かに退室する。	
Ep. 4	S, C	3分 (or less)[a]	Mとの1回目の分離のエピソード。Cが遊んでいれば，Sは見守る。遊ばなければ，遊びにさそい，混乱したらなぐさめる。	
Ep. 5	M, C	3分 (or more)[b]	1回目の再会。Cが遊びに戻れるようにMは助ける。3分（あるいはそれ以上）たっておちついたら「バイバイ」と去る。	
Ep. 6	C	3分 (or less)[a]	Mとの2回目の分離のエピソード。	
Ep. 7	S, C	3分 (or less)[a]	2回目の分離のつづきのエピソード。Sが入室。Cが遊べば見守る。Cが混乱していたらなぐさめる。	
Ep. 8	M, C	3分	Mとの2回目の再会。入口で名をよび，「おいで」とよびかけ，Cの反応を見て入る。交代にSが退室。MはCをなぐさめ，遊べば遊ぶ。	

　日本をはじめとしたいくつかの国では，エピソード4や6の実施がむずかしい場合がある。ここにも子どもをめぐる養育環境の差異が反映されている。

よる子どもとの断絶が描かれる。子どもは深い悲哀を経験する。子どもが親から見よう見まねで身につけていくモデリング（modeling）の姿もよく表現されている。
　表8-3は愛着関係の質を測定するためにエインズワースら（Ainsworth et al., 1978）が考案したストレンジ・シチュエーション法（strange situation procedures）である。母親・養育者との「別れ」と「再会」場面での養育者と赤ん坊両者の行動を手がかりに愛着の質を推測する。

(2) 友人関係と感情

　同じ地平に立てる友人関係は対等の関係。そこが親子関係と大きく異なる。手加減のない厳しさがそこにはある。それだけに友人関係の中で子どもは大きく成長する。成長させるものが「遊び」と「けんか」である。けんかは脱中心化の最も大きな契機である。筆者にとって，とくに取っ組み合いのけんかは相手のことをとても良くわからせられる機会であった。

1) 遊び

①パーテンによる遊び方の種類（カテゴリー）とその定義

　図8-1はパーテン（Parten, 1932）の古典的な遊びの発達に関する研究である。下に各遊びの定義を掲げよう。

　何もしていない行動（unoccupied behavior）　とくに興味を引くような事態がなければ，ぼんやり立っていたり，ぶらぶらしているような状態。興味を引くようなものがあれば，その時々で眺めているが，自分から進んではたらきかけるようなことはしない。主として，2，3歳の幼児で観察される行動。

　ひとり遊び（solitary play）　2，3歳の幼児に多く観察されるが，自分一人で行動し，側に他の子どもがいても無関係に自分の遊びだけを追求する。

　傍観者的な行動（onlooker behavior）　他の子どもの遊びを側から局外者の立場で見ている。ただ「何もしていない行動」のようにぼんやり他児が遊ぶのを見ているのではなく，質問

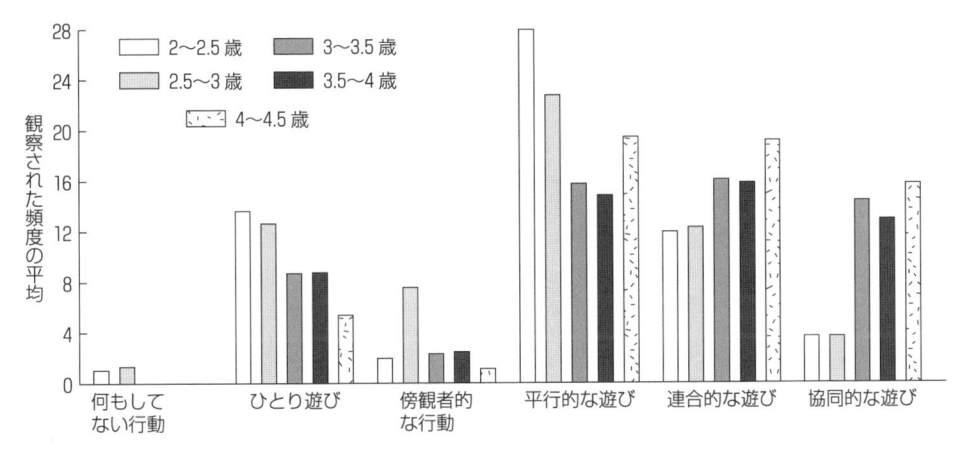

図 8-1 社会性からみた遊びの様式と年齢差 (Parten & Newhall, 1943)

をしたり、意見を述べたり、アイディアを提供したりもする。2歳半頃に多い行動。

平行的な遊び (parallel play)　集団的ひとり遊びとも言える行動で、他の子どもの側で同じような行動をしているが、それぞれが独立して遊んでいる状態。この時期は友だちと遊びたい要求はあるが、まだ相手に自分の気持ちを十分に伝えることができない。この遊びは、2, 3歳に多いが各年齢にわたって観察される。

連合的な遊び (associative play)　協同の目的をもつ遊びではないが、他の子どもと一緒に同じような活動をし、互いの交渉も見られる。しかし、分業作業は行われず、遊び全体は組織化されていない。

協同的な遊び (cooperative play)　子どもたちは組織化されたグループの一員として目的的に行動し、目標達成のための役割を受けもち互いに協力しながら行動する。各々の子どもは集団所属の意識をはっきりともち、リーダーになる者も現れてくる。3歳以下の幼児にはほとんど見られない遊び行動である。

②**遊びの時代的な変化**

図 8-2（1, 2）、表 8-4（1, 2, 3）は、祖父母・父母・子どもの3世代にわたる遊びの研究である。

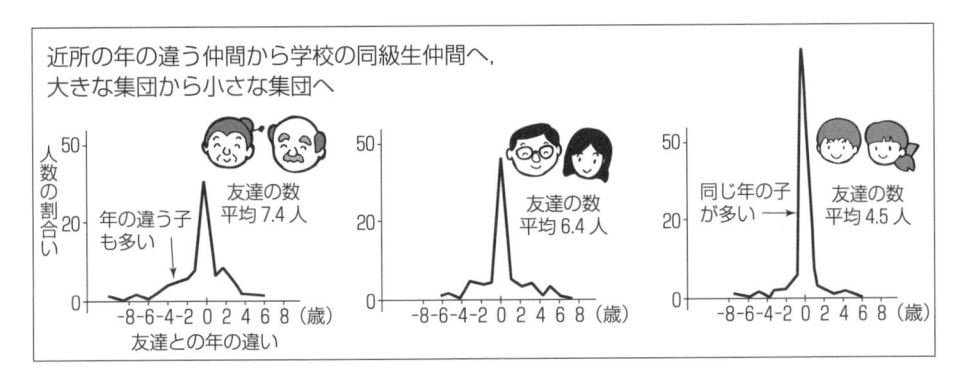

図 8-2(1)　遊び仲間の年齢差 (内藤, 1992)

都内で3世代各20名の話をまとめ作成したもの。異年齢の子どもとの交流が徐々に減ってきていることがわかる。

第8章 社会性と情緒の発達

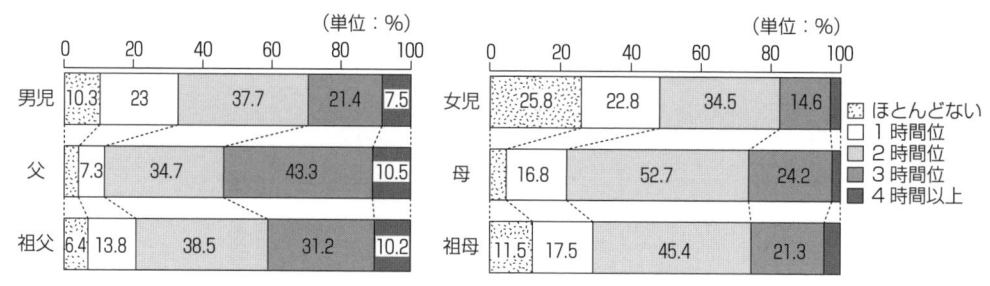

                                    (単位：%)   (単位：%)

男児 | 10.3 | 23 | 37.7 | 21.4 | 7.5　　女児 | 25.8 | 22.8 | 34.5 | 14.6
父 | 7.3 | 34.7 | 43.3 | 10.5　　母 | 16.8 | 52.7 | 24.2
祖父 | 6.4 | 13.8 | 38.5 | 31.2 | 10.2　　祖母 | 11.5 | 17.5 | 45.4 | 21.3

凡例：ほとんどない／1時間位／2時間位／3時間位／4時間以上

図8-2(2)　3世代間の遊び時間の比較（内藤, 1992）

表8-4(1)　遊び時間に不満足な理由（内藤, 1992）

	男児 203	父 69	祖父 24
もっと遊びたいのに暗くなってしまう	82 (40.4)	32 (46.4)	0
塾や習い事がある	38 (18.7)	3 (4.3)	1 (4.2)
勉強しなければならない	26 (12.8)	3 (4.3)	5 (20.8)
友だちと時間が合わない	21 (10.3)	1 (1.4)	1 (4.2)
スポーツ教室やスポーツ少年団がある	18 (9.9)	0	0
家の手伝いがある	4 (2.0)	30 (43.5)	17 (70.8)
その他	14 (6.9)	0	0

	女児 213	母 54	祖母 44
もっと遊びたいのに暗くなってしまう	67 (31.5)	19 (35.2)	6 (13.6)
塾や習い事がある	61 (28.6)	3 (5.6)	2 (4.5)
友だちと時間が合わない	33 (15.5)	3 (5.6)	0
勉強しなければならない	22 (10.3)	2 (3.7)	2 (4.5)
家の手伝いがある	13 (6.1)	23 (42.6)	34 (77.3)
スポーツ教室やスポーツ少年団がある	7 (3.3)	0	0
その他	10 (4.7)	4 (7.4)	0

表8-4(2)　遊び場所に不満足な理由（内藤, 1992）

	男児 234	父 30	祖父 12
冒険できるようなスリルがある場所	154 (65.8)	8 (26.7)	1 (8.3)
大きい広場	65 (27.8)	19 (63.3)	9 (75.0)
山・川・田畑など自然のある場所	11 (4.7)	2 (6.7)	2 (16.7)
その他	4 (1.7)	1 (3.3)	0

	女児 232	母 23	祖母 13
冒険できるようなスリルがある場所	148 (63.8)	3 (13.0)	1 (7.7)
大きい広場	68 (29.3)	16 (69.6)	8 (61.5)
山・川・田畑など自然のある場所	12 (5.2)	3 (13.0)	3 (23.1)
その他	4 (1.7)	1 (4.3)	1 (7.7)

表 8-4(3) 遊び仲間に不満足な理由 (内藤, 1992)

	男児 58	父 9	祖父 4
近所に友だちがいない	23(39.7)	3(33.3)	3(75.0)
友だちと時間が合わない	18(31.0)	4(44.4)	0
きょうだいが少ない	7(12.1)	1(11.1)	0
一緒に遊べる年上の友だちがいない	3(5.2)	0	1(25.0)
その他	7(12.1)	1(11.1)	0

	女児 60	母 20	祖母 7
友だちと時間が合わない	21(35.0)	2(10.0)	1(14.3)
近所に友だちがいない	16(26.7)	9(45.0)	2(28.6)
きょうだいが少ない	12(20.0)	3(15.0)	0
一緒に遊べる年上の友だちがいない	3(5.0)	3(15.0)	1(14.3)
その他	8(13.3)	3(15.0)	3(42.9)

2) けんか

　比較行動学者ローレンツ (Lorenz, K. Z.) によるガン (雁) の生態の映像によれば, 子ずれの一家が群れの中では最も優位である。一家の移動の通り道でうろうろしているガンに対しては, 父親が"首をまっすぐに向けて"突進していた。ところが, 親しい仲間に出会うと,"首はほとんどまっすぐではあるが, ほんのわずかに斜めを向いて"近づく。微妙な差である。「友情」と「敵対」は非常に似ている。恋人同士はお互いの目を見つめ合うし, けんかの相手もじっと相手の目をにらみつける。なるほど, 両者に共通している要素は「真剣・命がけ」である。そして無視して通り過ぎることができない。共通した「関心事」が両者の間にはあるから。

　年子の兄とは, 寄ると触るとよくけんかしたが, そんな筆者に半ばあきれながら母がよく言っていたものだ。「ケンカするほど仲がいい」と。確かである。だから, ことわざにもこんなものがある。「夫婦喧嘩は犬も食わない」。確か落語にも, 仲裁していたら二人に「のろけ」られて……というのがあった。

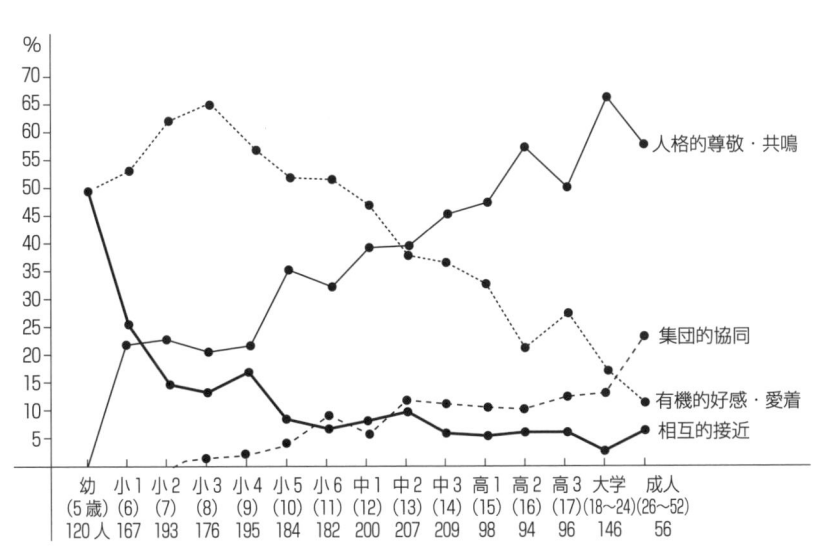

図 8-3 ソシオメトリック・テストによる選択関係に被験者自身によって付せられた理由の年齢による変化 (田中, 1964)

子ども達の「けんか」も熱い友情に転化する絶好の機会かもしれない。いずれにしても「けんか」ほど，相手のこと・自分のことが解らせられるものはないであろう。

友情を交わす動機・契機は物理的・生理的なものから精神的なものに変化していくが，けんかの原因も，同様に物理的なものから精神的なものへと変化していくと思われる。

(3) 友人関係の理由についての研究

図8-3は田中（1964）の古典的な研究である。仲良しになる切っ掛けが物理的なものから精神的なものへと変化していく様が確認できる。

6. 向社会性：自己犠牲の感情

図8-4は菊池（1983）によるモデルである。第5章にあった自己中心性と役割の関係についてここでも確認して欲しい。

向社会的（pro-social）な行為はその中に自己犠牲の感情が篭っている。冒頭のマズローの欲求の階梯では最後の「自己実現」にあたる。

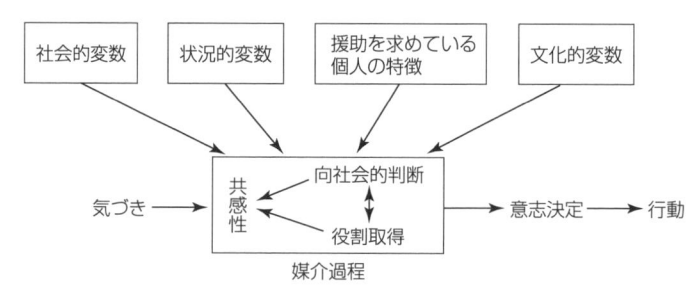

図8-4 向社会的行動のモデル（菊池，1983）

引用・参考文献

Ainsworth, M. D. S., Blehar, M. C., Waters, E., & Wall, S. 1978 *Patterns of attachment: A psychological study of the strange situation.* Hillsdale, NJ: Erlbaum.
アンデルセン，H. C.／角野栄子（訳） 2004 アンデルセンの絵本絵のない絵本　小学館
Bridges, K. M. B. 1932 Emotional development in early infancy. *Child development*, 3, 324-334.
福本　俊・星　道子　1995　園児の「泣き」に関する考察　日本女子大学紀要家政学部，第42号．
いもとようこ　2004　つきのよるに　岩崎書店
柏木恵子　1978　子どもの発達・学習・社会化：発達心理学入門　有斐閣
菊地章夫　1983　向社会的行動の発達　教育心理学年報，23，118-127.
Maslow, A. H. 1943 A preface to motivation theory. *Psychosomatic Medicine*, 5, 85-92.
内藤裕子　1992　遊び空間復権の試み　山本清祥（編）大都市と子どもたち　日本評論社　p.225.
Parten, M. 1932 Social participation among preschool children. *Journal of Abnormal and Social Psychology*, 28, 136-147.
Parten, M. B., & Newhall, S. 1943 Social behavior of preschool children. In R. G. Barker, J. S. Kounin, & H. F. Wright (Eds.), *Child behavior and development.* New York: McGraw-Hill. pp.509-525.
さのようこ　1967　わたしのぼうし　ポプラ社
髙橋恵子　1983　対人関係　波多野・依田編児童心理学ハンドブック　金子書房
田中熊次郎　1964　実験集団心理学　明治図書
山添　正　1992　心理学から見た現代日本の子どものエソロジー　ブレーン出版

★課題
1．あなた自身の中で，社会化されたものの代表的な例を三つあげてみよう。
2．「喜・怒・哀・楽」の代表例を思い出して書き出してみよう。

　　保育者を目指している皆さんへ：「inner voice」というもの
　上の課題2で書き出した「喜・怒・哀・楽」の中から「楽しい想い出」をもう一度心に思い出してみましょう。楽しかったその時を思い出しながら，その時の「気持ち」になりながら，何か台詞を言ってみましょう。たとえば，本文にあった「つきのよるに」のカモシカの子どもの「かあさんが　にっこり　わらう　と，ぼくも　にっこり　わらう」を発音してみましょう。自然と「楽しい感じの読み方」になっているはずです。絵本の「読み聞かせ」をするときに，ただ「声の調子を変え」るのでは十分ではありません。
　まずは，登場人物になりきりましょう。もう「あなた」は居ません。登場人物だけが居ます。その登場人物に「あなたのかつての楽しい体験を」重ねてみましょう。「楽しい想い出を感じること」が inner voice です。その登場人物に成り代わることも「役割取得」です。

第2部
理論編

発達心理学の誕生と発展

第9章

　発達心理学という学問の誕生はいつなのか。この問いに答えるのはそれほどたやすいことではない。発達心理学という学問の端緒をその名称「発達心理学」（Developmental psychology）が用いられて以降とするか，それより以前，名称は異なっていても発達心理学の萌芽というべき研究をその起こりとするかによって論じ方は異なってくる。

　発達心理学という名称にこだわることなく，発達心理学の現在の姿に影響を及ぼしてきた学問について概観していくというのは興味深い。心理学の中でも発達を扱うこの領域は，学習や認知などの他領域と一種異なったところがあり，心理学だけでなく生理学や動物行動学，さらに言えばヒトの育ちについて論じてきた社会学や教育学からの影響も受けている。

　このように多様な学問領域からの影響を受けているという点は，近代心理学の始まりに似ているところである。心のはたらきについて考えるという営みは古代ギリシア時代から延々と継続されてきたことだが，それが実証的な科学として成り立ったのはそう古いことではない。現代の心理学が形成されたのは，1879年にヴント（Wundt, W.）がライプツィヒ大学に心理学実験室を作り，そこでの演習が大学のカリキュラムに組み込まれて以降のことである（サトウ・高砂，2003）。

　では，発達心理学がどのような学問からの影響を受け誕生し，その後いかに発展してきたのか。限られた紙面ではあるが全体を眺めてみることにしよう。

1. 児童心理学から発達心理学へ

　発達心理学が出発したのは1880年代にプライヤー（Preyer, W. T.）やホール（Hall, G. S.）がその著作を発表したことによるとされ，一方，用語としての「発達心理学」がアメリカにおいて使用されるようになったのは1950年代のことだと言う（村田，1987）。日本においてその語が一般的に用いられるようになったのは1980年代のことである。その発展には，日本発達心理学会が1989年に設立されたことが大きく影響している。その後は各大学において発達心理学という科目が積極的に設置されるようになった。

　現在の発達心理学は，かつては児童心理学という言葉で表されることが多かった。ただこの両者がそのままイコールで結ばれるわけではない。児童心理学の他にも，乳幼児心理学や青年心理学といったように「心理学」という言葉の前に年齢段階別の言葉を置くという名付け方で明示されてきたという経緯がある。この名付け方からもわかるとおり，各年齢段階における発達的，心理的特性をテーマとした学問として発達心理学は存在してきた。

　では児童心理学と発達心理学では，その内容は変わらないのであろうか。この点については単に名称が変わっただけではなく，内容の方も変わってきていると考えるのが妥当である。これは「発達」という現象のとらえ方が変わってきたということと大きく関連している。

　ヒトの発達を考えた場合，最も劇的な変化がみられるのは乳幼児期から児童期にかけての期間であるという点は多くの人が疑わないところであろう。最もわかりやすいところでいえば，体の発達である。生まれてきた頃と比べ10年ほどの間に，身長は2.5〜3倍，体重は10倍ほど

にまで成長する。このように大きく変化をする時期ということもあって，かつて発達といえば出生後から成人まで，とりわけ乳幼児期から児童期までがその中心であると考えられていたのである。

ところが近年，この考え方も次第に改められることとなった。たしかに見かけの上だけで発達を考えると，児童期までというのは激動の時期であることに変わりはなく，20歳前後をピークにあとは停滞，もしくは退行するかのように見受けられる。だが発達という現象が成人以降も続き，その変化は生涯に及ぶのではないかと考えられるようになってきたのである。高橋・波多野（1990）は中高年の発達は衰えているだけなのかという疑問から問いを発し，かつての発達観がどのようなものであったかをコンパクトにまとめている。次節では発達観の変化について概観していくこととする。

2. 検査ツールの開発と発達観の変化

かつて発達の理想的なモデルとされていたのは，成人の男性，それも西洋人の健康な大人であった。大昔，現代のような学校がない時代にも，兵士を集めるといった場合には人々を選別する必要があったが，そのときに最も高い評価を得られたのは身体能力が高く心身ともに頑健な人々であった。まさにギリシア彫刻に代表されるような成人男性である。

現在用いられている知能検査や各種の発達検査も，当然のことながら人々を測定し振り分けるために作られた道具である。ビネー（Binet, A.）がフランスの文部大臣から知能検査の開発を依頼されたのも，発達に遅れをもった子どもたちが学校という集団生活に耐えうるだけの能力をもちあわせているかどうかを判断するためであった。当時フランスでは，知的な障害をもつ児童を判断するための全国的な統一基準というのをもっておらず，そのため就学に際してはそれぞれの医者が子どもたちを診断し，彼らが学校教育に適応できるかどうかについてそれぞれ個別に判断をしていたのである。つまり医者によりその判断は揺らぐというものであった。そういった状況に問題意識をもったフランス政府が，当時，すでに著名な心理学者として活躍していたビネーに対して全国的な基準を設けるよう依頼したのである。

ビネーは，年齢別に知的な能力を判断しようと考え，簡単な問題から次第に難しくなるテストを開発した。そしてその後ビネー式検査は世界中に拡がっていき，アメリカのターマン（Terman, L. M.）をはじめ各国の心理学者によって翻訳，標準化の作業がなされることとなったわけである。その結果をもとに，何歳ではどのレベルまで解けるのが一般的なのかという基準が設けられ，そこを知能指数（IQ）の標準値100としてIQを算出できるようにしたのであった。現在でもビネー式の検査は，被験児の実年齢に近いレベルの問題から始め，それが解ければより難しい問題を，解けなければより容易な問題を与えるという方法で行われている。そこから検査を受けた子どものIQがいくつであるかという結果が導き出される。

ビネー式の知能指数では，実際の年齢（生活年齢）を分母に検査結果で示された年齢（精神年齢）を分子において，それに定数100をかけるという方法によって算出される。たとえば，8歳の児童が8歳レベルの問題を解ければIQは100となり，6歳レベルまでしか解けなければIQ 75，10歳レベルまで解ければIQ 125となるのである。

ところが現在，このようにIQでヒトを判断することには種々の問題が包括されていることが指摘されている（佐藤，1997）。IQという数値はその時点での一時的な結果であり生涯変わらないような類の値ではないのだが，誤って認識されている部分もありその点に対しても懸念が示されている（小笠原，1998）。本来，学校へ入るための基準として設けられた知能検査の数値が，そこから切り離されて一人歩きしていくことは望ましくない。

それは置くとして，世界的に広まっていったビネー式の知能検査はその後日本においても標準化され，現在もいくつかの日本語版が存在している。またビネー式以外にも，ウェクスラー式，カウフマン式などの発達検査が種々開発され現在に至っている。

　これらは主に発達臨床の場面で重宝され，発達アセスメントの重要なツールとして活用されている。それはこのような検査ツールが，目に見えない発達の到達度を指数という形で可視化してくれる非常に便利な道具だからである。こういった道具がもつねらいは，学校において目に見えない生徒の到達度を可視化したいという欲求と親和性が高い。学校のテストなど個人の内面を数値化することが当たり前の現代においては，本来見えないはずの能力を可視化しているのは，個人がもつある種の能力をそのまま数値に置き換えているだけだと考えられがちである。それはある実態が個人の中に内在しているという見方の表れでもある（石黒，1998）。だが別の見方をすれば，こういった数値を導き出すツールによって，数値化できる実態が個人に内在しているかのような現実を生み出しているとも言える。さらに言えば，発達や知能を数値化することができるようになったことにより，その数値が高いほどより望ましい状態であるという偏った見方を生じた面も否定できない。すべての時代，すべての文化において共通の発達的望ましさというものが存在するわけではない。古代ギリシアの国家スパルタにおいては，男性であれば有能な兵士になることが1つの発達的頂点であったが，現代の日本においてそのような発達像が期待されているわけではない。時代やその社会・文化によって望まれる発達像というのは異なるものである。高橋・波多野（1990）は，そういった強さや早さなどの尺度で測った固定的発達観からの脱却を訴え，「生涯発達」という概念を提示している。発達が20歳前後でピークを迎えるという考え方から，生涯において発達は継続していくという考え方に転回したことは，発達心理学という学問の進歩においても1つの大きな転換点となった。

3. 近代心理学から発達心理学へ

　さて，生涯が発達という発達観の変化を経験し，発達心理学が対象とするその射程は小さな子どもたちだけでなくヒトの生涯をすべて対象とするようになった。さらにはヒトだけに留まらず，チンパンジーなどの動物や人工知能（AI）の開発までもが発達心理学のターゲットとなってきている。しかしそんな中においても，子どもを対象にした研究をいかに適切に行うかということは発達心理学の歴史において長年の大きな課題であった。

　心理学の発展の過程は，ヒトの内面（心理）を探るためさまざまに苦労を積み重ねてきた歴史と重なる。本章冒頭で触れたヴントは，実験心理学の方法論を創始したというだけでなく，個人の内面の変化を探るために変化の状態を対象者に答えさせるという内観を用いた方法も考案している。さらにヴントはこれらの方法と並び，ヒトの変化に及ぼす文化的な影響を調べるために民族心理学という分野も立ち上げた。こちらは現在の文化心理学につながる系譜の出発点である。文化心理学については本章の後半部分で触れていきたい。

　子ども，とくに就学前の乳幼児を対象に研究を行う場合，ヴントの用いたような口頭で内面の変化を報告させるやり方は困難である。また，当然のことながら質問紙など筆記能力を伴うものはより難しい。現代においては生理的な指標を用いた研究も多く行われており，古くは筋電位や脳波の測定から始まり，現在はMRI（magnetic resonance imaging），CT（computed tomography）スキャン，光トポグラフィーの出現により脳の活性を映像化する技術までもが用いられている。

　ではこれらのツールが開発される以前はどのような方法で研究を行っていたのか。その方法的示唆は，動物を用いた生理学や行動学（ethology）から得ている部分が大きい。パヴロフ

(Pavlov, I. P.) が犬の唾液を指標とした条件づけの実験を行ったことはあまりにもよく知られているが，この生理学的手法は行動主義の心理学に大きな影響を与えた。同様にローレンツ (Lorenz, 1949／邦訳, 1963) が行ったハイイロガンというカモの仲間を用いた刷り込みの実験もよく知られるところであるが，ヒトの発達を考えるきっかけと関係してくるのでここで多少説明を行いたい。

ローレンツはカモ類の子どもがなぜ親鳥の後を追うのかについて疑問をもった。なぜ，カモの子は生まれて間もない時期から親を認識することができるのか。似たような鳥がたくさんいるのになぜ間違わずに親の後をついて回るのか。そこでローレンツは興味深い実験をいくつもデザインした。それは，生まれて間もないカモの子に親以外のものを見せたり，別なカモの子には何も見せないといったものであった。これらの実験からいくつかの興味深い事実が判明した。まずカモが後を追うためには姿形が自分に似ているという必要はなく，動くものであれば何でもかまわない，とにかく生後はじめて見た動くものの後を追うということが判明した。その対象が鳥であるかどうかということも関係なく，ローレンツは彼自身の姿を追うカモをつくることにも成功している。

もう1点興味深い結果としてわかったのは，この現象（後追い）が生まれつき備わっている本能ではなく，生後のごく短い期間に成立する学習の一種であるということであった。その証左として，生まれてから数日の間，何も見せなかったカモの子に動くものの後を追うというこの現象は見られなかったのである。つまり，生後のある一定期間（生後48時間後をピークとした数日間）にしかこの学習は生じないということである。この学習が成立するための短い期間のことを臨界期（critical period）という。

この研究から示唆されたのは，ヒトの子どもにも似たようなことがあるのかということである。つまり，生後短い間に身につけておかなければ後でいくら経験しても身につかないというようなものがヒトの場合にもあるのだろうかということだ。一般的には「三つ子の魂百まで」と言われるように，「小さなときに身につけたことは長い期間消えにくい」という素朴な信念を私たちはもっている。この信念を裏返してみれば，「小さいときにいろいろなことを身につけておかなければ後から取り返すことは難しい」という不安になるわけである。この不安は母親たちを早期教育に駆り立てる原動力になっている。

果たして，ヒトの発達においても臨界期もしくは敏感期（sensitive period）というものが存在するのであろうか。この問いに関しては，いまだわからない部分も多い。なぜなら，いわゆるヒトの発達というのは，心身さまざまな部分でみられる発達の集合だからである。心，体それぞれの部分を細かく検討していく必要があるだろう。ただ次にみる野生児の事例は，ヒトの発達に敏感期が存在することを裏づけるかのごとく語られてきたものである。

4. ヒトの発達における敏感期

あらかじめ述べておくが，野生児の事例はすでに伝説のように扱われている部分も多く，その信憑性には疑いのまなざしが向けられている（鈴木, 2008）。

最もよく知られた「狼に育てられた子」(Singh & Zingg, 1942) のケースは，100年近く前に話題となったインドでの話である。この話の中心人物はオオカミの巣穴から発見されたとされる2人の女児アマラとカマラである。彼女らに対しシング牧師夫妻は親身に養育および教育活動を行ったが，それらはほとんど成功しなかったというのが一般的によく知られているところである。このストーリーの構図，つまり「人間的な環境から遠ざけられていた子どもに対し，後からいくら教育を施してもその遅れを取り戻すことはできない」というものは，他の野生児

の事例にもおおむね共通するものだ。フランスのイタールが，ラコーヌの森で発見された野生児に数年間献身的な教育を行ったが，言語面の発達などその成果は芳しいものではなかった（Itard, 1801／邦訳，1978）というのも同様である。

　これらのストーリーの真偽を問うことは本章の主題ではないのでここでは行わない。ただアマラとカマラに関していえば，仮にそういった子どもたちが実在したとしても，彼女たちがオオカミに育てられたというような荒唐無稽な話なのではなく，なんらかの発達的障害を抱えた育てにくい子どもたちが遺棄された結果だったのではないかと考えるのが最もつじつまが合いそうである。彼女たちの記録を見ると，重度の自閉症児が示す行動パターンと重なる部分がとても多くあるという（Bettelheim, 1959）。もしそれが事実であれば，元々発達に何らかの困難さを抱えていたハンディキャップをもつ子どもたちに，後々教育を与えたとしても発達に時間がかかるのは当然のことで，亡くなるまでに一定程度しか発達を取り戻すことができなかったというのは納得のできる話である。

　いずれにせよ，これらの事例がヒトの発達における敏感期の存在を考えさせる契機となったのは間違いない。とくに第2次ベビーブーム以降は，これらのストーリーは発達心理学という学問の領域においてというよりも，子育てについて不安を投げかけるという側面から用いられてきた。わが国においては，「教育は早い方がよい」「後からでは取り戻すことができない」といった文脈の中で早期教育の宣伝として活用されてきた部分が大きい。

　さてこのような特殊な野生児の話は別として，本当に初期経験を大きく欠いたヒトは発達を取り戻すことができないのだろうか。これに対する反証のような事例が1970年代に報告された。それは奇遇にも日本における事例であった。

　いまから40年ほど前，詳細な地域などはプライバシーの保護という観点から記述されていないが，とある地域において人間的な環境から隔絶された2人の子どもが保護された。この6歳の女児と5歳の男児はきょうだいであり，2人が暮らしていたのは人家の脇に設置されたケージ（鳥小屋のようなもの）であった。2人が保護された家庭は子どもがとても多く，保護者である両親は彼らの養育をもてあまし気味であった。そのため最も幼い2人をケージの中に閉じこめ，最低限の食事だけを与えるという養育を行うに至った（藤永，2001）。これは現代でいうところの完全なネグレクトである。彼らへの食事を運ぶのは，隔離された子どもたちのきょうだいに行わせていたという。児童相談所は2人を保護し，乳児院において養育をするという措置をとった。保護された当初，2人の身長体重はせいぜい1歳児レベルでしかなかったというから驚きである。

　乳児院で生活することになった2人は，親身な保育士によって献身的に養育された。当初は保育士に対して愛着を示さないなど発達的な遅れがみられたものの，その後徐々に発達を取り戻し，成人の時点においては発達の標準レベルといえる段階にまで追いつき姉弟ともに通常の社会生活を営んでいるという。

　この事例は世界的にも珍しい乳幼児期の発達的環境を剥奪された子どもたちが発達を取り戻したケースである。このように成功した事例は数少ないものの，これら研究の蓄積により当初は初期経験が絶対的な影響を及ぼすと考えられていたヒトの発達も，その後の良質な経験の積み重ねによって取り戻せる部分もあることがわかってきている。これは先に述べた生涯発達の考え方とも通じるところがある。

5. 動物行動学から愛着研究へ

　さてここで，3節にて概観したローレンツのカモの研究を思い出してもらいたい。かの研究

の結果に影響を受けた発達研究の1つに愛着理論の研究があげられる。愛着理論はボウルビー（Bowlby, 1969／邦訳，1976）によって確立されたもので，その中心的な概念となる愛着とは，「他者に対する情緒的な結びつき」のことをいう。愛着は乳幼児の早期に形成されると考えられ，愛着形成がうまくいかなかった場合，その後の社会，心理的側面に影響を及ぼすと考えられてきた。

ボウルビーはティンバーゲン（Tinbergen, 1953／邦訳，1955）が行ったイトヨの本能行動の研究や，ローレンツの刷り込み研究など多くの動物行動学の研究から示唆を受け，ヒトの愛着についてその理論を構築していった。また同時期にハーロウ（Harlow, H. F.）のアカゲザルを用いた愛着の研究も報告され，養育を受けている子ザルは空腹を満たせばそれだけでよいのではなく，母ザルが子を抱くようないわゆる温もりを求めているということがわかった。愛着にはいくつかの段階があり，生後数週間の間は誰に対しても無差別的に愛着を示すが，次第に特定の人にしか愛着を示さなくなる。それが一般的にもよく知られる「人見知り」という行動につながっているということがその後の研究でわかってきた。

さてこのような愛着理論について，エインズワースら（Ainsworth et al., 1978）はそれらを実証的に確かめる方法はないかと考えた。それが，乳幼児を新奇な状況に置いたときに彼らがどのような反応を示すかを見るストレンジ・シチュエーション法であった。これは内面の変化を言語報告が難しい乳幼児の行動からとらえようとした画期的な方法であったため，その後の発達研究に大きな影響を及ぼした。この研究によりエインズワースは，愛着を3つのタイプに分類した。

Aタイプの「回避型」は母親と分離された後でも泣いたりすることなく，再び母親が現れても母親を避けようとするタイプである。つまり母親がいるかどうかにあまり左右されないタイプと言える。Bタイプの「安定型」は，母親がいると見知らぬ場所でも安定しているが母親と分離され泣いたりぐずったりして遊びに集中できない。その後，母親が再び現れると嬉しそうにして安定して遊べるタイプである。CタイプはBタイプ同様に母親と分離されると泣きわめいたりするのだが，後に母親が戻ったとしても気分が戻らず，ずっと泣いているような状態を示す「両価型」のタイプである。エインズワースはこれら3つのカテゴリーのどれにも当てはまらないタイプを別に分類したが，後にメインら（Main et al., 1981）によってどれにも当てはまらないタイプは4つ目のタイプ「無秩序型」として分類されるようになった。

さてその後の研究により，これら愛着のタイプは国別に出現する率が異なるという結果が導き出されている（荘厳，1994）。多くの国においてBタイプの出現率が高いのは特徴的であるが，日本においてはそれに次いでCタイプが多く見られる。これは子育てを行う環境，そして実験状況のストレス度が，国ごとの社会・文化的背景によって異なるからではないかと考察された。こういった側面から見ても，ヒトの発達を考えるうえで社会や文化というキーワードは欠くことができないもののようである。

6. 発達心理学と文化の関係

心理学の研究では，ヒトの心を解明するためにできるだけ条件統制をしようとしてきた。それは心理学が元々，物理学や生理学など自然科学の影響を受けて発展してきたことが大きく関係している。自然科学の手法では，ある現象を解明する際に，その現象を起こしている原因をできる限り要素に還元し分解して考えようとする。これを要素還元主義（reductionism）という。たとえば物理学ならば，物体の落下のような自然界で生起する現象を解明するにあたり，その現象をできる限り汎用性の高いシンプルなかたちに表そうとする。究極的にはその現象を

数式のかたちで示すことが求められるのである。当然その数式は，現実に存在する同様の現象に当てはめることができるものでなくてはならず，何度も検証が繰り返される。似たような現象を1つの数式で説明できることが確認できてはじめて，その現象が解明されたということになるのである。心理学にもこの要素還元主義と数式モデル化という2つの自然科学的原則を，みずからの学問に適用しようとしてきたところがある。

　ヒトの行動や心理現象を単純な要素に還元していく場合，それらを起こす要因の1つずつに焦点化していかなくてはならず，それ以外の要素はできるだけ排除していかなくてはならない。条件が異なっていては共通する要素を導き出すことができないからである。自然科学では実験室の中で研究を行うことも多いのだが，心理学も同様に，できるだけ環境の影響を統制した条件の下で研究に取り組もうとしてきた。そうすることにより，社会や文化がヒトの行動および心理に及ぼす影響をコントロールしようとしたのである。

　ところが，そもそもヒトが存在する世界というのはいわばノイズだらけの世界である。ヒトの発達にとってそれを「ノイズ」と簡単に片づけてしまっていいのかどうか，判断に困るほどその影響は大きい。現実にはノイズを排除した世界というのは存在しないのである。要素還元主義はヒトを詳細に解明していこうとするあまり，その分析単位をあまりに細かなものにしすぎてきた嫌いがある。自然科学では要素還元主義を突き詰めていくと分子，原子のレベルの話になっていくが，ヒトの場合にもそれと似たような状況が起こってきたのである。ヒトの発達的変化を検討する際，その変化を生起させる分子，原子レベルの部分に着目しているだけでは木を見て森をみずといった状態になりかねない。

　そんななか，発達心理学の分野において，条件統制をしてノイズを排除しようとするのではなく，現実の中で起きていることを状況のままとらえようという人たちが現れてきた。それが旧ソビエトの心理学者ヴィゴツキー（Выготский, Л. С. 露語表記：Vygotsky, L. S. 英語表記）の影響を受けたコール（Cole, M.）らアメリカの心理学者たちである。彼らは心理学の研究手法自体にヒトを普遍的なものとしてとらえようとする問題をはらんでいるのはないか（Cole & Scribner, 1974）と考えるようになり，ヴィゴツキーの理論を背景としながら現代の活動理論や文化心理学につながる考え方を展開してきた。

　文化を心理現象の規定因としてみる視点は，発達心理学の中では比較文化的手法を用いて行われてきたので，それほど新しい着想というわけではない。日本の発達研究はこの手法で発展してきたといっても過言ではないだろう。それは主にアメリカで行われた研究を日本で行うことにより，その結果を文化の違いによって検討するといったものであった。先ほどの愛着研究もそのようにして発展してきた。またその後隆盛をみた「心の理論」研究においても，当初は文化という要因は考慮されていなかったものの，最近の報告では文化というのも含めて検討されている（東山，2007など）。心理的側面の文化の違いによる発達については，東（1994）がその成果をまとめている。日本と諸外国で同じ実験研究を行うとどう違うか，その違いはどこから生まれているのか。結果の規定因を文化で説明しようとする視点である。

　この比較文化的な見方は，ヒトの心理現象と文化というものを別次元のものととらえて，文化が心理現象を規定すると考えたところにその課題を残した。たとえばそれは，認知という心理現象に対して文化がどのように影響を及ぼしているか，といったような部分である。こういった認知と文化の研究は1960-1970年代に盛んに行われたが，これらは「認知と文化を分けて考え，認知（従属変数）に影響を及ぼす文化（独立変数）の影響を吟味するもの」（田島，2008）であり，認知と文化を不可分なものと考えるところへはまだ至っていなかった。

7. 文化心理学とフィールドへの興味

　文化心理学（cultural psychology）と呼ばれる分野においては，「文化」と「認知」など心理現象は切り離せるものではないと考える。心理現象は文化と別なところに存在し，それが文化の影響を受けて異なった表出や適応をするのではなく，心理現象そのものが非常に文化的なものであると考え，「文化」と心理現象は不可分であると考えるのが文化心理学のスタンスである。文化心理学というと先ほどの比較文化心理学の研究をイメージしてしまうかもしれないが，ここでいう文化心理学とは，そもそも普遍的な存在として規定されるヒトの心理現象といったものを疑うという視点をもっている。

　このような文化心理学の考え方の背景には，先ほども述べたようにヴィゴツキーの考え方が色濃く反映している。ヴィゴツキーは夭逝の心理学者であるが，その短い研究生活の中で数多くの業績を残している。その中にはピアジェ（Piaget, J.）の言語発達理論に対しての反論（Выготский, 1956）も含まれる。ピアジェは現代においても間違いなく発達心理学の第一人者であるが，ヴィゴツキーはそのピアジェに対して真っ向から論争を挑んでいるのである。

　ピアジェは，ヒトの発達についてとくに認知的な側面という視点から発達段階を示したことでよく知られている。ピアジェの基本的な概念に自己中心性というものがある。この概念は幼児期の認知の一側面について示したものであり，幼児は物ごとのある一点に焦点を当てると他の部分に注意を向けることが難しく多角的な視点から思考することができないというものである。言語面もまた同様に，幼児期には自己中心的言語が見られ，それが次第に社会的な言語へと変化していくとピアジェは考えた（Piaget, 1964）。

　このピアジェの理論に対して疑義を投げかけたのがヴィゴツキーであった。彼は「自己中心性からの脱却」というピアジェの考え方に対して，言語をはじめとしたヒトの精神機能はそもそも社会的なものであると主張した。精神機能の発達と言語機能の発達は不可分であると考えるヴィゴツキーの反論は，認知機能を発達させるにあたっての社会とのかかわりという側面についてとくに強調された。ピアジェの発達観では，まず個人がその認知機能を発達させ，その後社会との関わりによってみずからの認知を修正したりその水準をより高めていく（同化と調節）とされている。だがヴィゴツキーは，認知や言語といったヒトの精神機能は元来社会的なものであり，個人の発達が先にありその後社会との相互作用によって精神機能が深化していくと考えるのではなく，そもそも精神的機能の発達ははじめから外に向いているものであると考えた。その理論は，精神間機能（inter-personal）から精神内機能（intra-personal）へという形で示される。このような社会との相互作用を重視するヴィゴツキーの視点が基盤となり，コール（Cole, 1996）やブルーナー（Bruner, 1990）らによって文化心理学は構築されてきた。

　一方，同じく旧ソ連の人で言語学者として文化心理学に影響を及ぼしたのがバフチン（Bakhtin, M.）である。彼のテクストの読みに関する対話的な視点というものが，ヒトの言語や認知の発達研究に示唆を与えた。元来，心理学では知や認識といったものは個人の中に存在すると考えられてきたが，それは個人からスタートするのではなく社会とのやりとりによって発達するのだという考え方が，バフチンの強調した「ことばはつねに聞き手を必要とする」といった視点と非常に親和性が高い。石黒（2008）は以下のように述べている。

　　　発話の意味は話し手が所有できるものではなく，聞き手と分かち合うものである。注意しておきたいのは，発話の意味は聞き手が勝手に決めるといいたいわけではないことだ。発話の意味は，発話者さえ随意的に制御できないものであり，その発話行為の後に，話し手も聞き手もその「意味」を聞くしかない。そして，この「意味」を紡ぎ出すのがそれぞれ

の状況における両者のそのときの関係性である

　文化心理学の発展において，意味や他者との関係性，相互作用へと興味が拡がっていったことは，ヒトの発達を考える発達心理学においてもとても大きな変化であった。その変化は，実際にヒトが相互交渉を行っている場に参与し研究をしていこうという研究方法の変化へとつながり，現在のフィールドワーク研究の隆盛につながっている。フィールドワークにおいては，「いま・ここ」で何が起こっているのかというところから問いを立ち上げていく仮説生成型の方法（箕浦，1999）が有効に働くため，社会学や文化人類学に見られるエスノグラフィーの手法も取り入れられてきており，発達心理学はより学際的な分野へと発展してきている。

8. 発達への生態学的アプローチ

　伝統的な心理学が，ヒトを皮膚で区切られた内側から分析することを試みてきたのに対し，社会学は外側からの分析を行おうと試みてきたのがその特徴である。このどちらかの立場が正しいというものではないが，双方の学問ともみずからの立脚点について批判的検討を続けてきた。その結果，心理学的な見方についての課題も次第に明らかになってきた。それはヒトの内面を知るにはある種の「ものさし」を用いて測定することが必要であり，そのためにはまずものさしから開発しなければならないということと関係する。その1つが本章2節で述べた知能検査の発明であった。

　私たちにとって，ヒトの内面を測る最も身近な「ものさし」といえば知能検査であろう。知能検査は「知能」というヒトの心理的一側面を測定することを目的として構成されたが，たとえばビネー式の検査でいえば，それは多分に当時のフランスの文化的な要素が入り込んでいる。検査の標準化をした当時，多くのフランスの児童に検査を行い，その結果として基準となる年齢ごとの到達点を決めていったわけで，そのことにより，知能検査という道具自体が西欧的な要素を取り込んでしまった側面は否めない。また，学校への適応を図ることが当初の目的であったため，学校的な文化も多く取り込んだ道具となっている。

　つまりここで述べたいことは，道具というものは非常に文化的なツールであり，それを用いるとき，私たちは使用者の意識の有無に限らずその道具がもつ文化に私たちは影響を受けているということである。知能検査でいえば，この道具を用いることは西欧の学校的な文化になじんでいるものにとってはそれほど違和感のあるものではないが，学校的文化になじみが薄い子どもたちにとっては非常に困難なテストであるということがコールらの研究でわかった（Cole & Scribner, 1974）。コールは，ピアジェが認知発達の研究において明らかにしようとした普遍的な発達段階について，「その理論はただ西洋人の思考の論理的構造の吟味から出発して一つの普遍的な理論を作り上げたにすぎないのではないか」と問題提起している。

　私たちの発達が文化に影響を受けているのみならず，実は何気なく使っている道具がすでに文化を取り込んだツールとなっているため，私たちの日常生活や経験といったものを文化と分けて考えることはできないのである。とりわけ最も身近な道具としての言語は私たちの世界に対する認識自体をも制約しており，「思考を形づくる鋳型」（Cole & Scribner, 1974）としてはたらいている。ヒトの発達全体がその時代，地域の社会的な環境に影響を受け，制約されていると言えるだろう。

　ブロンフェンブレンナー（Bronfenbrenner, 1979）は，発達を考えるにあたり，ヒトを取り巻くさまざまな環境をも含めてとらえる生態学的な（ecological）立場からみずからの理論を提唱した。図9-1はブロンフェンブレンナーが考える子どもを取り巻く生態学的環境を示したも

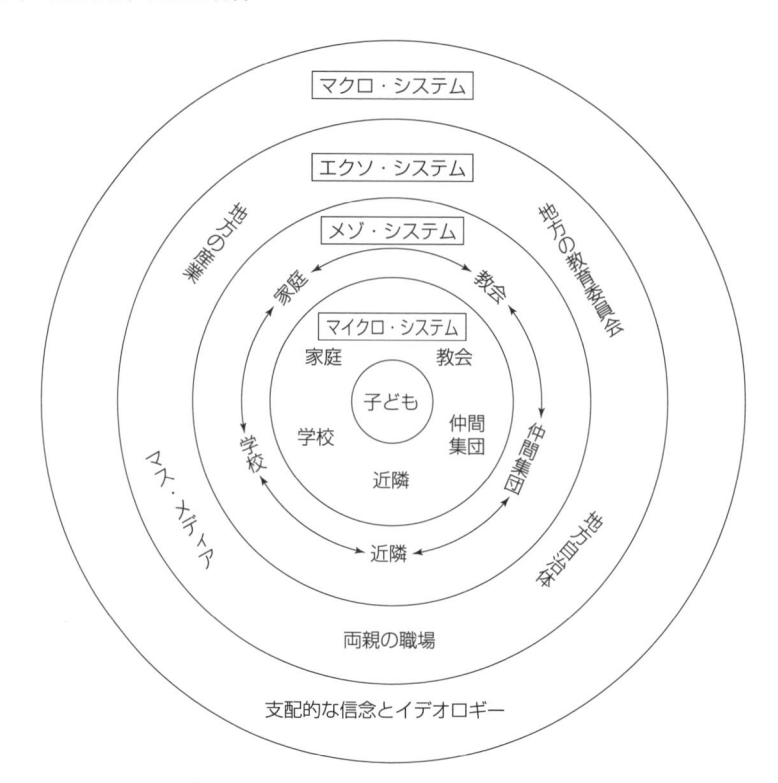

図9-1 ブロンフェンブレンナーの生態学的システム（三宅，1995）

のである。

　上記の抽象化された概念を子どもの日常生活で考えてみたい。子どもたちは日々の生活の中で，幼稚園や学校へ行き友達や先生と関わる。また学校とは別に，地域での遊び仲間や習い事を通しての友達というのもいるだろう。もちろん家庭の中では親やきょうだいとの関係がある。このようにその対象となる子どもと直接関わる部分をブロンフェンブレンナーはマイクロ・システムとした。そしてこのマイクロ・システムに含まれるもの同士の相互のつながりがある。学校と家庭との関係はPTAというかたちで子どもの生活に関係してくるし，地域の祭りなどは学区との連携を取りながら行事を開催したりする。このような地域の横のつながりが子どもの発達に影響を及ぼすことは想像に難くない。これら横のつながりをブロンフェンブレンナーはメゾ・システムとした。

　さらにメゾ・システムの外側にはエクソ・システムというものが存在する。これはマスメディアやその時代の教育行政の考え方など，より大きな要因としてメゾ・システムに影響を及ぼすものである。現在日本では，国が策定した子育てプラン（内閣府，2008）により小学校を放課後の子ども達の居場所とすべく放課後子ども教室の設置を進めているが，これなどはエクソ・システムがメゾ・システムに影響を及ぼしている例と言えるだろう。

　最も外側にはマクロ・システムという概念が示されている。ここにはその時代に支配的な子育ての考え方などが含まれる。近代の日本では「子どもは親が育てるもの」という観念が支配的であったが，この考え方自体もゆっくりではあるが変わってきている。幼稚園の預かり保育拡充など，子育てを社会全体で行っていくような状況が広まりつつあり，そのことが子育てに対する考え方自体をも変化させてきている。現実の変化が子育てのイデオロギー形成にもつながっていき，幼稚園などに子どもを長時間預けることに対する抵抗感も薄れていくのであろう。

　このように発達をとらえる視点は，個人の内側をとらえる側面から社会全体のイデオロギー

という外側にまで拡がってきたわけで，その点を整理したブロンフェンブレンナーの貢献は大きい。この概念図を見ただけでも，ヒトの発達を扱う分野がとても大きな領域をその対象にしていることがわかる。

9. おわりに

　この章のまとめとして，発達心理学が進んできた道を振り返ってみたい。そこには大きなポイントが2つあるように思える。その1つは発達という言葉のとらえ方に関するものである。発達を乳幼児が成人するまでの現象と考えるのではなく，生涯にわたって引き続き進展するものと発達観が転換したことは大きな出来事であった。乳幼児期を中心に扱っていたこの分野が，ヒトの生涯にわたるすべての時期を扱う人間科学ともいうべき分野にまで拡大してきたのである。

　そしてもう1つは，発達心理学という学問と時間の考え方に関係する。発達という時間の概念と深く関わった現象を扱いさらに胎児期から老年期までというとても長い期間を研究対象とする分野であるからこそ，その研究手法はオーソドックスな心理学の範疇に留まることはできなかった。個の発達的変化からスタートしたこの学問も，個を取り巻く社会や環境の影響を無視することはできず，社会学や文化人類学，他さまざまな分野の研究手法を取り込まざるをえなかったのである。知覚を心理学的に検討する過程の中で，事物の特性を分析するだけではなくそのゲシュタルトを考慮し，さらにはアフォーダンスという概念が導かれるに至った流れのように，心理学そのものがここ100年ほどで大きく変容を遂げてきた。発達心理学はその最たるものと言えるであろう。

引用・参考文献

Ainsworth, M. D., Blehar, M. C., Waters, E., & Wall, S.　1978　*Patterns of attachment: A psychological study of the strange situation.*　Hillsdale, NJ: Lawrence Erlbaum.

東　洋　1994　日本人のしつけと教育　東京大学出版会

Bettelheim, B.　1959　*Feral children and autistic children.*　Chicago, IL: The University of Chicago Press.　(B. ベッテルハイム（著）中野善達（編訳）　1978　野生児と自閉症児　福村出版)

Bowlby, J.　1969　*Attachment.*　Attachment and loss, Vol. 1. London: Hogarth Press.　(J. ボウルビィ（著）黒田実郎・大羽 蓁・岡田洋子（訳）　1976　母子関係の理論Ⅰ　愛着行動　岩崎学術出版社)

Bronfenbrenner, U.　1979　*The ecology of human development*: Experiments by nature and design. Cambridge, MA: Harvard University Press.　(磯貝芳郎・福富 護　1996　人間発達の生態学　川島書店)

Bruner, J.　1990　*Acts of meaning.*　Harvard University Press.　(J. ブルーナー（著）岡本夏木（訳）1999　意味の復権　ミネルヴァ書房)

Cole, M., & Scribner, S.　1974　*Culture & thought.*　New York: John Wiley & Sons.　(M. コール・S. スクリブナー（著）若井邦夫（訳）　1984　文化と思考　サイエンス社)

Cole, M.　1996　*Cultural psychology.*　Cambridge, MA: Belknap Press.　(M. コール（著）天野　清（訳）　2002　文化心理学　新曜社)

藤永　保　2001　ことばはどこで育つか　大修館書店

東山　薫　2007　"心の理論"の多面性の発達：Wellman & Liu 尺度と誤答の分析　教育心理学研究，**55**(3), 359-369.

石黒広昭　1998　心理学を実践から遠ざけるもの　佐伯 胖・宮崎清孝・佐藤　学・石黒宏昭　心理学と教育実践の間で　東京大学出版会

石黒広昭　2008　文化に対する社会歴史的発達論の視角と課題　田島信元（編）　文化心理学　朝倉書店

Itard, E. M. 1801 *De l'education d'un homme sauvage on des premiers dévelopements physiques et moraux du jeune sauvage de l'Aveyron.* Paris: Goujon. （E. M. イタール（著）中野善達・松田清（訳） 1978 新訳アヴェロンの野生児 福村出版）

Lorenz, K. 1949 *Er redete mit dem Vieh, den Vögeln und den Fischen.* München: Deutscher Taschenbuch Verlag GmbH. 1952 *The king Solomon's ring*（first english edition: Translated by Wilson, M. K.）. London: Methuen. （K. ローレンツ（著）日高敏隆（訳） 1963 ソロモンの指環 早川書房）

Main, M., & Weston, D. 1981 The quality of the toddler's relationship to mother and to father: Related to conflict behavior and the readiness to establish new relationships. *Child Development,* **52**, 932-940.

箕浦康子（編） 1999 フィールドワークの技法と実際 ミネルヴァ書房

三宅和夫 1995 子どもの発達と社会・文化 財団法人放送大学教育振興会

村田幸次 1987 発達心理学史入門 培風館

内閣府 2008 少子化社会白書 佐伯印刷

小笠原喜康 1998 学校って頭をよくするところ？ 小川博久・小笠原喜康（編） 教育原理の探求 相川書房

Piaget, J. 1964 *Six études de psychologie.* Genève: Gonthier. （J. ピアジェ（著）滝沢武久（訳） 1968 思考の心理学 みすず書房）

サトウタツヤ・高砂美樹 2003 流れを読む心理学史 有斐閣

佐藤達哉 1997 知能指数 講談社

Singh, J. A. L., & Zingg, R. M. 1942 *Wolf-children and feral man.* New York: Harper & Brothers. （J. A. L. シング（著）中野善達・清水知子（訳） 1977 狼に育てられた子 福村出版）

荘厳舜哉 1994 人間行動学：心理人類学への道 福村出版

鈴木光太郎 2008 オオカミ少女はいなかった 新曜社

田島信元 2008 文化心理学の理論的基盤 田島信元（編） 文化心理学 朝倉書店

Tinbergen, N. 1953 *Social behaviour in animals.* London: Methuen. （N. ティンベルヘン（著）渡邊宗孝・日高敏隆・宇野弘之（訳） 1955 動物のことば：動物の社会的行動 みすず書房）

高橋恵子・波多野誼余夫 1990 生涯発達の心理学 岩波書店

Выготский, Л. С. 1956 Мышление и речь. -В кн.: Избранные психологические исследования. （L. S. ヴィゴツキー（著）柴田義松（訳） 2001 新訳版 思考と言語 新読書社）

★課題

1．かつて幼児心理学や児童心理学と呼ばれていた分野が，現在は発達心理学と呼ばれるようになったその背景について考えてみましょう。

2．発達心理学が社会学や言語学，教育学などさまざまな分野の研究成果に影響を受けながら発展してきたのはなぜでしょうか。「発達」という現象に焦点を当てながら考えてみましょう。

発達心理学の方法

第 10 章

　発達心理学の主要な課題は，人間の発達現象がいついかなるかたちで起こるのか，その後どのように変化していくのかを解明することにある。本章では，こうした人間発達の起源や変化過程の解明には，どのような方法があるのか，またそれらの方法にはどのような特長や限界があるのか，考えていく。

1. 科学的研究と研究倫理の必要性

(1) 科学的研究のステップ

　発達を記述し，発達を説明し，発達を予測し（仮説・理論），発達への影響を実証するためには科学的研究が必要である（Boyd & Bee, 2009）。科学的研究は，およそ図10-1のようなステップで進められる。

1）問題の明確化　多くの研究は漠然とした問題意識からスタートするが，やがて焦点が絞られ，問題が明確になってくる。このような問題の明確化の過程では，先行研究を調べたり，研究仲間との討論が有効である。

2）仮説の設定　その研究では何を明らかにするのか，どんな知見をプラスできるのか，研究目的を明確にする。そして，試みの謎解きとしての仮説（研究仮説）を設定する。また，研究仮説を検証可能な統計的形式で表わした仮説を，統計的仮説（作業仮説）という。たとえば，研究仮説「女性は，男性よりもケーキが好きである」から，統計的仮説「1年間に女性がケー

```
①問題の明確化
    ↓
②仮説の設定
    ↓
③データの収集と
  分析の方法の選択
    ↓
④データの収集と
  分析の実施
    ↓
⑤結果の解釈・
  論文の作成
    ↓
  研究情報
```

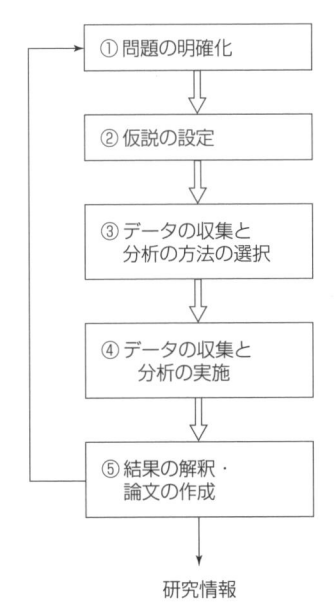

図 10-1　研究のステップとサイクル

キを食べる回数は,男性のそれより多い」を考えることができる。この統計的仮説は研究仮説の検証可能な形式への書き換えであるから,その書き換えの妥当性には十分な注意が必要である（大山・岩脇・宮埜,2005）。

3）データの収集と分析の方法の選択　　研究の目的に合った方法を選ぶことが重要で,方法が目的に先行すべきではない。方法の検討に際しては,データの収集の方法とデータの分析の方法の両方を考える必要がある。データの収集では,測定内容の信頼性と妥当性,およびサンプリングについて考慮する必要がある。また,データの収集を考える段階で,量的・統計的分析か,質的分析か,どのような分析法を用いるべきか,考えておかなければならない。なお,方法の記述に際しては,追試可能性が重視されなければならない。

4）データの収集と分析の実施　　データの質と量を確保すべく,実施計画を立てなければならない。裏付けとなるデータ（証拠）が得られなければ,絵に描いた餅にすぎない。また,データ収集に際しては,参加者の権利について最大限の配慮がなされなければならない。

5）結果の解釈・論文の作成　　研究の最終ステップとして,結果に基づいて考察を行い,論文としてまとめていくことになる。その際,その仮説で結果を十分に説明できたのかを検討しなければならない。検討の結果,仮説の正しさが支持されれば,一応,研究は完了することになる。

しかし,多くの場合,必ずしも最初の仮説が正しいとは言えない部分が明らかになってくる。そのため,仮説の再構築が必要になり,新しい仮説によるデータの収集と分析へと,研究はサイクル化されていくことになる。

(2) 研究倫理

倫理的配慮を欠いた研究は,科学的研究として登場することを許されていない。表10-1は,参考までにアメリカ心理学会（American Psychological Association, 2002）や児童発達研究部会（Society for Research in Child Development, 2007）が作成した研究参加者の権利についてのガイドラインの概要である。

表10-1　研究参加者の権利

権利	説明
危害からの保護	参加者は研究における身体的・心理的な危害から守られる権利を有する。研究の有害な効果の疑いがある場合は,研究者は他者の意見を求めるべきである。危害の可能性がある場合は,研究者は望ましい情報を獲得するために他の手段を見つけるか,その研究を放棄すべきである。
説明と同意	児童も高齢者もすべての参加者は,彼らの理解できる水準の適当な言語で,参加への意志に影響を及ぼす研究のすべての側面について説明を受ける権利を有する。児童が参加者の場合は,親または親に代わることのできる立場にある学校関係者（たとえば教師,教育長）への説明と同意を,できうれば書面で得られていることが求められている。認知障害のある高齢者の場合は,代理の意思決定者を指名するよう求められている。さもなくば,その人物をよく知る親族と専門家が協議して,学会の評価部によって誰かが指名されることとなる。すべての参加者がいつでも研究への参加を断る権利を有している。
プライバシー	参加者は研究の行程で収集されたすべての情報に関して個人が特定されないように隠す権利を有している。また,彼らは,この研究について作成されたレポートや情報的討論に関してもこの権利を有している。
結果の知識	参加者は,彼らの理解できる水準の適当な言語で,研究の結果について報告を受ける権利を有している。
有益な処遇	有益とみられる実験的処遇が研究されている場合には,統制群の参加者は,都合がよければ,有益な処遇の方に変更する権利を有している。

2. 発達研究の方法

発達研究の主な方法には，次のようなものがある（表10-2参照）。

(1) 記述的な方法

たとえば，年齢とともに記憶が向上するという場合，そこには記憶と年齢という2つの変数があり，両変数の間に一定の相関関係が存在しているという作業仮説を設定することができる。また，こうした変数間の相関関係を検証するための記述的方法がいくつか存在する。

1）行動観察法　行動観察は，より自然な状況のもとでの行動を観察することを目的としている。自然な状況設定で，実験室で観察することの難しい興味深い現象を観察し，記録し，測定して，行動が生起する文脈を理解しようとする。ただし，自然観察による事実は，条件が統制されていないために，それがいかなる条件によるものかは憶測を許すにとどまる。せいぜい共変関係ないし相関関係を認めるにとどまる。なぜ，そうした行動が生起したか，という因果関係を解明するには実験によらなければならない。この弱点を補うために模擬事態（simulated situation）を用いることもある。しかし，あまり統制を強めていくと，行動観察の特徴を失うことにもなる。したがって，行動観察は法則定立的（nomothetic）研究というよりは，個別認識的（idiographic）な研究に役立つと考えられる。

観察の方法は，ウォッチング，ヒヤリング，ルポ，あるいは潜入してグループの一員となって観察するといったものから，観察行動の単位を決めて系統的に観察するといったものまでいろいろとある。実験では個体差にはあまり関心がないので，対象者の選定はあまり問題となら

表10-2　主要な研究方法の強みと限界（Berk, 2010）

方　法	説　明	強　み	限　界
系統的観察			
自然観察	自然な文脈で行動観察	参加者の日常生活の反映	参加者が観察される条件の統制が困難
実　験	実験室での行動観察，すべての参加者に同じ条件	各参加者に行動を示す機会を等しく与える	日常生活における参加者の典型的行動をもたらさない
自己報告			
臨床的面接	研究者が参加者の考えを完全に説明するための柔軟な面接手続き	日常生活で参加者が考える方法にできるだけ接近する。短時間に広範な深い情報	情報の正確な報告が得られない。柔軟な手続が個人の反応の比較を難しくする
構造的面接　質問紙　テスト	各参加者が同じ方法で同じ問題を問われる自己報告手段	参加者の反応の比較ならびに効率的データ収集が可能。研究者が回答の選択肢を用意できる	臨床的面接のような深い情報は得られない。回答はなお不正確さが残る
臨床的，ないし事例研究的方法	個人の心理学的機能の全体像を描く。面接，観察，テストの総合	発達に影響を及ぼす要因についての豊富な記述的洞察を提供	研究者の理論的選好によるバイアス。知見を参加者以外の個人に適用できない
エスノグラフィ	文化または異なる社会集団の参与観察。集中的フィールドノートにより研究者は文化の独自の価値観や社会的過程の把握を試みる	1回だけの観察の訪問や面接，質問紙などよりもより完全な記述を提供	研究者の価値観や理論的選好によるバイアスがある。知見は他の個人や環境に適用できない

ないが，観察では，対象者の選定の要素が大きい。たとえば，特定の施設の子どもの行動観察による研究を行う場合，特殊な環境条件での観察からどの程度，一般化がはかれるかといった問題がでてくる。実施が容易で倫理的に承認される観察の場を得ることはなかなか困難である。

2）面接法　面接とは，誰かに対して投げかけられる一連の質問とその被面接者の行う一連の反応からなる。面接にはよく構造化されたものから非構造的なものまで多様な範囲がある。非構造的な面接では，回答者は自由に回答する。こうした自由な面接では，表面的でない深い意味や理由がわかるとか，臨機応変に柔軟性に富んでいるとか，個人の特殊性に関する問題がわかるとか，いった利点がある。しかし，自由記述式の面接は非常に多様な反応を引き出すために，データの分類や分析は困難であるという欠点がある。

それに対して，標準化された面接では，回答者はあらかじめ用意された回答の中から選ぶよう求められる。こうした標準化された面接では，互いに他と比較可能なデータが集められるとか，聞きもらしや偶発的な失敗がないとか，質問の違いからくる回答差を小さくできるとかいった利点がある。

また，面接では，しばしば面接者との相互作用が問題になる。こうした対人的な状況のもとでの行動観察が面接のもう一つの特徴である。対話的な質問により，相手の心理的な微妙な心のひだのようなものを直感的に感じとることができる。とりわけ，個人の内面生活に立ち入った質問では，たんなる言語的な反応だけでなく，そうした状況で示す個人の反応の全体が重要な意味を含んでいると考えられる。

ただし，面接では，対人的状況であるがゆえに，相手から好意を得たいために反応することが，ままあるという点に留意する必要がある。面接において正確な情報を得るためには，このような防衛反応を防ぐための熟練した面接技術が必要である。また，回顧的な面接の場合には，記憶のゆがみによって大きく影響される。言語報告から過去についての正確な情報を集めることはきわめて困難である。

3）質問紙法　文章を正しく読み理解できる児童を対象に質問を行うにあたっては，質問紙法や調査という方法を用いることが可能である。ある意味で面接の代用である。しかし，質問紙法ではあまり深いことは聞けない。また，対話的に聞くこともできないので，答えるときの反応などは見ることができない。そこで，より深い内面的な話やすぐれて個性的な側面については面接で直接聞くことが有効である。しかし，表面的なことはあえて面接するよりも質問紙法の方が気楽に回答できるということもある。

質問紙法は，手軽で簡便であるところが最大の利点である。面接調査員の高い技術を必要としない。そのため，多数調査が可能になる。質問を全員に一定にでき，互いに比較可能なデータがとれる。したがって，共変関係や相関関係を統計的に相関分析するうえでは便利である。しかし，匿名性の保たれない状況では，社会的望ましさを反映している可能性が少なくない。したがって，記名にするか，無記名にするかは問題であり，無記名回答にすることもできる。

質問紙法は，どのくらいの年齢の子どもから実施が可能なのだろうか。桜井（1998）は，次のような4つの理由から，「小学校3年生くらい」と考えている。

①小学校3年生くらいになると文字がきちんと読めるようになる。

②質問に使用されていることばの意味がわかるようになる。実施するクラスの教師にことばの適否を点検してもらうことが必要である。

③自分のことがわかり，自分のことを一定の基準にしたがって評定できるようになる。自分をある程度客観視できるようにならなければ質問紙法は難しい。

④30分くらい1つのことに注意を集中することができるようになる。小学校の1・2年生は飽きるのが早く，質問紙法よりも面接法の方がよい。

4）テスト法　行動観察の弱点を補う方法の1つとして模擬事態が考えられたが，こうした

模擬事態による測定の考えを押し進めていくとテストに至る。ただし，テストはただ観察するというのではなく，そのようにして組織的・系統的に得られた個人の情報を，その個人と類似した側面をもつ大集団との相対的な比較においてとらえるところに最大の特徴がある。したがって，ある集団における，何らかの特質の個人差をみたいというときは，テスト法があるということになる。

テスト法は，その測定内容，測定目的，被測定体，測定人数，測定用具，測定行動の質，回答形式，回答の量・質，作成手続きなどによって，さまざまに分類されている（池田，1971）。よいテストにはいくつかの条件が必要である。まず，よいテストは妥当性を高めるために，測るべき内容を測定していなければならない。また，信頼性を最大にするために，よいテストでは相当の項目を使う必要がある。また，よいテストは客観的で標準化された手続きで実施されなければならない。このテストの標準化は次の2つのことから成り立っている。第1は，標準的な実施手続きや得点化の方法が確立されていることである。第2に，年齢や学年，人種，性などの基準（norm）が確立されていることである。さらに，よいテストは実施時間がほどほどに短く，得点化も容易にできている必要がある。

また，最もユニークな心理学的測定法である投影法は，質問紙法などのような表層的な意識のもとではわからない，深層の意識をみる1つの手段であるとみられているが，それが何を反映しているかは必ずしも明かではない。したがって，単独のテストだけで結論づけるのは少なからず無理があり，その他のテストやその他の諸々の情報と関連づけて解釈していくことが重要である。

5）双生児法　発達心理学の主要な課題の1つとして，遺伝と環境の問題がある。この問題は，「氏か育ちか」（nature vs. nurture）の問題と呼ばれることも多い。この比較を行ううえでの有力な方法が双生児統制法（co-twin control method）である。この方法では，遺伝的に同一な一卵性双生児と二卵性双生児（通常の兄弟姉妹と同じようにしか遺伝的には似ていない）のペアを分析することで，人間の行動や能力のどの面が遺伝または環境によって，どの程度規定されるかを検討する。また，この方法をより徹底し，養子縁組によって違った環境下で育てられる一卵性，二卵性の双生児間で比較するのが交差養育法（cross-fostering method）である。この方法は決して容易な方法ではないが，正しく実施された双生児による研究は発達研究全体にとって寄与するところが大きい（若井・髙橋・髙橋・堀内，2006）。

また，近年は，共分散構造分析の適用によって，遺伝と環境の寄与率の推定をより精緻なかたちで検討することが可能になっている（安藤，2005）。

6）事例研究法　独自の存在としての個人の内的世界を，その個人の精神発達や生活状況との関連において多角的集約的に理解する方法として，事例研究（case study）がある。事例というのは，必ずしも単一の事例や一人の人間を意味していない。どの範囲で事例を切り取るのか。個人，集団，家族，組織，コミュニティなど，さまざまなユニットが想定される。

科学的な操作を加えない自然なかたちで個人の独自の個性や世界を探る方法としては，たとえば，個人の日記，自叙伝的記憶，自分史などを用いる方法が考えられる。また，構造化されない自由な面接の中で，本人があるがままに自己の内面を語ってくれた場合には，資料として使えるかもしれない。こうした事例研究法は従来，科学的研究からは無視され敬遠されてきたが，人間の内面の精神世界を理解するうえでは，他の科学的アプローチの及ばない貴重な資料を提供していると考えられる。たとえば，はたからはわからないような情熱がどのようにして形成されていったのかといったことは，科学的な客観性重視のアプローチよりも，その本人のあるがままの記述の方が内面の世界をよりリアルに生き生きと描き出すことができるのである。

こうした内面的な意識の記述が意味をもつためには，あるがままに記述されているということが重要である。しかし，あるがままに記述するということは，意外と困難で，知らず知らず

のうちに虚構や誇張が入り込む可能性がないとは言えない。自分の記憶について知っている内容を述べる際に，意図せず，自分の記憶はこうあるべきだと本人が感じていることを反映している場合もある。したがって，こうした記述の根底に潜んでいる真実をつかみだすうえでは，これらの記述を個人の精神発達や生活状況との関連で，社会的・環境的・歴史的文脈から解釈することが重要になってくる。

さらに，事例研究は，個人の意思決定を行う際にはきわめて有効である。たとえば，児童に精神遅滞があるかどうかを判定する場合には，心理学者はテスト，両親への面接，行動観察などを含む事例研究を集約的に行っている。また，事例研究は，脳障害などの発達的異常に関する仮説を生成する基盤としてもしばしば有益である（Boyd & Bee, 2009）。

7）エスノグラフィ　　比較文化的研究は発達研究にとって2つの理由で重要である。第一に，比較文化的研究は，ある文化の中で見出された発達変化が世界中で普遍的なものかどうか検証するうえで必要である。また，同じ国の中でも，サブカルチャーによって異なるか否かを検証するうえで，比較文化的研究が必要になってきている。たとえば，アメリカでは，アフリカ系，ヒスパニック系，アジア系，ヨーロッパ系の比較が一般的に必要となっている。

第二に，人々の生活の改善のために使われるような発達変化を見出すうえで，比較文化的差異の検討が必要である。たとえば，個人よりもコミュニティを大切にする文化の中で育った子どもは，より個人を大切にする文化の中で育った児童よりもより協調的であることが知られている。しかし，すべての子どもが協調的に学ぶうえでこの知見を役立たせるためには，子どもたちがそうした文化のもとで協調的であることをいかにして教えられているか，正確に知らなければならない。比較文化的研究は，発達心理学者が文化的差異を説明する特定の変数を見つけることを助けてくれる（Boyd & Bee, 2009）。

こうした比較文化的研究の1つとして，人類学の分野に由来する方法が，エスノグラフィ（文化の記述の意）である。エスノグラフィは，文化や異なる社会集団の参与観察である。研究者は，しばしば数年間もその文化または状況で生活し，集中的にフィールドノートを作成し，文化に独自な価値観や社会的過程を把握しようとする。したがって，1回だけの訪問面接や質問紙調査に比べてより完全な記述を提供することができる。こうした比較文化的研究は，年齢変化に関する普遍性，あるいは文化固有の情報が得られるところが利点である。しかし，研究者の価値観や理論的選好によりバイアスがかかりやすいという欠点もある。また，時間がかかることや，発見された知見の一般化が難しいという弱点もある。

(2) 実験的な方法

研究に科学性をもたせるということを最もよく具体化した方法が実験であり，その限りでは，実験的方法について問題はない。実験の規模は小規模の知覚実験から史上最大といわれるホーソン実験までいろいろあるが，その特徴は，実験条件を設定し操作によって，行動の原因を明らかにするところにある。こうした行動には言語報告も含まれるが，実験では言語報告にたよらずに行動の生起を問題にする。行動を引き起こす効果的原因を特定し，その原因の程度と行動の程度との関数関係を明らかにするというときには，実験は最適の方法である。

しかし，行動にはいろいろな要因が影響する。そのため，どの要因が行動に影響するか明らかにする場合には，要因の統制ということが必要になる。そうした，要因を統制することは，日常的な自然の状況ではほとんど不可能である。したがって，そうした要因を統制して行動を観察するうえで実験室が選ばれる。しかし，実験室は不自然さを拭いきれない。実験データというのは，日常生活と同じ条件の下で得られたデータではない。実験室という非日常的空間でふだんとは異なる構え，反応性がでてしまうという懸念もある。また，ある種の社会現象を実験室で生じさせることは不可能である。したがって，何を実験するか，実験によって何を明らか

にできるかという点になるといろいろと限界が出てくる。とくに，実験で得られた結果を日常の行動に一般化できるかが問題である。日常の行動には，はるかにいろいろな要素が関わってくるために必ずしも実験結果のとおりにはならないのである。

3. 発達研究のデザイン

　発達研究の基本的な関心は，人間が時間経過の中でいかに変化するかということにある。そうした変化を見る観点からは，年齢変化（age change）と年齢差（age difference）の区別を明確にする必要がある。年齢変化というのは個人の行動の時間的経過の中で生起する。たとえば，同じ子どもの記憶力を，5歳のときと10歳のときに測定したとしよう。その結果，5歳のときに比べて10歳のときの記憶力が伸びていたとしよう。これは年齢変化である。それに対し，年齢差は，年齢の異なる少なくとも2人の子どもを比較したときに得られるものである。たとえば，5歳のある子どもの記憶力が，10歳の他の子どもの記憶力に比べて少ないというのは，年齢差である。その年齢差は，個人間の差異で，年齢という時間に依存しているかもしれないし，年齢以外の要因からきているかもしれない。

　これまでに年齢差や年齢変化に関する一般的なデータ収集法として，横断的デザイン（cross-sectional design），縦断的デザイン（longitudinal design），時代差デザイン（time-lag design）が検討されてきた。これらの異なる発達研究のデザインの構成は，図10-2のマトリックスをどう見るかによる。この図では，コホートは，左側の（出生）年によって表されている。測定時期は，下側の年代によって表されている。年齢は，マトリックスのセルの中の数値によって表されている（図10-2）。

(1) 横断的デザイン

　横断的デザインは，ある時点で年齢やコホートの異なる人間集団を比較する方法である。図10-2の縦の列の1つひとつが横断的デザインを表している。すべての参加者が同時に測定されているので，測定時期効果によるグループ間の差はない。グループ間の差は，年齢変化とコホートの差という2つの可能性を含んでいる。しかし，このグループ差が，固有の発達的プロセスによるものか，コホートに特有の経験によるものかは区別できない。こうした年齢とコホートの混交が，横断的デザインの最大の問題点である。

コホート（出生年）	2000	2005	2010	2015
1975	25	30	35	40
1980	20	25	30	35
1985	15	20	25	30
1990	10	15	20	25
1995	5	10	15	20

測定時期（年）

図10-2　測定時期，コホートおよび年齢の関係を示す行列

それにもかかわらず，従来，発達研究のなかでは，横断的デザインがよく使われてきている。これは，横断的デザインが一時に測定でき，他のデザインに比べて相対的に早くて安上がりであるという実用的な理由が大きい。しかし，横断的デザインは年齢効果とコホート効果が混交するという宿命をかかえているので，コホート効果の影響が大きい年代の比較などの場合には限界があることに注意しなければならない。

(2) 縦断的デザイン

縦断的デザインは，年齢変化についての情報を提供してくれる。縦断的デザインは，図11-2の水平の行で表され，1つのコホートを何回かの測定時期にわたって検証するものである。この方法の最大の利点は，同じ人間を時間経過に沿って研究するので，年齢変化を判定できるという点にある。

1つのコホートを研究しているのでコホート効果は除外されている。しかし，年齢と測定時期の混交はなお残っている。たとえば，1975年生まれのコホートを追跡し，30歳の個人を検証しようとすると2005年に検証する必要がある。結果的に，内的プロセスによる変化か，測定時期に関連する要因による変化か区別できない。測定される対象は，まさに環境の中で成熟するため，そこで得られた変化が環境要因によるのか，成熟要因によるのか区別できない。また，縦断的研究は，一般に1つのコホートしか使っていないため，そのコホートの年齢変化が他のコホートにも適用できるかは疑問である。そのコホートに特有の未発見の発達プロセスが存在する可能性があることに留意しなければならない。

縦断的研究は時間と費用がかかるためこれまであまり行われていない。しかし，発達のプロセスのさらなる検証のためには個人の追跡が重要であることは言うまでもない。

(3) 時代差デザイン

時代差デザイン（time-lag design）は，異なる時期に異なるコホートの人間を同じ年齢で測定する方法である。図11-2では，任意の左の上から右の下にかけての対角の位置に表される。1つの年齢が研究されるので，年齢差は問題にされていない。また，コホートはそれぞれ別々に測定時期と結びついているため，この2つの効果は混交している。時代差デザインによる研究はある特定の年齢の特徴を記述するために使われるが，年齢差や年齢変化についての情報は得られないのであまり行われていない。

(4) 系列的デザイン

これまでみてきた研究デザインはいずれも2つの効果の混交を含んでいる。横断的デザインの場合は，年齢とコホートの混交があった。縦断的デザインの場合には，年齢と測定時期の混交があった。時代差デザインの場合には，コホートと測定時期の混交があった。こうした解釈上のディレンマは，シャイエ（Schaie, 1965）によって提唱された系列的デザインによって緩和することができる。

時系列デザイン（time-sequential design）は同じ年齢範囲をカバーしながら異なる2つ以上の測定時期に実施された複数の横断的研究からなる。この多重横断的デザインは，年齢に関連する差異に加えて測定時期の効果を調べることができるという点が特徴である。

また，コホート系列デザイン（cohort-sequential design）は2つ以上のコホートを使った複数の縦断的研究からなる。それぞれの縦断研究は同じ年齢範囲で開始し，同じ期間追跡している。コホート系列デザインの特徴は，年齢効果に加えてコホート効果を実際に測定できる点にある。これによって，コホートとは独立した年齢の尺度への影響を検討することができる。さらに，このデザインはコホートと年齢との交互作用を調べることも可能にする。すなわち，年

齢効果がコホート間で一定であるか，変化するかどうかがわかる。

　いま1つ，複数の時代差研究からなるのがクロス系列デザイン（cross-sequential design）である。このデザインでは，2つ以上のコホートが2つ以上の測定時期で測定される。たとえば，5歳あるいは10歳きざみでいくつかの年齢群をつくり，その人たちに対して，縦断的に，当初の年齢群を設定した年数だけ（10歳きざみなら10年間）繰り返し調査して，その結果をつなぎあわせて加齢変化パターンを描くときに用いられる。この方法は，測定時期効果から分離してコホート差を求めることを試みるものであり，年齢は結果に対してなんの影響も及ぼさないことが仮定されている。

　時系列デザインやコホート系列デザイン，クロス系列デザインは，それぞれ横断的デザインや縦断的デザイン，時代差デザインを発展拡張したものである。しかし，これらの系列的デザインは，もととなった単純なデザインがもっていた困難を解消していない。時系列デザインの場合には年齢効果とコホート効果の混交があるし，コホート系列デザインの場合には年齢効果と測定時期効果の混交がある。また，クロス系列デザインの場合には測定時期効果とコホート効果の混交がある。系列デザインの詳細は，西村（1994）を参照されたい。

引用・参考文献

American Psychological Association　2002　Ethical principles of psychologists and code of conduct. *American Psychologist*, **57**, 1060-1073.
安藤寿康　2005　遺伝環境問題の新しいかたち　遠藤利彦（編著）心理学の新しいかたち6：発達心理学の新しいかたち　誠信書房
Berk, L. E.　2010　*Development through the life-span* (5th ed.). Boston, MA: Allyn & Bacon.
Boyd, D., & Bee, H.　2009　*Lifespan development* (5th ed.). Boston, MA: Allyn & Bacon.
池田　央　1971　行動科学の方法　東京大学出版会
西村純一　1994　成人発達の心理学　酒井書店
大山　正・岩脇三良・宮埜壽夫　2005　心理学研究法　サイエンス社
桜井茂男　1998　質問紙法は何歳から可能なのか？　鎌原雅彦・宮下一博・大野木裕明・中澤　潤（編著）心理学マニュアル：質問紙法　北大路書房
Schaie, K. W.　1965　A general model for the study developmental problem. *Psychological Bulletin*, **64**, 92-107.
Society for Research in Child Development　2007　*SRCD ethical standerds for research with children*. Retrieved from
　　www.srcd.org/index.php?option=com_content&task=view&id=68&Itemid=110
若井邦夫・高橋道子・高橋義信・堀内ゆかり　2006　グラフィック乳幼児心理学　サイエンス社

★課題
1．観察法と実験法を対比し，それぞれの強みと限界を考えてみよう。
2．質問紙法と事例研究法を対比し，それぞれの強みと限界を考えてみよう。

発達の理論

第11章

　本章では第1部で述べられた各領域での発達の「まとめ」を目指している。そのために折りに触れて各論と関連づけながら勉強されることを期待している。それによって一層理解が深まるであろう。

1. 発達とは

(1) 一般的定義
　発達とは個体の発生から消滅に至る時間的経過において展開される，秩序と方向性をもった構造的変化である。そしてこの変化は個体の内部で営まれる成熟と学習の交互（相互）作用（interaction）によってつくり出される。

(2) 発達の諸要素：DNAと気質と環境との相互作用
1）DNA: deoxyribonucleic acid　このDNAが遺伝情報を荷っている。それは，A（アデニン），C（シトシン），G（グアニン），T（チミン）の4つの塩基（ヌクレオチド）からなっている。図11-1が有名なワトソン・クリックの二重螺旋模型図である。表11-1がいろいろな生物のDNAを構成しているA・C・G・Tの比率である。長さは約90センチ。太さ約20オングストローム（1オングストロームは1ミクロンの1万分の1：10^{-10} m）。重さ10の12乗分の6-7グラム（6-7 g/1000000000000）。80億段の階段状をしている。私たちのDNAは父母のDNAではない。祖父母のDNAである。古くは隔世遺伝という言葉が盛んに言われていたがことさら隔世遺伝と言わなくても受精の仕組みを考えれば当然のことである。私たちのDNA

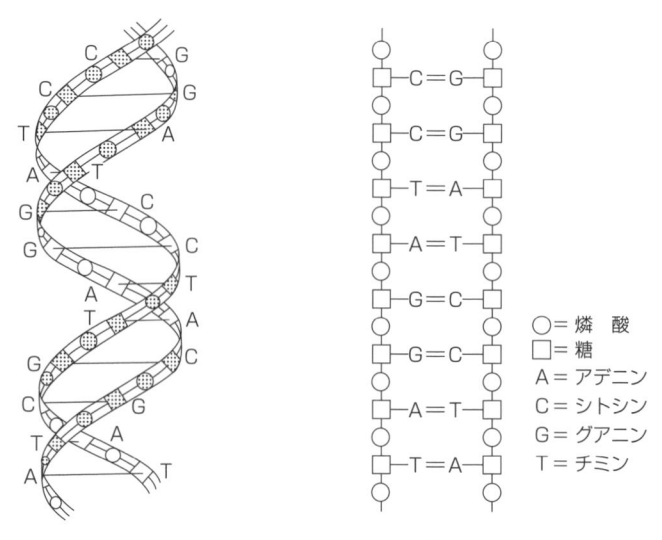

図11-1　ワトソン・クリックの二重螺旋模型図

表 11-1 DNA を構成している A・C・G・T の比率

	A:T	G:C	(A+T):(G+C)
バクテリオファージ	1.00	1.09	1.87
大腸菌	1.09	0.99	1.00
イースト菌	0.96	1.08	1.80
うに	1.02	1.01	1.43
さけ	1.02	1.01	1.43
家畜	0.99	1.00	1.37
人	1.00	1.00	1.54

は私たちが受精卵として父母が生みつけてくれたものである。私たちはそれを無事に運んでいるだけである。私たちの子どもたちのDNAは私たちの体を媒介にして伝達された父母のDNAである。したがって私たちのDNAは私たちの孫世代に伝達されることになる。

2）気質（temperament）　代表的な研究はトーマスとチェス（Thomas & Chess, 1977）による縦断的研究である。彼らは9つの気質の要素を提案している。すなわち①活動水準　②規則性　③接近―回避　④適応性　⑤反応強度　⑥反応の閾値　⑦気分　⑧被転動性　⑨注意の持続範囲・持続性　これを基にして子どもと養育者との出会い方（interaction）を3つに分類している。

①育てやすい子ども（easy child），②育てにくい子ども（difficult child），③出だしが遅い子ども（slow-to-warm-up child）である。彼らの功績は従来の母子関係に「相互性」の概念を導入したことである。すなわち、赤ん坊が一方的に養育者の影響を受けるだけではなく、養育者も赤ん坊の個体性（気質が基になっている）によって影響を受けているのである。

3）気質と環境との相互作用

①環境はいつから働きかけるのか

私たちはともすると人が出生して外界に出てきてから環境からの影響が始まると考えがちである。ヘッブ（Hebb, 1958／邦訳，1964）はそうではなく受精卵が誕生した瞬間から母体内の環境にさらされていると考えた。それを示しているのが表11-2である。

表 11-2　ヘッブの提案（Hebb, 1958／邦訳，1964）

No.	分類	原因，行動の様式，他
Ⅰ	発生的	受精卵の生理学的性質
Ⅱ	化学的，生まれる前の	子宮内部の栄養ないしは毒物的影響
Ⅲ	化学的，生まれた後の	栄養，毒物的影響：食物，水，酸素，薬物など普
Ⅳ	感覚的，一定の	通種のあらゆるメンバーが避けることのできない出生前後の経験
Ⅴ	感覚的，変化する	種のメンバーごとに変化する経験
Ⅵ	外傷的	細胞を破壊するような身体的事象：要因Ⅰ―Ⅴと異なって想像だけで考えられないような種類の"異常な"事象

②気質と環境の相互作用

個体性（気質）と環境との相互作用の様相について、エスカローナ（Escalona, 1968）が提案しているものが図11-2である。エスカローナは「経験に関する構え」とも言える「experience pattern」を考えている。このパターンのありようが各自によってさまざまに違い、それによって同じ環境にあっても個人と環境との間で作り上げられる経験の内容が微妙に違ってくる。この違いが結局は「個性」につながっていくと考えられる。

114　第11章　発達の理論

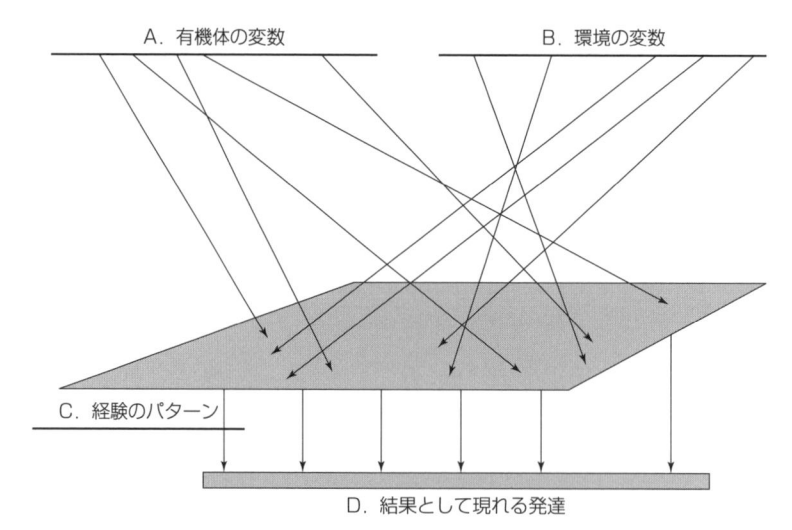

図11-2　エスカローナの提案（Escalona, 1968）
初期経験は有機体の側の変数と環境の側の変数との間の多重な相互作用の結果として生ずる。発達とは，その初期経験の関数としてもたらされる。

③遺伝と環境との相互作用3態

プロミン（Plomin, 1994）はIQ（知能指数）をめぐる遺伝と環境の相関関係を3つの類型にまとめている。すなわち受動型・反応型・積極型である。それらについて述べれば，受動型：遺伝的に優れた素質に恵まれた親は子どものために良い環境を整えることができる。反応型：遺伝的に優れた素質に恵まれた子どものためには，周りの大人たちが良い環境を整えることが多い。積極型：遺伝的に優れた素質にに恵まれた子どもは，環境の中から自分にとって都合の良い刺激を選り分けたり，環境をそのように作り変える。城にたとえれば本人が本丸（積極型）で，順次二の濠（反応型），一の濠（受動型）となろうか。

④コホート（cohort）とコホート効果

コホートとはある特定の共通体験によって結び付けられている集団をいう。具体例では1945年の敗戦後に育ち盛りを迎えた人々や1947年（昭和22年）に代表される団塊世代である。前者では食糧難の時代を経験している。そのためにグループとして体位が劣っている。コホートを成り立たせているものが「飢え」であり，そのために他の世代と比べて体位が劣るという様をコホート効果と呼ぶ。

（3）　発達のイメージ

発達について私たちは一体どのようなイメージを抱いているであろうか。図的に表してみると多分，放物線，階段，螺旋，行きつ戻りつのジグザグ模様，細胞分裂，同心円，放散，などの要素が組み込まれるであろう。図11-3，4は発達のイメージの例である（筆者の受講生の作品もいくつか載せてみる）。

大学1年次生の「発達のイメージ画」の紹介

p.116の図は，N女子大学1年次生の「発達のイメージ画」の一部である。皆さんの「発達のイメージ画」はどのようになるであろうか。本テキストでの勉強の始めの頃の「イメージ」と，これまで勉強を重ねてきた現在の「イメージ」を比較しても面白いと思われる。

（4）　発達の観かた：潜型 対 顕型

ケイガン（Kagan, 1969）は人格特性の一貫性について現象型（顕型）での一貫性と機能的な

1. 発達とは　115

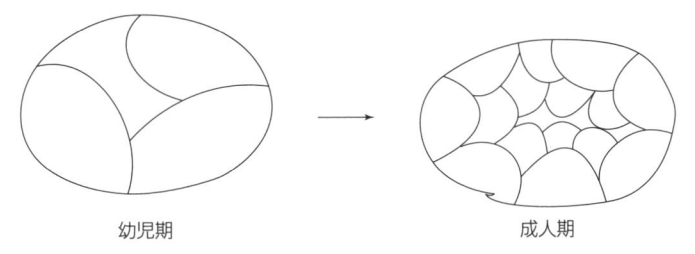

(1) レヴィンによる発達分化のイメージ図 (Lewin, 1935／邦訳, 1957)

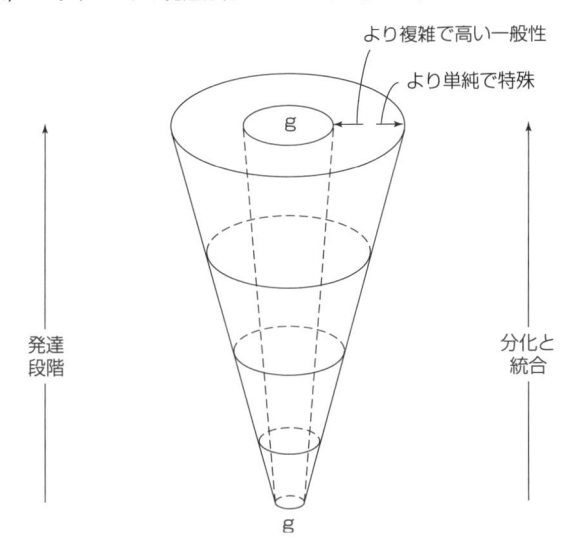

(2) マーシャレックらの分化と統合の過程としてみた発達段階：発達の次元を加えて立体化したもの
(Marshalek et al., 1983；並木, 1992)

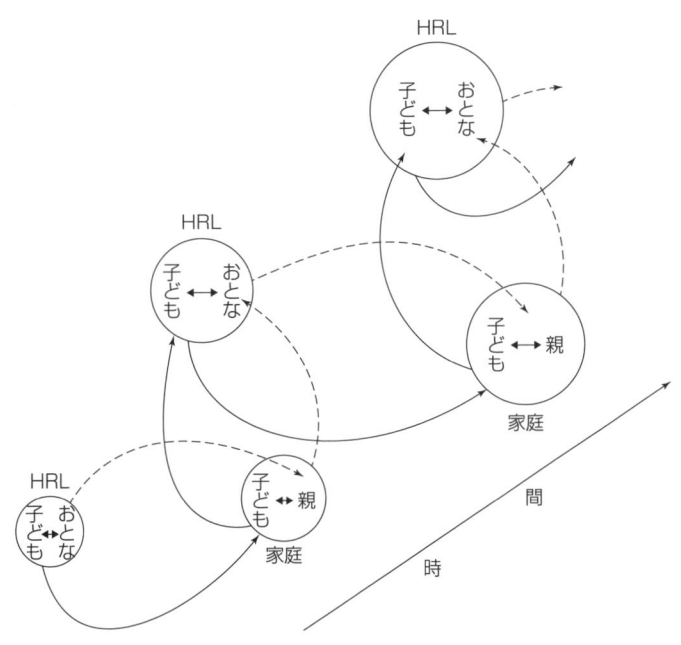

(3) HRL と家庭における子ども・おとな関係のつながり (古澤, 1986)
両方の人間関係が子どもの成長とともに変わっていく様子を円の拡大によって示している。

図 11-3　発達のイメージの例

116　第11章　発達の理論

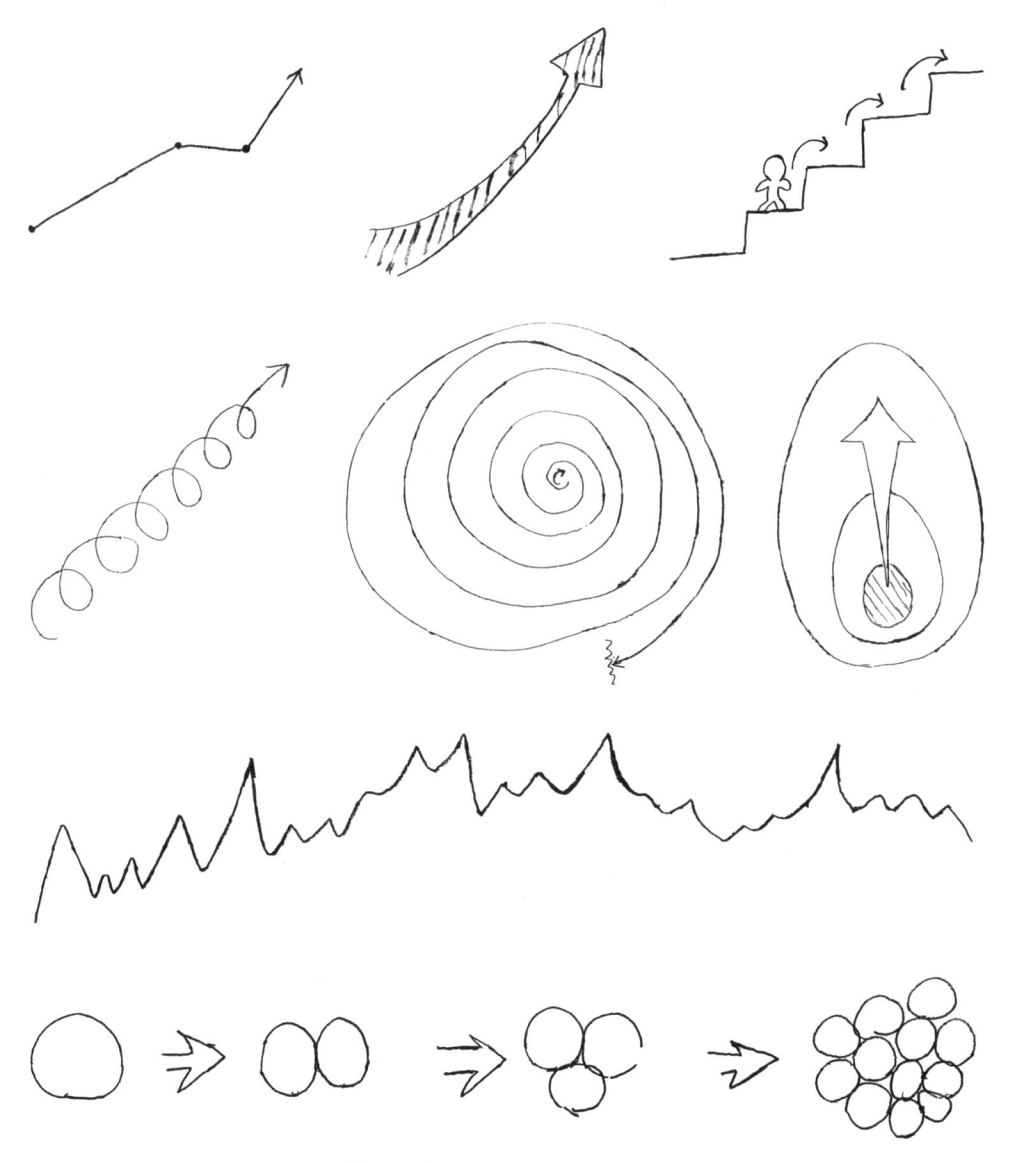

図11-3-補　大学生によるイメージ図

意味での（潜型）一貫性の区別を提言している。後者の機能的な意味での一貫性の例は「積極性」である。ある子が年少の時には非常に手がかかり多動であったのが，年長になるに従って落ち着いて模範的な子になったとする。この場合，外見的（現象型）には一貫性がないように見える。が，しかし，仮にこの子が年少の時には担任教師の関心を買うために活発に振る舞い，年長になった時も担任教師の関心を買うために模範的な子になったとしたら，機能的には一貫性があったと考えられる。外に見える形だけを見ていると見落としてしまう発達の姿がありうるということへの警鐘である。この潜型 対 顕型と似ているものに，ブルーナー（Bruner, 1967／邦訳, 1969）の「growth error（成長に伴う失敗）」がある。これは成長したがために失敗をしてしまうというもので，たとえば小さいときにはブランコに乗せられて高くこいでも怖がらなかったのに，少し大きくなると怖がって大きくこげなくなる事例があげられる。周りの大人は「大きくなったのに乗れなくなった」とこぐ高さ（振幅）の減少だけに目を留めるが，実は大きくなった子どもにすれば，「ブランコとは自分の足が地面から離れており，いかに不安定な

ものであるのか」の理解が進んだ結果，小さかったときのように何も考えず無邪気に楽しんでいるわけにはいかなくなったのである。それ程本人は成長を遂げているのである。この種の「失敗」はいろいろな知識を獲得したためにかえって難しく考えてしまう（考えてしまえる）ような場面でも認められよう。「失敗」ができるようになった位，実は成長・発達しているのだと見直すことが必要である。

2. 発達段階

(1) 発達段階の区分

　人間の成長を区切るときに，従来は，身体的発達を基準にした区分，社会的慣習・習俗による区分（表11-3），特定の機能・能力の発達による区分，精神・神経的な構造の変化による区分が行われてきた。これらは恐らく「生殖」と「労働」を柱とした区分だと考えられるが，これらの区分はお互いに関連しあっている。身体的発達を基準にした区分で名高いのは，シュトラッツ（Stratz, 1922）による伸長期・充実期の交替に基づいた発達段階の考え方や手根骨の骨化を基にした骨格年齢の算出などである（第1章）。社会的慣習・習俗の例は，お食い初め・戴き餅・裳着・元服などの通過儀礼を中心とした区分，特定の機能・能力の例は用箸運動の発達，今回中心的に取り上げる精神・神経的構造の変化による分類には古くは牛島による5段階説がある。曰く，0歳-4歳：身辺生活時代，4歳-8歳：想像生活時代，8歳-14歳：知識生活時代，14歳-25歳：精神生活時代，25歳-：社会生活時代である。ここでは認知的な発達段階説を提唱しているピアジェ（Piaget, J.）と自我の発達段階説を提唱しているエリクソン（Erikson, E. H.）を中心として取り上げたい。

表11-3　古来の通過儀礼と年齢の目安

産養（うぶやしない）	誕生後の3，5，7，9日目の夜　お粥「めぐりかゆ」
命名式	誕生後の7夜
五十・百日（いそか・ももか）	「おもゆ」の中に餅を入れる
行始・宮参（ゆきぞめ・みやまいり）	誕生後101日目　吉方に向かっての外出　額に「犬」を書く　上御霊社に参詣
頸据（くびすえ）	生後4ヵ月-半年　首が安定したときに行う
着綿（わたぎ）	生後1年目　小児に綿入れを着せる
真菜始（まなはじめ）	生後20ヵ月後　初めて動物性の食品を与える　魚は鯛
戴餅（いただきもち）	男児は4-7歳　女児は5歳　正月下旬
着袴（はかまぎ）	男児は7歳＊　女児は6歳　髪曽木（かみそぎ）と同年齢
（＊7歳を期に独立した人格が認められた。7歳以前の「死」は穢れではなかった。）	
歯久呂美（はくろみ）	女子特有のもの　10歳位　「かねはじめ」「はぐろみ」
裳着（もぎ）	12歳-14歳　女児の成人式　男児の元服に相当する
貴嶺問答：1-3歳（黄―幼児期）；4-16歳（小―少年期）；17-20歳（中―青年期）；21-60歳（壮年期）；61-65歳（老年期）；66歳-（耆（き））	

(2) 発達段階と構造

　上述の精神・神経的構造の変化による分類の代表者でもあるピアジェの構造と構造と発達段階についての考え方を紹介してみよう。

1）構造とは：3つの特質

　構造については，いかにも生物学出身のピアジェらしい考え方が提示されている。

　①全体性：構造はいろいろな要素からなっているが，それらの要素はただばらばらに集まっているのではなく，一定の配列の規則性をもっている。

②変形性：配列の規則性はもっているが，必要な時には異なった配列の仕方をすることも可能である

③自己調節性・均衡性：有機体は変化をするが，変化しすぎると自分自身であることが失われてしまう。そのために有機体は原則としては変わらない，すなわち恒常であることを志向する。有機体（構造）は全体性と変形性の間のバランスを執り続けるのである。

2）発達段階と構造の関係

構造および構造の組み替えからなっている発達段階は以下の4つの特性を備えている。

①1つの発達段階は前の発達段階の必然的結果として生じ，次の発達段階に必然的に連なる，と言うように発展の順序が決まっている。ある発達段階に至る年齢は，環境の影響によって早くなったり遅くなったりするが，その出現の順序は変わらない。

②1つの発達段階は，その前の発達段階を，その部分として含む。

表11-4　生涯発達の諸段階（Zimbardo, 1980／邦訳, 1983）

段階	年齢期間	主要な特徴	認知的段階（ピアジェ）	心理性的段階（フロイト）	心理社会的段階（エリクソン）	道徳段階（コールバーク）
胎児期	受胎から誕生まで	身体の発達	—	—	—	—
乳児期	誕生（熟産）から約18ヵ月まで	移動運動の確立 言語の未発達 社会的愛着	感覚運動期	口唇期 肛門期	信頼 対 不信	前道徳期（段階0）
児童前期	約18ヵ月から約6歳まで	言語の確立 性役割の獲得 集団遊び 就学〈レディネス〉とともにこの段階は終わる	前操作期	男根期 エディプス期	自律性 対 恥・疑惑 自主性 対 罪悪感	服従と罰（段階1） 互恵性（段階2）
児童後期	約6歳から約13歳まで	操作の速さを除いて，多くの認知過程が成人なみになってゆく チーム遊び	具体的操作期	潜在期	勤勉性 対 劣等感	よい子（段階3）
青年期	約13歳から約20歳まで	思春期の始まり 成熟の終わり 最も高度のレベルの認知の達成 両親からの独立 性的関係	形式的操作期	性器期	同一性 対 同一性拡散	法と秩序（段階4）
成人前期	約20歳から約45歳まで	職業と家庭の発達			親密 対 孤立	社会的契約（段階5）
成人中期（中年期）	約45歳から約65歳まで	職業が最高のレベルに達する 自己評価（空っぽの巣）の危機			生殖性 対 停滞	原理（段階6または7，いずれもまれに出現）
成人後期（老年期）	約65歳から死まで	退職 家族や業績を楽しむ 依存性 やもめ暮らし 健康の弱さ			統合性 対 絶望	
死	—	特別な意味をもった（段階）				

③それぞれの発達段階には，準備的な初発段階と，完成段階とがある。
④それぞれの発達段階には，生成変化の相と最終的（これは飽くまでも相対的なものであるが）均衡の相がある。

(3) 代表的な発達段階説

現在までの代表的な発達理論を一覧表にして示したものが表11-4（Zimbardo, 1980）である。

3. 発達理論

(1) ピアジェの認知発達理論
1) ピアジェの心理学

スイスはニューシャーテル生まれのピアジェ（1896-1980）は幼少の頃から生物学への関心が高く，十代にして学術論文を書いている。テーマはスイスの軟体動物の環境への適応である。生物学から人間を対象にした研究への方向転換は後で述べるフロイト（Freud, S.）も同様で，両者ともに生物学を土台にしていることが理論を通してもよくわかる。ピアジェが心理学研究の世界に入って来た時，彼の前にあった心理学理論はゲシタルト心理学と行動主義心理学であった。前者はドイツを舞台に盛んな研究活動を展開していたが，研究の主流は知覚の法則を打ち立てることにあった。この心理学派からは法則を形作る要因として「近接の要因」「良き連続の要因」「類似の要因」などが数多くあげられ，これらをもとにさまざまの法則が定立された。ただ，この学派ではこれらの法則が生まれてくる過程には殆んど関心が払われておらず，ピアジェの目には「構造（＝法則）はあるが，発生（＝発達）がない心理学」と映っていた。もう一つの心理学である行動主義心理学は周知のようにワトソン（Watson, J. B.）によって創始された心理学である。パヴロフ（Pavlov, I. P.）の古典的条件づけ理論に根ざしたこの学派では，実験によって恐怖感などをはじめとした感情や行動が新しく作り出された。すなわち，発生があった。しかし，これらの新しい感情や行動が生み出されてくる法則にはほとんど関心が払われておらず，ピアジェの目には「発生はあるが構造がない心理学」と映っていた。そこでピアジェはゲシタルト心理学（構造）と行動主義心理学（発生）とを兼ね備えた「発生も構造もある心理学」の確立に向かったのであった。

図11-4がピアジェの認知的発達段階である。

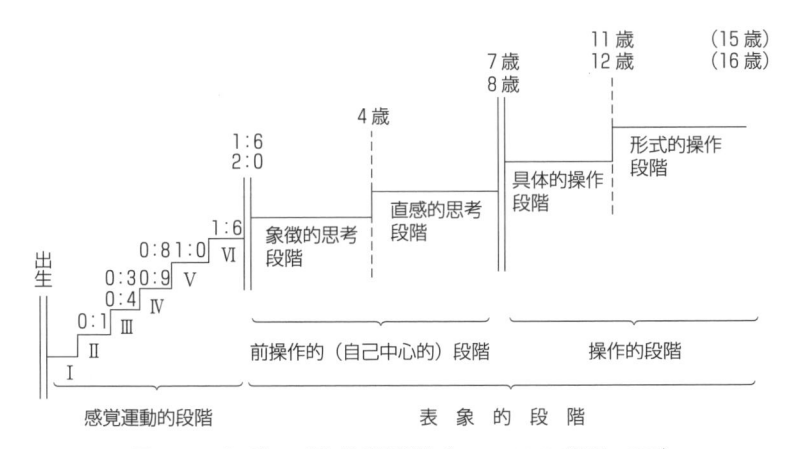

図11-4 ピアジェの認知的発達段階（Piaget, 1952／邦訳, 1978）

2）有機体活動の基本的概念：同化・調整・均衡化

有機体が自分自身の構造を維持し・発達させるために行う活動が同化・調整・均衡化である。
①**同化**：有機体が自分の構造に合わせて外界を取り入れる過程。最たるものは遊び。
②**調整（節）**：有機体が外界に合わせて自分の構造を変化させる過程。最たるものは模倣。
③**均衡化**：同化と調整のバランスを取る過程。

これらは上に述べた構造の3つの特質である，全体性と変形性と自己調節性・均衡性と大きく重なっていることが理解できる。

(2) エリクソンの精神発達理論

エリクソンの生涯は「自分とは何者か」との疑問への飽くなき問いかけであった。実の父親を探す旅でもあった。それは自らをエリックの息子すなわちエリクソン（Erik＋son）と名づけたことにも如実に現されている。

1）フロイトからの継承

精神分析の創始者であるフロイトは私たちに無意識の世界への気づきを与え，また人生における幼児期の重要性に目を向けさせた。図11-5はフロイトの「心の構造図」であり，表11-5は心理性的発達図式である。エリクソンはフロイトの末娘のアンナ・フロイトに師事し彼女から教育分析を受け，児童の精神科医としての歩みを始めた。

表11-5　フロイトの心理性的発達図式

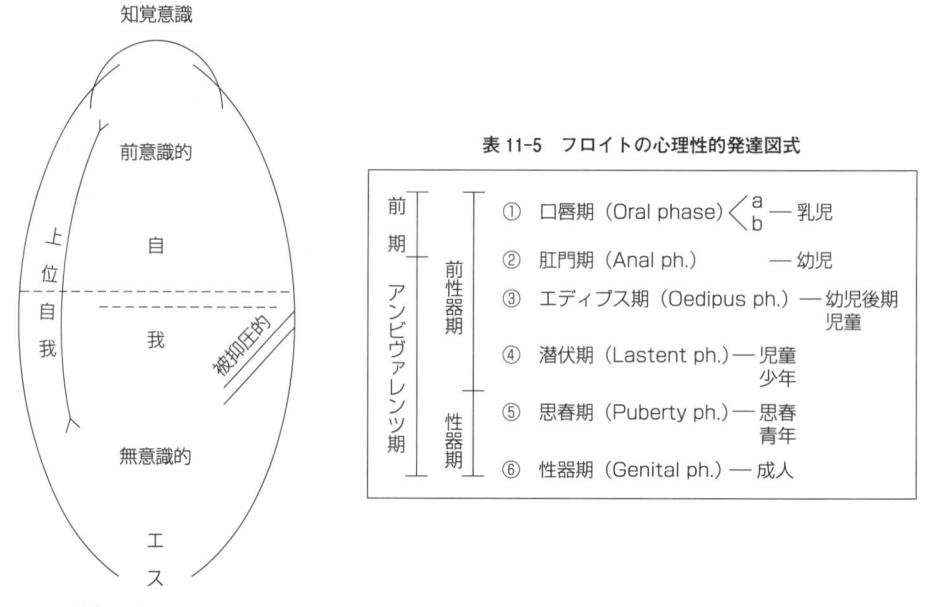

前期	前性器期	① 口唇期（Oral phase）〈a/b〉	乳児
アンビヴァレンツ期		② 肛門期（Anal ph.）	幼児
		③ エディプス期（Oedipus ph.）	幼児後期児童
	性器期	④ 潜伏期（Lastent ph.）	児童少年
		⑤ 思春期（Puberty ph.）	思春青年
		⑥ 性器期（Genital ph.）	成人

図11-5　心の構造図（Freud, 1932／邦訳, 1969）

2）心理性的心理学から心理社会的心理学へ

エリクソンはハルトマン（Hartmann, H.）らの自我心理学の流れに属する。
　図11-6はフロイトによる自我・超自我・エスの関係の図である。一方図11-7は自我心理学における自我・超自我・エスの関係の図である。

3）心理・社会的危機：危機という概念

ヒポクラテースの「峠」（カイロス）までさかのぼる概念である。必ずしも否定的な内容ではなく，峠・分水嶺・決定困難な事態と言う意味である。

4）グラウンド・プラン

表11-6がエリクソンの「人生の道行き」（Erikson, 1950／邦訳, 1977）図式である。

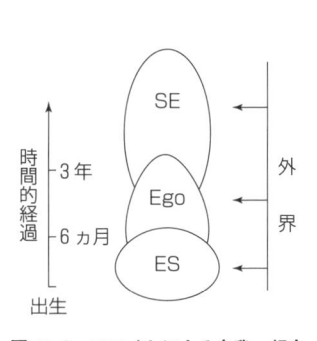

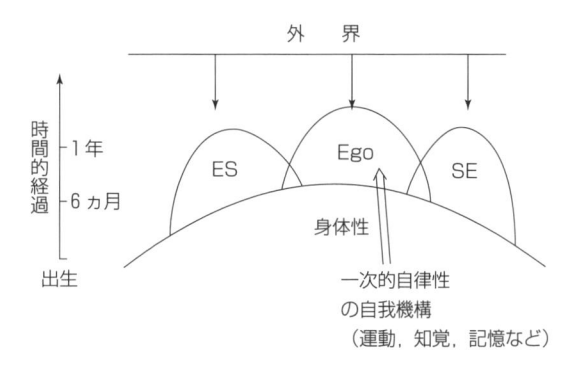

図11-6 フロイトによる自我・超自我・エスの関係図 (Freud, 1932／邦訳, 1969)

図11-7 ハルトマンによる自我心理学における自我・超自我・エスの関係図

表11-6 エリクソンの「人生の道行き」表 (Erikson, 1950／邦訳, 1997)

	1	2	3	4	5	6	7	8
Ⅷ 老年期								統合性 対 絶望
Ⅶ 壮年期							生産性 対 自己陶酔	
Ⅵ 成人期						親密 対 孤立		
Ⅴ 青年期					同一性 対 同一性拡散			
Ⅳ 学童期				勤勉性 対 劣等感				
Ⅲ 幼児後期			自主性 対 罪悪感					
Ⅱ 幼児前期		自律性 対 恥・疑惑						
Ⅰ 乳児期	信頼 対 不信							

第1段階（乳児期）：基本的信頼 対 基本的不信：人間の生存において最も基本的なものである。母親的人物との相互作用を通じて，身体的安全・信頼感のもとが獲得される。

第2段階（幼児期初期）：自律性 対 恥・疑惑：括約筋の成熟によって自己統制への要求が強くなる。自分で排尿や排便のコントロールができるようになることを通して，自律感が獲得される。排泄のコントロールに失敗したときには，きまり悪さを経験する。さらにそのような感情が強くなると混乱や強迫的行動が表出し，恥の感情や疑惑感が生じる。

第3段階（幼児期後期）：自主性 対 罪悪感：自分で何でもやりたがる自己主張の強い時期。エネルギーに溢れ，失敗は直ぐに忘れ，次々に活動を繰り広げていく。この過程で自発性を獲得していく。この時に行動が拘束されたり経験する機会がないと，罪悪感や不安感が生じる。

第4段階（学童期）：勤勉性 対 劣等感：学校教育を受けるなかで外界への関心が高まる。知識・技能の習得と社会的役割の理解が進み，学習に対する勤勉性が培われる。一方，学習が思うように進まない経験が過度に重なると，いくらやっても駄目だという無力感が生まれ，劣

等感を抱くに至る。

第5段階（青年期）：同一性 対 同一性拡散：仲間関係のなかで自分の独自性を確認したり，過去の自分と現在の自分の連続性を確認することにより，「自分とは何者であるのか」という問いかけに一定の解答を見出そうとする時期である。このような問いかけを通して「取替え不可能な自分」という確信に至る。これとは逆に自分の独自性を認められなかったり，過去の自分を引き受けられなかった場合は，同一性拡散の状態にとどまる場合がある。

第6段階（前成人期）：親密性 対 孤立：具体的には恋愛・結婚に代表されるような友との深い交流である。「自分」が確立されると自信がもて，不安なく相手に自分を投げ出すことができる。相手の中に自分を見出すことによって，親密感が得られる。一方，自分に自信がない場合，なかなか相手に自分を与えられないで孤立してしまう。

第7段階（成人期）：生殖性 対 停滞性：「産み」「育てる」段階である。親であれば子どもたちを産み養育する。これは親子関係だけではなく，たとえば教員の役割にも通じている。生徒たちを導き，より良い市民として育てあげていく。一方陰の部分は，実際には適切な教育ができず，空想の中でのみ良き教師として振る舞える。実際に生命感が枯渇に向かい，ついには孤独と絶望に至ることもある。

第8段階（老人期）：統合 対 絶望：老年期を迎え，人は過ぎ去った日々を思い浮かべる。過ぎ来し方を振り返り，多くの失敗はあったとしても，自らの歩みを総体として受け入れる（統合）か，反対に「あの時こうすれば…」と後悔することに絡め捕られ，孫たち息子たちにあるいは近しい後輩たちに「命のつながりと希望」を感じるに至らない状態に留まる（絶望）か。

5）まとめ

危機という概念の導入など，エリクソン理論は優れた発達理論である。当時の日本での社会学の隆盛ともあいまってエリクソン理論は日本人の中に歓迎された。アイデンティティなる概念なども抵抗なく人口に膾炙（かいしゃ）されたのであった。その一方で，エリクソンの理論はあくまでも欧米人それも欧米男性を念頭に置いた発達理論であるとの批判も徐々に現れた。岡本祐子らによって日本人，中でも女性の中高年者の同一性についての研究がさかんに行われている。

引用・参考文献

Bruner, J. S., Olver, R. R., & Greenfield, P. M.　1967　Studies in cognitive growth.　New York: John Wiley & Sons.（J. S. ブルーナー・R. R. オルヴァー・P. M. グリーンフィールド（著）岡本夏木・奥野茂夫・村川紀子・清水美智子（訳）認識能力の成長（下）　明治図書出版）

Dobzhansky, Th. G.　1955　*Evolution, genetics, & man.*　New York: Wiley & Sons.（Th. ドブジャンスキー（著）杉野義信・杉野奈保野（訳）　1973　遺伝と人間　岩波書店）

Escalona, S. K.　1968　*The roots of individuality: Normal patterns of development in infancy.*　Chicago, IL: Aldine.

Erikson, E. H.　1950　Childhood and society.　New York: W. W. Norton（E. H. エリクソン（著）仁科弥生（訳）　1977　幼児期と社会1　みすず書房）

Freud, S.　1932　*Neue Folge der Vorlesungen zur Einführung in die Psychoanalyse.*　Wien: Internationaler Psychoanalytischer Verlag.（S. フロイト（著）古沢平作（訳）　1969　日本教文社）

Hebb, D. O.　1958　*A Textbook of psychology.*　Philadelphia, PE: Saunders.（D. O. ヘッブ（著）白井常・鹿取広人・平野俊二・金城辰夫・今村護郎（共訳）　1964　行動学入門：生物科学としての心理学　紀伊國屋書店）

Kagan, J.　1969　The three faces of continuity in human development.　In D. A. Goslin（Ed.），*Handbook of socialization theory and research.*　Chicago, IL: Rand McNally. pp. 983-1002.

Levin, K.　1935　A dynamic theory of personality.　New York: McGraw-Hill.（K. レヴィン（著）相良守次・小川　隆（訳）　1957　パーソナリティの力学説　岩波書店）

Marshalek, B., Lohman, D. F., & Snow, R. E.　1983　The complexity continuum in the radex and hierarchical models of intelligence. *Intelligence*, **7**, 107-127.

大日向達子・福本　俊・向井敦子・並木　博・藤谷智子・石井富美子　1992　発達心理学　朝倉書店

Piaget, J.　1952　*La naissance de l'intelligence chez l'enfant.*　Neuchâtel: Delachaux et Niestlé.（J. ピアジェ（著）谷村　覚・浜田寿美男（訳）知能の誕生　ミネルヴァ書房）

Plomin, R.　1994　*Genetics and experience: The interplay between nature and nurture.*　Thousand Oaks, CA: Sage.

Stratz, C. H.　1922　*Körper des Kindes und seine Pflege.*　Stuttgart: Enke.

Thomas, A., & Chess, S.　1977　*Temperament and development.*　New York: Brunner/Mazel.
〈http://en.wikipedia.org/wiki/Temperament〉（2012年1月14日現在）

Zimbardo, P. G.　1980　*Essentials of psychology and life*（10th ed.）．New York: Scott Foresman.（P. G. ジンバルドー（著）古畑和孝・平井　久（監訳）1983　現代心理学Ⅰ　サイエンス社）

★課題

1．これまでのあなたを振り返り，大きく成長した切っ掛けとなった出来事を思い出してみましょう。どのような意味でそれが切っ掛けになりましたか？

2．前の課題とも重なりますが，乳児期・幼児期・学童期・思春期・青年期までの「印象に残る出来事」を書き出してみましょう。

改めて，今までの過程を振り返ってみましょう。

第 3 部
総 論 編

発達と障害

第12章

　発達の過程を電車の運行にたとえるなら，○ヵ月で首がすわり，○歳前後で歩行が始まり，○歳○ヵ月で二語文の発話が生じる，といったようにほぼ時刻表どおりに各駅を通過していくような発達の進みかたを定型発達と呼ぶ。それに対して，通常の時刻表に比べ，大幅に遅れて各駅を通過したり，特定の区間で運行が滞ってしまったり，そもそも他の大部分の人とは違うレールに乗り，異なる駅をたどっていくような発達を非定型発達と呼ぶ。たとえば，事故に遭ったり，深刻な虐待を受けたり，障害を抱えていたりする人たちである。この章では，後者の非定型発達の人たち，そのなかでも，とくに発達障害に注目し，その特性の理解とかかわりについて考えていく。

1. 発達障害とは

　発達障害者支援法（平成16年）によれば，発達障害とは，「自閉症，アスペルガー症候群その他の広汎性発達障害，学習障害，注意欠陥多動性障害その他これに類する脳機能の障害であってその症状が通常低年齢において発現するもの」とされている。しかし，発達障害の定義は，必ずしも一様ではなく，医療，福祉，教育，保健など領域で若干異なる点もある。たとえば，アメリカ精神医学会のガイドラインであるDMS-IV-TRでは，女児にのみ発症し，0歳で定型発達から急激な退行をきたして発症する進行性の神経疾患であるレット障害（Rett's disorder）や2歳前後までは定型発達をたどり，その後，対人反応の障害や有意味語が消失し重度の知的障害を伴う小児期崩壊性障害（childhood disintegrative disorder）まで含め，より広く広汎性発達障害と定義している（Frances & Ross, 2001）。また最近のわが国の動向としては，発達障害の新たな領域として，被虐待児の問題行動を含めて考える必要性も提起されている（杉山，2007）。

　このように領域や立場によって，何をもって発達障害とするかには若干の違いはあるが，共通して言えることは，従来の障害の概念では見落とされてきた高機能自閉症やADHDといった知的障害を必ずしも伴わない障害が含まれているということである。このように障害の概念を拡張することには，ネガティブなレッテル貼りの危険性や社会的排除を助長する，あるいは過度の医療化を促すとの批判もある（たとえば，浜田，2010）。しかし，発達障害者支援法の発達障害の定義およびそれに基づく特別支援教育の意義を一言付言しておくと，この法律によって，それまで障害者施策の対象とされなかった知的障害を伴わない発達障害者に対する支援の道がひらかれたということである（河原，2006）。当然のことながら，特別支援教育やさまざまな現象の医療化の問題は，単なる診断名をつけることの是非ではなく，それが当事者および関係者にもたらす利益と不利益の間のバランスの問題として考えられる必要がある。

2. 主要な発達障害とその特性

　以上のように，発達障害という概念には，細かくみれば，非常に多くのタイプの障害が含まれることになるが，以下では保育や教育の領域でとくに問題視されることが多い障害についてみていく。山登（2010）によれば，発達障害のうち重要なものは以下の4つである。
　①精神遅滞（知的障害）
　②広汎性発達障害
　③ADHD（注意欠如多動性障害）
　④LD（学習障害）
　ただし実際の臨床場面では，つねに上記4つの障害に子どもがきれいに分類されるわけではなく，互いに重なり合う部分をもっている場合が多い（図12-1）。つまり，広汎性発達障害と診断されているが，多動でADHD的な傾向をもちあわせている子どももいるし，ADHDと診断されているが，特定の教科や学習に困難を抱えLD的な傾向をもちあわせている子ども，あるいはそのすべてをもちあわせている子どももいるということである。実際に現場で発達相談にあたっていると，自閉症児の多動性の問題やADHD児の学習の遅れといった問題があがってくることは多々あることである。
　以上のように必ずしも障害を明確に区分することはできない場合が多いことを踏まえたうえで，以下では，それぞれの障害についてその特徴をみていく。

(1) 精神遅滞（知的障害）
　以下の3点によって定義される障害である。
　①知的機能が有意に平均以下である（おおむねIQ 70-75未満）。
　②生活上の適応スキルで2つ以上の制約をもつ（たとえば，言葉の遅れや記憶力の問題など）。
　③18歳以前に発現する。
　さらに知能指数（IQ）によって軽度（IQ：50-69），中等度（IQ：35-49），重度（IQ：20-34），最重度（IQ：20未満）に分類される。

(2) 広汎性発達障害（Pervasive Developmental Disorder: PDD）
1）自閉症（自閉性障害 Autism）　対人的なコミュニケーション場面に顕著に困難があらわれる障害で，表13-1のAにある（1）から（3）の3つの診断基準を満たし，かつ3歳以前に少

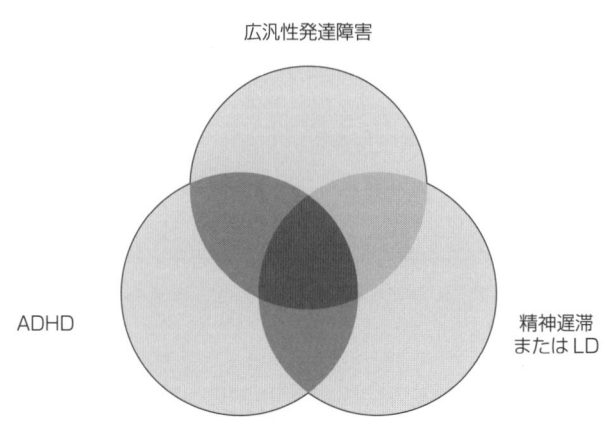

図 12-1　発達障害の重なり（山登，2010）

表12-1 DSM-IV-TRによる自閉症（自閉性障害）の診断基準（APA, 2000／邦訳, 2003）

A．（1），（2），（3）から合計6つ（またはそれ以上），うち少なくとも（1）から2つ，（2）と（3）から1つずつの項目を含む。 （1）対人相互反応における質的な障害で以下の少なくとも2つによって明らかになる。 　（a）目と目で見つめ合う，顔の表情，体の姿勢，身振りなど，対人的相互反応を調節する多彩な非言語的行動の使用の著明な障害 　（b）発達の水準に相応した仲間関係を作ることの失敗 　（c）楽しみ，興味，達成感を他人と分かち合うことを自発的に求めることの欠如（例：興味のある物を見せる，持って来る，指差すことの欠如） 　（d）対人的または情緒的相互性の欠如 （2）以下のうち少なくとも1つによって示されるコミュニケーションの質的な障害： 　（a）話し言葉の発達の遅れまたは完全な欠如（身振りや物まねのような代わりのコミュニケーションの仕方により補おうという努力を伴わない） 　（b）十分会話のある者では，他人と会話を開始し継続する能力の著明な障害 　（c）常同的で反復的な言語の使用または独特な言語 　（d）発達水準に相応した，変化に富んだ自発的なごっこ遊びや社会性をもった物まね遊びの欠如 （3）行動，興味，および活動の限定された反復的で常道的な行動様式で，以下の少なくとも1つによって明らかになる。 　（a）強度または対象において異常なほど，常同的で限定された型の1つまたはいくつかの興味だけに熱中すること 　（b）特定の機能的でない習慣や儀式にかたくなにこだわるのが明らかである 　（c）常同的で反復的な衒奇的運動（例：手や指をばたばたさせたりねじ曲げる，または複雑な全身の動き） 　（d）物体の一部に持続的に熱中する
B．3歳以前に始まる，以下の領域の少なくとも1つにおける機能の遅れまたは異常：（1）対人的相互反応，（2）対人的コミュニケーションに用いられる言語，または（3）象徴的または想像的遊び
C．この障害はレット障害または小児期崩壊性障害ではうまく説明されない

なくともその3つのうち1つが見られた場合，自閉症と診断される（赤木，2010）。この（1）から（3）の診断基準は，「Wingの3つ組み」と言われ，それぞれ社会性の障害，コミュニケーションの障害，想像力の障害と一般的には言われることが多い（Wing, 1996）。

社会性の障害とは，相手の心の状態を推測したり，感情を理解・共有したりする力の弱さとしてあらわれる。相手の心の状態を推測する力は，心の理論（theory of mind）と呼ばれ，定型発達児では，4歳でこの能力が獲得されるが，自閉症児では，4歳を超えてもなかなか獲得されないことが指摘されている（Baron-Cohen, 1995）。

コミュニケーションの障害とは，話し言葉の獲得や発達の遅れとしてあらわれる。たとえば，「お名前は？」と聞かれ，自分の名前を応えるのではなく，「お名前は？」と質問をそのまま返すエコラリアという現象は，オウム返しとして保育・教育現場などでよく指摘される問題である。

想像力の障害とは，目の前にある物を何かに見立てたり，イメージを展開する力の弱さとしてあらわれる。具体的には，保育現場でよく指摘されることとして，自閉症児にはごっこ遊びや見立て遊びが見られないということがある。また見立てやイメージが展開しないため，遊びが広がらず，同じことを繰り返す常同行動，いわゆるこだわり行動と呼ばれる行動が多くなる。たとえば，積み木を並べるという行為で考えてみると，定型発達の子は，それを電車に見立て，イメージを展開させることができるので，積み木そのものの世界から離れ，トンネルを作ったり，駅を作ったり，ときには他者を交え，遊びが広がっていく。しかし自閉症児の場合，そうした力が弱いため，積み木そのものの特性から離れられず，ただひたすら色や形を手掛かりに同じ順序で並べるという行為に終始する場合が多々見られる。

2）高機能自閉症・アスペルガー症候群（Asperger syndrome: AS）　　表12-1の自閉症の診

断基準を満たす者で知的な遅れがなく，言語を通じた意思疎通に明らかな障害をもたない者を指す。一般的に，知能指数（IQ）が70以上の場合にこれらの診断が下される。また高機能自閉症とアスペルガー症候群の違い，あるいは区別する必要性については議論の分かれるところであるが（三上, 2009），臨床像的には重なる部分が多く，とくに児童期以降はその区別を要さないとする議論が多い（たとえば，杉山, 2007；斉藤・西村・吉永, 2010）。あえて区別するなら，高機能自閉症の場合，3歳以前に言葉の遅れがその診断要件に入っているが，アスペルガー症候群の場合，その要件がないということである（赤木, 2010）。したがって，高機能自閉症児であっても，3歳以降言語的な問題が改善され，言語によるコミュニケーションが可能になると両者の違いはほとんど見られなくなると言える（したがって，以下，本章ではアスペルガー症候群を含め高機能自閉症という言葉を使用する）。

　このように，知的，言葉において大きな障害が見られない高機能自閉症であるが，先の「Wingの3つ組み」であげた領域に関しては，自閉症同様に，さまざまな困難／問題を抱えることが多々ある。1つひとつ，例をあげながらみていこう。

　社会性の障害については，『そんなことを言うと相手がどう思うか？』といった理解が不十分なまま，思ったことを口に出してしまうため，相手を傷つけたり，相手に不快な思いを抱かせたりすることがある。たとえば，ちょっと変わった（でも，その人なりに良いと思っている）服装をしている人に対して，「なんでそんな変な服装をしているのですか？」と聞いてしまったり，友達でもない人に対して，脈絡なく「右の鼻の穴から鼻毛が2本出ていますよ」と注意したりするなどである。いずれも第三者的には事実ではあるのだが，一般的には『そんなふうな聞き方をしたら，あるいは，そんなことを言ったら，相手がどう思うだろう？』と考え，口に出すことがはばかられることである。しかし，高機能自閉症児の場合，他者の気持ちを理解することに困難を抱えているため，悪気なくこうした言動を行ってしまい，なかなか他者との関係がうまく築けないということがある。

　コミュニケーションの障害については，単語の理解や語彙数などには問題がないのだが，文脈や言外の意味を読むことが難しいということがある。よく言われることに日常のコミュニケーションのなかで生じる「なんとなくわかるでしょう」と思えるようなことの理解が難しい。たとえば，朝の登校時に，あいさつ代わりに「元気？」と声をかけられたことに対し，「見てわからないのか!?」と大まじめに応えたり，「最近どう？」と聞かれて，「どうって何がですか？　勉強のこと？　健康のこと？　ゲームのこと……？」と逆に聞き返したり，ときに問い詰めたりしてしまうことなどである。いずれの場合も，あいさつ代わり，あるいは社交辞令的に聞いていることであるのだが，そういった文脈を読むことが難しいため，言葉の字義どおりに反応してしまうのである。

　そして想像力の障害については，自閉症児同様，強いこだわり行動としてあらわれることが多い。ただ高機能自閉症児の場合，周囲がまったく理解できない意味不明のものというよりも，特定の領域や分野に対し，強い関心をもち，その分野について該博な知識を示すことが多い。たとえば，電車の時刻表や路線図を丸暗記していたり，車の車種や年式，エンジンの型などに関する膨大な知識を有していたりなどである。赤木（2010）によれば，高機能自閉症の人たちが，何に興味を示すかは人それぞれであるが，「ヒトよりもモノに興味を示す」「定型発達の子どもがあまり興味の示さないことに興味を示す」ということでは共通しているとのことである。

　以上，広汎性発達障害についてみてきたが，実際には知的障害の有無から明確に自閉症か高機能自閉症かを区分することは難しく，知的障害や自閉症の程度も人それぞれである。このように自閉症と高機能自閉症，さらにはどこからが定型発達かを質的に異なるものとして，明確に区分するのではなく，なだらかにつらなる連続体としてとらえようとする概念（診断名）として，自閉症スペクトラム（ASD）という考え方がある。

(3) ADHD（Attention Deficit Hyperactivity Disorder）

　注意欠陥多動性障害，あるいは最近では注意欠如多動性障害と呼ばれる障害であり，保育・教育現場ではしばしば"キレる子"として問題視される障害である。ADHDは，表12-2のAの（1）または（2）のいずれかの診断基準を満たし，かつ7歳以前にそれらが学校や保育園・幼稚園，家庭などの2ヵ所以上で明確に問題化している場合に診断される。

　具体的には，ADHDは，不注意と多動性－衝動性のいずれか，あるいは両方によって特徴づけられる。それぞれの行動特性を以下にあげると，不注意とは，注意の対象や方向が散漫であり，持続しないことである。たとえば，一つの遊びに集中できず，いろいろな遊びに参加するのだが，すべて途中で放りだしてしまい，何かを完成させたりすることが難しい。また使用した道具やおもちゃなどを片付けることが難しく，整理整頓に著しい困難をみせる場合もある。

表12-2　DSM-IV-TRによるADHDの診断基準（APA, 2000／邦訳, 2003）

A.（1）か（2）のどちらか：
（1）以下の不注意の症状のうち6つ（またはそれ以上）が少なくとも6ヶ月間持続したことがあり，その程度は不適応的で，発達の水準に相応しないもの：
〈不注意〉
　（a）学業，仕事，またはその他の活動において，しばしば綿密に注意することができない，または不注意な間違いをする。
　（b）課題または遊びの活動で注意を集中し続けることがしばしば困難である。
　（c）直接話しかけられたときにしばしば聞いていないように見える。
　（d）しばしば指示に従わず，学業，用事または職場での義務をやり遂げることができない（反抗的な行動，または指示を理解できないためではなく）。
　（e）課題や活動を順序立てることがしばしば困難である。
　（f）（学業や宿題のような）精神的努力の持続を要する課題に従事することをしばしば避ける，嫌う，またはいやいや行う。
　（g）課題や活動に必要なもの（例：おもちゃ，学校の宿題，鉛筆，本，または道具）をしばしばなくしてしまう。
　（h）しばしば外からの刺激によってすぐ気が散ってしまう。
　（i）しばしば日々の活動で忘れっぽい
（2）以下の多動性－衝動性の症状のうち6つ（またはそれ以上）が少なくとも6ヶ月間持続したことがあり，その程度は不適応的で，発達水準に相応しない：
〈多動性〉
　（a）しばしば手足をそわそわ動かし，またはいすの上でもじもじする。
　（b）しばしば教室や，その他，座っていることを要求される状況で席を離れる。
　（c）しばしば不適切な状況で，余計に走り回ったり高いところへ上ったりする（青年または成人では落ち着かない感じの自覚のみに限られるかもしれない）。
　（d）しばしば静かに遊んだり余暇活動につくことができない。
　（e）しばしば"じっとしていない"，またはまるで"エンジンで動かされているように"行動する。
　（f）しばしばしゃべりすぎる。
〈衝動性〉
　（g）しばしば質問が終わる前に出し抜けに答え始めてしまう。
　（h）しばしば順番を待つことが困難である。
　（i）しばしば他人を妨害し，邪魔をする（例：会話やゲームに干渉する）。

B.　多動性－衝動性または不注意の症状のいくつかが7歳以前に存在し，障害を引き起こしている。

C.　これらの症状による障害が2つ以上（例：学校（または職場）と家庭）において存在する。

D.　社会的，学業的，または職業的機能において，臨床的に著しい障害が存在するという明確な証拠が存在しなければならない。

E.　その症状は広汎性発達障害，統合失調症，または他の精神性障害の経過中にのみおこるものではなく，他の精神疾患（例：気分障害，不安障害，解離性障害，またはパーソナリティ障害）ではうまく説明されない。

そのため，しばしば「いい加減な子」とか「片付けられない子」というようにみられる。また小学生以上では，忘れ物が激しくみられる（たとえば，ランドセルを忘れて手ぶらで学校に来てしまうことを何度も繰り返すなど）。

　多動性－衝動性とは，じっとしていることができず，つねに身体を動かしていないと苦痛を感じたり，また考えて行動しているというよりも，反射的に反応し行動してしまうことが多々あることである。たとえば，教育現場で問題視されるのは，じっと座っていることができず，教室内を立ち歩いたり，教室の外に出て行ってしまうといった行動である。また，そうした行動を止められると，手を出して暴れてしまったり，攻撃的な言葉を投げかけるなどして，対人関係を悪化させてしまうことがしばしば問題視される。

　ADHDの原因は，次にみるLD同様，脳にある微細な損傷のために，その機能が十分にはたらいていないことによると考えられているが，明確なメカニズムはわかっていない。

　現在，ADHDの治療は，主に薬物療法と環境調整という2つの側面からのアプローチが取られることが多い。薬物療法に関しては，メチルフェニデート（商品名：コンサータ）が使用されることが多いが，2009年からはアトモキセチン（商品名：ストラテラ）という薬も使われるようになり，これまでとは異なる神経伝達物質にはたらきかけるアプローチが新たに加わった（山登，2010）。また環境調整とは具体的にいうと，教室にいられないときは，無理に着席させたりせずに，あらかじめ子どもと相談したうえで，彼らが落ち着ける場所を設定し，そこでクールダウンできるような環境づくりを進めるといったことである。

(4) LD（Learning Disabilities）

　学習障害と呼ばれる障害で，表12-3に示したように，全体的な知的発達に目立った遅れはないが，読み書き計算のうち，特定のものだけが極端にできず，学習能力の習得において著しい困難を示す。言い換えるなら，個々の能力に偏りがあり，バランスが悪いということである。たとえば，字を読むことに関しては問題がないにもかかわらず，作文など文章を書くとなると極端に書けない場合がある（書字表出障害）。また逆に，ひらがなの場合，どこで区切るのかがわからない，あるいは漢字の場合，どこまでが一つの文字なのかがわからないために，読むことに極端な困難を抱える者もいる（読字障害）。こうした場合，数学などにおいても単純な計算問題なら問題なく回答できるのに，文章題になるととたんに解けなくなるということが生じる。こうした読み書きに関する障害を総称してディスレクシア（dyslexia）と呼ぶ。

　以上のような困難を理解するなら，LDにより学習不振を示す者は，決して怠けているわけではない。したがって，訓練のようにその子だけを努力させるのではなく，教える側の教え方にも工夫が求められる。たとえば，ディスレクシアの人たちに対しては，その人たちに無理に読む努力をさせるよりも，音声化（問題を読みあげる，あるいはコンピュータを用いたテキストの音声化など）して理解させるほうが効果的である。

表12-3　文部科学省によるLDの定義（文部科学省，1999）

学習障害とは，基本的には全般的な知的発達に遅れはないが，聞く，話す，読む，書く，計算する又は推論する能力のうち特定のものの習得と使用に著しい困難を示す様々な状態を指すものである。 　学習障害は，その原因として，中枢神経系に何らかの機能障害があると推定されるが，視覚障害，聴覚障害，知的障害，情緒障害などの障害や，環境的な要因が直接の原因となるものではない。

3. 障害児者の発達支援とその視点

障害を抱えた子どもを支援していく際に重要なのは，次の2つの視点である。1つは，彼らが示すさまざまな問題を，一次障害と二次障害に分けて考える視点である。2つは，発達的な視点で，その問題を発達するがゆえに生じるものとしてとらえる視点である。

(1) 一次障害と二次障害

一次障害とは，前節のそれぞれの発達障害の特性で示してきたように，障害自体がもつ問題である。前節で示した以外の例をあげるなら，たとえば，広汎性発達障害の人たちのなかには，感覚過敏やシングルフォーカスといった問題を抱える人が多くいる。

感覚過敏とは，たとえば聴覚の過敏で説明すると，授業中の教室という空間は，教師の声だけでなく，隣の人の鉛筆の音や外を通る車の音，廊下を歩く人の足音など，いろいろな音にあふれている。定型発達の人の場合，そんな状況であっても，人の音声（教師の声）をそれほど問題なく聞き取ることができるだろう。いわば人の声に対して感度が良い集音マイクのような機能をもつ耳をもっているわけである。しかし聴覚過敏の人は，マイクなしで録音したときの

---

column

広汎性発達障害の人たちの感覚

以下は，発達障害の当事者（ニキ，藤家）を含み，彼らの身体感覚をテーマにした鼎談(ていだん)の一部である。発達障害を抱えた人たちには，定型発達者とは異なる独特な感覚があること，そして，それは発達障害者，個々人によってかなり異なることが理解できるだろう。

編集者：まず最初に，宮沢賢治の「雨ニモマケズ」なんですが……。
　　　　（中略）
藤　家：雨は痛いけど負けちゃいけないんだ，って思いました。
編集者：雨が痛い？
藤　家：雨は痛いじゃないですか。当たると。傘さしていても，はみ出た部分に雨が当たると一つの毛穴に針が何本も刺さるように痛くありません？
編集者：痛くありません。
ニ　キ：痛くない。
藤　家：えっ!?　みなさんは雨が痛くないんですか？
編集者：定型発達の人間にとって，雨は痛いものではないと思います。たしかに傘からはみ出たところが雨で濡れると不快だったりしますが，決して「痛い」ものではありません。ニキさんは自閉症スペクトラムですが，でもやはり雨は痛くないのですね。一口に「五感に問題を抱えている」と言っても人それぞれだということですね。でも雨が痛いとするとシャワーも痛いのですか？
藤　家：痛いです。だからお風呂はできるだけかぶり湯にします。
　　　　（中略）
ニ　キ：私は痛くないですよ。でも扇風機の風が痛いです。
編集者：はぁ？
ニ　キ：それも，どうやら毛穴の問題らしいんです。手の甲の毛を剃ってみたら，痛くなくなりました。この年（三十代後半）になって，先日初めて母に「扇風機の風が痛い」って言ったら「変わってるね」って言われました。それでなんだみんな痛くないのか，と。

ニキ・藤家（2004）より，一部改変のうえ，引用。

ように，さまざまな音が同じくらいの大きさで押し寄せてくる。あるいは，特定の音（運動会のピストルの音，手を叩く音，鼻をすする音など）がとくに大きく激しく聞こえて恐怖や不快感を感じる場合がある。他にも，他の人が気にならない程度の蛍光灯のちらつきが，ものすごく気になって集中できない視覚過敏や少しでも味のついたものを嫌う味覚過敏，身体（たとえば，腕）に触れられると痛みを感じたりする触覚の過敏などがある（前頁のcolumn参照）。

またシングルフォーカスとは，簡単に言えば「〜しながら〜する」といった同時に複数の情報を処理することが困難であることを指す。たとえば，先生の話を聴きながらノートをとるのが非常に困難であるとか，「教科書とノートを出して」と同時に2つのことを言われると混乱してしまうなどである。

こうした一次障害に対しては，その障害特性を理解し，無理に行事や授業に参加させたり，嫌いなものを食べさせたり，嫌がる腕をつかんだりするのではなく，「それはつらかったね」「早く気づいてあげられなくてごめんね」といった共感や受容とともに，安心できる場所や助けを求められる関係をつくっていくことが必要であると考えられる（具体的な実践例としては三木・小谷・奥住（2007）を参照）。またシングルフォーカスなどの情報処理能力の問題については，「一度に2つ以上の指示を出さない」や，言語発達に遅れのある子どもに対しては，視覚的な手がかりを与えるなど，支援の仕方を工夫する必要がある。

こうした一次障害に対し，二次障害とは，一次障害があるために，新たに引き起こされる問題のことを指す。たとえば，他者との関係がうまく結べないために，いじめにあったり，不登校に陥ったりすることなどである。とくに，高機能自閉症といったように知的に遅れのない子どもの場合，自分の障害を自覚し，「できない自分」に傷つき，大きな劣等感を抱え込むことがしばしばある。思春期以降の発達障害者の自尊心や自己肯定感の低下の問題はよく指摘されることである（小島，2010）。発達障害の早期発見は重要なことであるが，それは発達障害児を早く発見して，いち早くトレーニングを開始するという意味だけではなく，早い段階から彼らの難しさを理解し，他者との関係において彼らの気持ちを通訳し，つないでくれる人をつくり，二次障害を防ぐ，という意味においても重要な意味をもつと考えられる（たとえば，具体的な実践例として別府（2010）を参照）。

(2) 発達的な視点：発達するがゆえに生じる問題

通常，障害を抱えた人たちが問題を起こすのは，発達が遅れているため，あるいは定型とは異なる発達の路線を歩んでいるためと考えられることが多いだろう。つまり，きちんと発達していないから問題が起きると考える視点である。もちろん，そういう側面もあるだろう。しかし，実際には，以下の事例に示したように，発達しているがゆえに生じる問題も多々あるということを理解しておくことは重要である。

事例：「いろいろあって遊んでもらえない」

広汎性発達障害と診断されているソウタくん。他人の気持ちを汲むことが苦手で，悪気なく友達に失礼なことや傷つけるようなことを言ってしまい，しばしばトラブルを起こしていた。それでも小学校3年生までは，友人とのトラブルが起きるたびに，「悪いのはアイツらだ」，「突然やられた」というように，相手を一方的に責めはするが，その後はケロッとした表情で，それなりに学校には通えていた。しかし4年生になり，夏休み明けから，友達とも次第に遊ばなくなり，急にふさぎ込むことが多くなった。また，それに伴い欠席が増え，自宅にこもる時間が長くなった。親が心配して，いつも遊んでいた友達と「遊ばないのか？」とたずねると，「いろいろあって遊んでもらえない」，「自分のことを好きなヤツなんて誰もいない」と言う……。

この事例のようなことは，思春期を迎えた発達障害児にしばしばみられる現象である（たとえば，清田，2009）。これには遅れてきた心の理論の獲得が関係していると思われる。どういうことかというと，杉山（2007）によれば，高機能自閉症の子どもたちは，定型発達の子どもたちが4歳で獲得する心の理論（他者の心や気持ち，考えを推測する力）を9，10歳頃に獲得する。恐らくソウタくんも，3年生の段階では，「突然ひどいめにあった」と言うものの，相手の気持ちにまだ気づいておらず，トラブルの後はケロッとしていた。しかし，4年生になり，心の理論を獲得することで，相手は自分に対して怒っていることが理解できるようになった。また，トラブルが起きる前後の文脈も以前より把握できるようになり，「自分が原因で相手が怒っており，相手は自分のことを嫌っている」ことに気づき，急にふさぎ込むようになったと考えられる。つまり，発達し，新たな能力を獲得することで，自尊心の低下という新たな問題が生じていたと考えられる。

　私たちは，ふつう障害を抱えた人たちが問題を起こすとき，「発達が遅れているがゆえに」とか，「発達障害を抱えているがゆえに」問題が起きていると考えがちである。しかし，発達障害の子どもたちの問題の中には，彼らが発達しているがゆえに生じる問題も多々あるのである。このような場合，発達障害児を支援する者は，単に起きた問題を消したり，抑えることばかり考えるのではなく，そうしたしんどさに共感しつつ，その問題を発達のなかに位置づけていく必要があるだろう。たとえば，「成長することは，いろんなことに気づき，視野が広がると同時に，ときとしてつらいことでもあるよね」とか，「そうした問題は一人で抱え込むのではなく，どうすれば良いか一緒に考えさせてほしい」ということを伝え，ときには「人に相談したり，頼ったりすることの大切さ」を説いていく必要性である。つまり，問題の中に「次の発達や教育の可能性」をみてとる必要性である。

　そういう視点に立つことで，単に「問題を減らす」「できないことをできるようにする」という支援のあり方から，さらにもう一歩踏み込んだ「問題を共有し，ともに乗り越えていく」という新たな特別支援「教育」のあり方が可能になるのではないかと思う。

引用・参考文献

赤木和重　2010　高機能自閉症の基礎理解　別府　哲・小島道生（編）「自尊心」を大切にした高機能自閉症の理解と支援　有斐閣　pp. 3-24.

American Psychiatric Association　2000　Quick reference to the diagnostic criteria from DSM-IV-TR. Arlington, VA: American Psychiatric Publishing, A Division of American Psychiatric Association.

別府　哲　2010　小学校高学年・中学校での支援の実際：9，10歳の節以後　別府　哲・小島道生（編）「自尊心」を大切にした高機能自閉症の理解と支援　有斐閣　pp. 169-189.

Baron-Cohen, S.　1995　*Mindblindness: An essay on autism and theory of mind*. Cambridge, MA: MIT Press.（S. バロン＝コーエン（著）長野　敬・長畑正道・今野義孝（訳）1997　自閉症とマインド・ブラインドネス　青土社）

Frances, A., & Ross, R.　2001　*DSM-IV-TR case studies: A clinical guide to differential diagnosis*. Washington, DC: American Psychiatric Publishing.（高橋三郎・染矢俊幸・塩入俊樹（訳）2004　DSM-IV-TR ケーススタディ：鑑別診断のための臨床指針　医学書院）

浜田寿美男　2010　発達障害とは何か：「発達障害」概念は人間理解に資するものか　浜井浩一・村井敏邦（編著）　発達障害と司法：非行少年の処遇を中心に　現代人文社　pp. 30-44.

河原紀子　2006　障害と発達支援　中島常安・請川滋大・畠山　寛・畠山美穂・川田　学・河原紀子（編著）　発達心理学用語集　同文書院

清田晃生　2009　アスペルガー症候群と不登校　榊原洋一（編著）　アスペルガー症候群の子どもの発達理解と発達援助　別冊発達，30, 150-157.

小島道生　2010　自尊心と高機能自閉症　別府　哲・小島道生（編）「自尊心」を大切にした高機能自閉症の理解と支援　有斐閣　pp. 105-118.

三上克央　2009　アスペルガー症候群と高機能自閉症　榊原洋一（編著）　アスペルガー症候群の子どもの発達理解と発達援助　別冊発達, 30, 29-37.
三木裕和・小谷裕実・奥住秀之　2007　自閉症児のココロ：教育・医療・心理学の視点から　クリエイツかもがわ
文部科学省　1999　特別支援教育：特別支援教育学習障害児に対する指導について（報告）文部科学省
ニキ・リンコ・藤家寛子　2004　自閉っ子, こういう風にできてます！　花風社
斎藤清二・西村優紀美・吉永崇史　2010　発達障害大学生支援への挑戦：ナラティブ・アプローチとナレッジ・マネジメント　金剛出版
杉山登志郎　2007　発達障害の子どもたち　講談社
Wing, L.　1996　The autistic spectrum: A guide for parents and professionals.　London: Constable.　（L. ウィング（著）久保紘章・佐々木正美・清水康夫（監訳）　1998　自閉症スペクトル：親と専門家のためのガイドブック　東京書籍）
山登敬之　2010　新版子どもの精神科　筑摩書房

★推薦図書

山登敬之　2010　新版子どもの精神科　筑摩書房

　発達障害のみならず, チックや不安障害, 気分障害や摂食障害, 不登校など, 子どもの発達過程で起きてくる問題全般をカバーし, 平易な文体で読みやすく解説してくれています。

森口奈緒子　2004　変光星：自閉の少女に見えていた世界　花風社

　今では当事者の自伝がたくさん出ていますが, その先駆けとなる著作です。とくに自閉症者にとって「学校」というものがどのような存在であるのかを知ることができ, 将来, 教育に携わりたいと思っている人には必読の書であると思われます。

★課題

　自閉症やLDに関しては, さまざまな支援方法が提案されている。自分自身でさまざまな特別支援教育の実践例にあたることで, 現在行われている自閉症およびLDの支援方法をまとめなさい。

遺伝と環境：相互作用性

第 13 章

　「遺伝」とか「遺伝子」と聞くと，メンデル（Mendel, G.）の遺伝の法則，ヒト・ゲノムなどを連想し，心理学とは無縁のものと考えがちではないだろうか。しかし，脳と器官における遺伝子の発現の仕方は，私たちの心に多様で重大な影響をもたらす。たとえばそれは，胎動の仕方や心拍数の変化の個体差としてあらわれ，胎児期にも観察される。

1. 個性の萌芽

　胎児の大脳皮質の脳細胞は，妊娠 10 週以降 1 日約 2 億個つくられ，妊娠 20 週にはニューロンの数は 150 億個に達し，ニューロン間の連絡をつかさどるシナプスがつくられ，脳波などの活動も盛んになる。脊髄，延髄，橋，中脳などは胎生前半に完成し，脳橋，終脳は胎生後半に発達する。大脳半球の表面は，胎生 5 ヵ月の中頃（妊娠 17-18 週）までは平滑で皺が寄っていないが，5 ヵ月の終わり頃から畝（脳溝・脳回）が表面に現われるにしたがって，局部的な機能が生じ始める。7 ヵ月の終わり（妊娠 28 週）には大脳半球の表面の基本構造ができあがる。小脳も，外形的には 6 ヵ月で一応完成し，7 ヵ月には機能もほぼ完成する（たとえば，Cohen, 2002）。29 週以降からは，神経系もめまぐるしく進化し，自分の周りの世界に気づき，記憶をつくるようになるという（Hepper, 1991; Tallack, 2006）。こうして胎児の神経機能は，生物のヒトに共通して備わる遺伝的基盤を整えていく。

　一方，外界のさまざまな音や，母体の鼓動や血流の音などが胎児に届いていることはよく知られている。胎児の胎動が，音や光の刺激により誘発されることもすでに明らかであり，子宮内での胎児の反応をみるために臨床的にも利用されている。母親の精神状態もまた，胎盤を通じて心拍数を変化させると言う（Tallack, 2006）。母親が緊張し，ストレスを感じていると，母親の心拍は速まり，血圧も上がる。胎児には胎児自身の血液供給があるが，母親の心拍数増加や血圧上昇は胎盤を通じて胎児に伝わる。この影響は，母親がストレスから立ち直り心拍数が通常に戻る頃，胎盤を通じてゆっくりと母体からのホルモンの移行というかたちで胎児に届き，心拍数の変化としてあらわれるとされる。このことは，母親の精神状態も，胎児の神経機能の環境要因であることを示唆している。さらには，母親の妊娠中の栄養バランス，喫煙，麻薬や向精神薬の使用による胎児への影響も，物質の代謝という身体への影響のみならず，精神活動の個人差を生み出す環境要因としてもとらえることができよう。

2. 乳児の個人差

　生まれたばかりの子どもたちは，どの子も 1 日のほとんどを眠って過ごし，ときおり大きな声をあげて泣いている。しかし，よく観察すると，小さな物音にも反応して泣き出す子，活発に体を動かす子というように，生まれて間もないこの時期からそれぞれの行動には特徴があり，すでに個人差が見られる。この行動上の個人差は，「気質」（temperament）と呼ばれる。

気質を，トーマスとチェスら（Thomas et al., 1968）は，「活動水準」「周期性」「接近／回避」「順応性」「反応閾値」「反応の強さ」「気分の質」「気の散りやすさ」そして「注意の範囲と持続性」の9つのカテゴリからとらえ，示された特徴から，「扱いやすい子」「むずかしい子」「出だしの遅い子」の3つの典型に類別した。一方，バスとプロミン（Buss & Plomin, 1984）は，はっきりと検証できるのは「情緒性」と「活動性」「社会性」の3つであるとして，これらをとらえる尺度を作成した。この尺度は，行動遺伝学的なアプローチにも使用され，3つのカテゴリでとらえた気質の遺伝規定性や環境の影響が検討されるなどした。

　乳児の気質の持続性については，それぞれの気質に適合していたり，それぞれを助長するような環境要因によってもたらされると考えられる。すなわち，機嫌が悪くなりやすいといった扱いの「むずかしい子」に対して，叱ったり，罰を与えたりといった対応が続くと，その子どもはますます扱いにくくなってしまうことが予測される。しかしながら，トーマスらのニューヨーク縦断研究においては，気質は乳幼児期の間は一定の持続性が認められたが，成人期の行動特徴との関連性は弱かった（Thomas & Chess, 1987）。こうした結果から，トーマスらは，気質は不変的なものではないと結論づけた。その特徴は，成長するにつれて拡がる生活空間で出会うさまざまな環境要因との相互作用により，強化されたり，弱まったり，変化すると考えた。

3. 個性の発達

　バルテスら（Baltes et al., 1980）は，人は生涯を通じて，「年齢に標準的な要因」「時代に標準的な要因」「非標準的な要因」の3つからなるライフイベントの影響を受けるとした（図13-1）。「年齢に標準的な要因」とは，生物学的要因，環境的要因の双方を含み，その生活年齢にあるほとんどの人が経験するものを指す。身体的成熟や義務教育といったものである。「時代に標準的な要因」は，環境的要因であり，ある特定の時代に生きている人のすべてが共有する経験を指し，戦争，インフレ，流行などである。「非標準的な要因」も，生物学的要因，環境的要因の双方を含むが，個人的な経験によるものである。疾病，出産，離婚，退職，近親者の死などがあげられる。

　バルテスらによれば，これら3要因が及ぼす影響の大きさは各発達段階によって異なるという。年齢に標準的な要因は，出生時をピークとして乳幼児期に大きく影響し，成長に伴い影響力は小さくなり，高齢になるにつれて再び大きな影響を及ぼす。時代に標準的な要因は，青

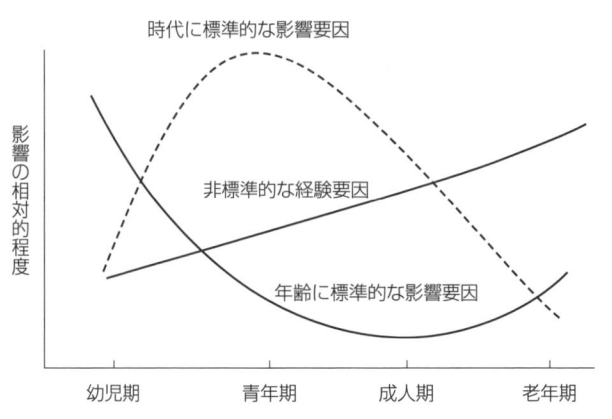

図 13-1　各要因が発達に及ぼす程度のモデル図（Baltes et al., 1980）

年期に最も大きな影響力を示し，非標準的な要因は，幼児期よりは青年期，青年期よりも成人期以降と年齢が高くなるにつれて影響力を増すとしている。

こうしたマクロな視点からとらえられた遺伝と環境との関わりを，微視的にとらえなおすと，上の3つの要因から個人が受ける影響の程度の違いもまた，各人の物事の受け止め方や，ストレス耐性といった，ライフイベントに対する構えの差異によって規定されると考えられる。言い換えれば，たとえ同じライフイベントを経験しても，個々人のさまざまな特性の違いにより，反応の仕方もまた異なるということになる。このことからも，個性の発達とは，遺伝要因と環境要因との相互作用によって生み出されるダイナミックなものであると言えるだろう。

---

column

〈遺伝子型と環境との相互作用についての実証研究〉

「ダニーディン研究」は，パーソナリティの発達に関する世界最大規模を誇る長期縦断研究である。ニュージーランドのダニーディン市に1972年に誕生した1037名の乳児を，3・5・7・11・13・15・18・21・26・32歳の各時期に追跡調査し，そこから得られたさまざまなパーソナリティ特性および養育環境に関する情報から研究がすすめられている。

なかでも，2002年に発表された研究結果（Caspi et al., 2002）は，神経伝達物質に関する遺伝子型と，環境要因との相互作用をクリアに示している。このときの解析には，当時26歳になっていた442名の男性の攻撃的行動抑制に関連するモノアミン酸化酵素A（MAOA）という脳内物質に関する遺伝子多型のうちの「高活性型」と「低活性型」，幼いころからの被虐待的養育体験の頻度，これまでの反社会的行動（行為障害や暴力犯罪，反社会的行動傾向）の出現程度が用いられ，これらの間の関連性が検討された。ここでの遺伝要因はMAOAの型であり，環境要因は被虐待経験である。

結果は，図13-2に示されたとおりであり，遺伝要因と環境要因との間に交互作用（$p<.01$で有意）が認められた。攻撃性を抑制する遺伝子型「高活性型」群であっても，被虐待経験をもつ場合には，反社会的行動が現れやすくなる。一方，攻撃性を促進する遺伝子型「低活性型」群に属しても，被虐待経験をもたない場合には反社会的行動は現れにくくなる。さらに，「低活性型」群であって，重度の虐待的養育を受けた場合には，高頻度で反社会的行動が現れることも統計的に確認された。こうして，遺伝子と環境との相互作用は具体的に実証されたのである。

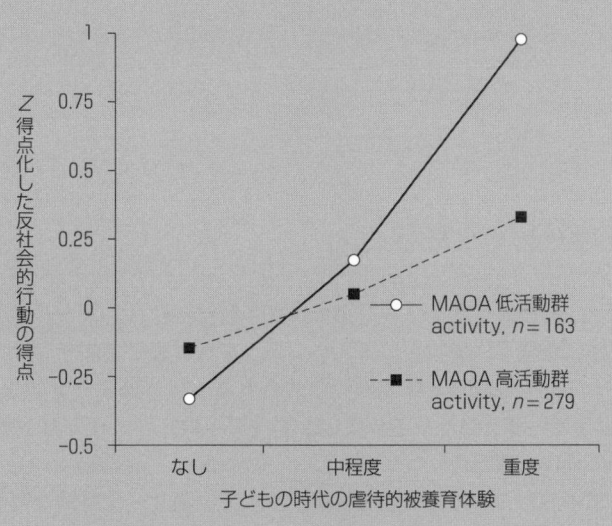

図13-2 遺伝子型の個人差と反社会的行動との関連（Caspi et al., 2002）

4. 発達のとらえ方の変遷

以上にみてきたように，現在では，生得的な特徴と生後の環境とが，時間軸に沿って双方向に相互作用しながら人間を発達させていくというダイナミックな考え方が一般的になっている。しかしこれまで，遺伝と環境のどちらが人間の発達に大きな影響を及ぼすか，いわゆる「生まれ（nature）か育ち（nurture）か」について，長い論争が繰り広げられてきた。

20世紀はじめの心理学においては，「遺伝説」と「環境説」という2つの考え方が対立的に存在していた。遺伝説とは，どのように発達するかの可能性は，胎児の中に潜在しており，その生物学的な「成熟」を決定因として出生後徐々にその姿・かたちを現わすというものであった。この立場に立つ学者として，ゴールトン（Galton, F.），ゲゼル（Gesell, A.）があげられる。一方の環境説は，発達を比較的長期にわたる環境からの「学習」に依存するものとしてとらえ，子どもは無限の可能性をもって発達することができると考えた。極端な環境説に立つのは，ワトソン（Watson, J. B.）である。

20世紀半ばを過ぎた頃，発達を成熟として扱う考え方と，学習として扱う考え方は対立的ではなくなり，2つを統合しようという方向へ動き出した。人間の発達は，遺伝的要因に支配されている成熟と，環境的要因に支配されている学習の双方から影響を受けるとする「輻輳説」があらわれた。シュテルン（Stern, W.）によるこの考え方は加算的寄与説とも呼ばれ，ルクセンブルガーの図式（図13-3）で示される。しかし，この図を見るとわかるとおり，双方から影響を受けるとしながらも，遺伝子要因と環境要因とは対角線で明確に分離され，両者は重なる部分のない独立した要因であるとする静止的なモデルによって説明される考え方であった。

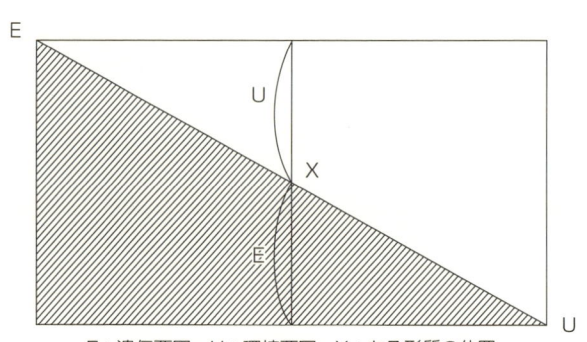

E：遺伝要因　U：環境要因　X：ある形質の位置

図13-3　ルクセンブルガーの図式（新井，2005より引用）

5. 遺伝と環境の発達への寄与

先に述べたとおり，輻輳説はダイナミックな視点に欠けていた。しかし，確かに人間のもつ特性には生得的な側面が強く，環境がどのようであっても影響をあまり受けないと考えられるものも，生後に与えられた環境の影響が強いと思われるものもある。ジェンセン（Jensen, A. R.）は，各特性によって一様ではない遺伝要因と環境要因の寄与の仕方を，図13-4のようにいくつかのパターンに分けて考えた。

特性Aは身長や言語能力である。劣悪な環境条件にない限り，生得的な側面が強く，環境からはほとんど影響を受けずに発現する特性を示している。特性Bは知能指数（IQ）であり，特性Cは学業成績に代表される知的能力で，ある程度まで環境条件に左右される。特性Dは，特

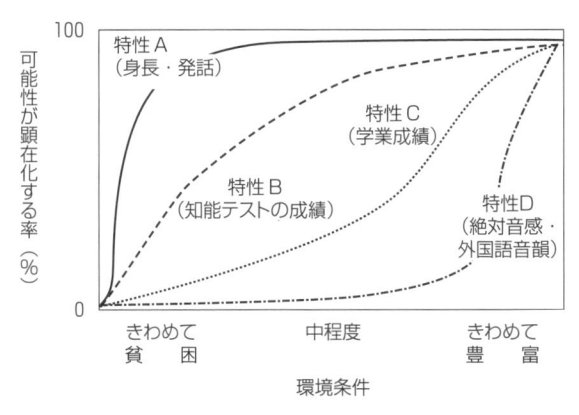

図13-4 ジェンセンの環境閾値説 (Jensen, 1968)

性Aとは逆に，環境条件が整わなければ発現しない，生後の環境の影響の強い特性（たとえば絶対音感や外国語音韻の弁別）を示している。どの特性の発現も一定水準の環境条件を必要とするが，特性によって環境がもたらす影響力は異なるという意味あいから環境閾値説とも呼ばれている。

遺伝と環境の両者のさまざまな寄与の仕方について，相互に作用しながら発達する諸側面から，以下に概観してみよう。

column

〈双子にみる「遺伝と環境」〉

一卵性双生児は，一つの受精卵が分化して成長し，生まれてくる。したがって，ほとんど同一の遺伝子情報をもっている一卵性双生児に何らかの違いが生じたとしたなら，それはほぼ100％環境が生みだしたものとみなすことができる。

ジェンセン（Jensen, A. R.）が，「劣悪な環境条件にない限り，生得的な側面が強く，環境からはほとんど影響を受けずに発現する特性」とした身長については，一卵性双生児344組（小学校1年生〜中学校3年生）において，$r=0.96$（相関係数）で一致したという報告（菅原，2003）もある。

一方，パーソナリティ特性については，どの行動特徴の一致率についても，一卵性双生児（monozygotic=MZ）ペア群の方が，二卵性双生児（dizygotic=DZ）ペア群よりも高いことが示された（表13-1）。しかし，一卵性双生児4,987組（17-49歳）における一致率は，外向性が$r=0.50$，神経症傾向が$r=0.51$であり（Plomin, 1990），新奇探求性や損害回避，報酬依存，持続のそれぞれにおける一致率も$r=0.16$-0.56であった（菅原，2003）。これらの結果から，個性の形成においては，ほぼ同一の遺伝子情報をもっている一卵性双生児にすら，環境の影響によって，けっして小さくない差異が生じることがわかる。

表13-1 双生児研究によるパーソナリティ特性の類似度

	対内相関（相関係数）		
	MZ（一卵性双生児）ペア	DZ（二卵性双生児）ペア	
外向性	.51	.21	
神経症傾向	.50	.23	(Plomin, 1990/1994)
新奇性追求	.16	.04	
損害回避	.49	.07	
報酬依存	.56	.29	
持 続	.28	.05	(菅原，2003)

6. 言語獲得における相互作用

　ことばの獲得についても，内的契機によるとする成熟説と，強化と模倣によるという経験説が対比されてきた。前者の考え方を代表するのは言語学者チョムスキー（Chomsky, 1957）であり，後者の考え方を代表するのは行動主義心理学者スキナー（Skinner, 1957）である。チョムスキーは，言語の獲得は子どもの生得的な能力によって行われるとした。人間の子どもはすべて，言語を作り出す「言語獲得装置」（language acquisition device; LAD）と呼ばれる能力をもって生まれてくるという説である。一方，スキナーは，周囲の大人が子どもの発声から語の形成へと導き，さらに語を文にしていくとした。それは，正しいことばを「強化」することによってである。たとえば，子どもがコップに手を伸ばしながら，「ブー」などと言うと，「ちがうよ，ジュースだよ」と教え，その発音に近づいたなら，ジュースを与えるというものである。

　しかし，実際の養育者と子どもとのやり取りをみると，大人は子どもの不完全なことばを指摘したり，言い直させたりするのではなく，大らかに解釈することが多い（Brown et al., 1969）ように思われる。その逆に，親が子どものことばを受け入れず，誤った発音を直し，よい発音に賞を与えるということばかりしていると，子どものことばの発達はむしろ遅れるという説もある（Nelson, 1973）。仲（1995, 1999）は，母親と2歳児とのやりとりの中で使用される助数詞について検討した結果から，大人は子どものレベルを敏感に察知し，少しだけ上位レベルの入力を与えるといった適正な調節をしていることを見出している。これらは，子どもが生活場面で適切な言語的環境を多く得ていることを示唆している。人間のきわめて抽象的な能力が子どもの言語発達の基盤となっており，対人的な経験がそれを豊饒化していくととらえることができる。進化の過程で人間が得た言語獲得の生物学的基盤と，生活世界における対人的やりとりがともに影響を与えていると考えられる。

7. 知能の伸びにみる相互作用

　知能がどういった因子から構成されているか，そしてそれをどう測定するかについては，さまざまな考え方がある。このことについては，6章に詳しく示されている。

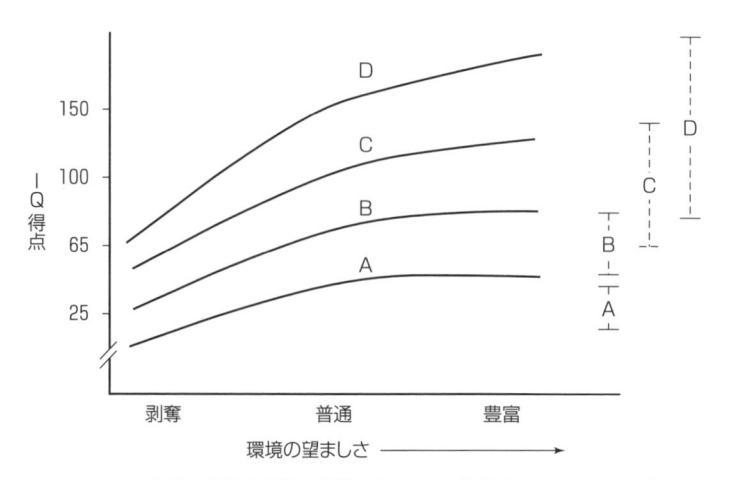

図13-5　知能の水準と環境の状態によるIQの変動（Gottesman, 1963）

他方，かつてIQは，生涯を通じて変わらないとされていた。しかし，知能は，どのような経験をし，刺激を受けたかといった環境の違いに影響を受けることが実証的に示されてきた。ゴッテスマン（Gottesman, 1963）は，環境の豊富さは知能を高め，逆に恵まれない環境はそれを低めるが，その効果は個人のもっている遺伝可能性によって異なることを示し，知能の伸びに対する環境の影響力は，遺伝的な可能性に規定されることを説明した。具体的には，図13-5のように，平均以上の潜在知能をもつ者（CとD）は，遅滞者やさらに障害の程度の重い者（BとA）よりも可変の範囲は大きい。このことから，知能の高い者は，豊かな環境を利用する力も高いが，剥奪された環境のもとではその伸びが抑制される可能性も大きいとも言えるだろう。

8. コミュニケーションにおける相互作用

　ヒトの子どもは，対人的コミュニケーション能力を健やかに伸ばしていけるはずの生得的で高度な素地をもって誕生する。生得的で高度な素地とは，たとえば，人の顔に近い社会的なパターンの図柄の注視（Fantz, 1961），言語音のリズムへの同期行動（Condon & Sander, 1974）にみられる子どもがもって生まれた能力を意味し，新生児に対する多くの実験により確認されている。
　また，誕生直後から子どもが発する非言語的なシグナルは，そのシグナルに応えるかたちでの応答的な養育行動を養育者から引き出す。たとえば，誕生と同時に現れる泣きはもとより，他者に向けられる注視や追視は，視線を向けられた者に近接行動をもたらす（たとえば，Bowlby, 1969; Emde, 1983）。
　生後1ヵ月頃からは，一人で発声遊びを始める。生後2ヵ月頃には，この独自的な喃語から分化した，他者がいる場面で発する社会的な機能を帯びた社会的喃語も現れるようになる。生後3ヵ月頃からは，生得的にプログラムされた筋肉の緊張ともいわれる新生児（初期）微笑とは異なる他者に向けて生じる社会的微笑が現れる。社会的喃語は，養育者の応答を促し，乳児がそれに反応したならさらに語りかけるといった行動を養育者の側にもたらす。社会的微笑も同様に，養育者の微笑み返しを誘発し，抱き上げたり，頬ずりしたり，寒くはないか汗をかいてはいないかと子どもの状態を確認するなどの養育行動をもたらす。こうして，子どもの信号行動に適応したかたちで養育行動は引き出され（たとえば，北山・波多野・高橋，2003；大日向・並木・福本・藤谷・向井・石井，1992；内田・臼井・藤崎，1991），両者間には言語を媒介としない感情的交流もまた始まる（たとえば，Bowlby, 1969; Emde, 1983）。
　言語を媒介としない感情的交流について，古くは，米国の精神科医サリバン（Sullivan, 1940, 1953）が，とくに母子間において重視している。母親と乳児は相互に共感関係で結びついているとしながら，乳児がいかに最初から対象（人）を求めているか，あるいは「接触欲求」（Sullivan, 1940／邦訳, 1976, p.20）に発した肌と肌のつながりの中で母親との感情的交流をいかに始めるかについて述べている。この言語を媒介としない感情的交流によってもたらされる初期の共感過程は，母親の感情状態を乳児に感知させ，乳児と，乳児にとって重要な大人との間に「一種特別な感情の絆（emotional linkage）」（Sullivan, 1940／邦訳, 1976, p.26）が結ばれる過程でもあると説明している。こうした非言語的な感情交流を基盤とする継続的なやりとりを通して，乳児の内面には，基本的信頼感が芽生え（Erikson, 1963），愛着が形成され（Bowlby, 1969），そして効力感，すなわち自分には環境にうまく対処できる能力があるのだという自信としてのコンピテンスの感覚がもたらされる（Bruner & Connolly, 1974／邦訳, 1979）と考えられる。

その後も，子どもの側から大人へ発信される，感情の媒介としての非言語的シグナルに対し，大人の側もそれにふさわしい感情をもって応えるといったコミュニケーションが展開されていく。たとえば，生後5-6ヵ月頃から可能になる自律的に物を握るという乳児の行動に随伴するかたちで，養育者は子どもにおもちゃを渡す。さらに7-8ヵ月になると，対象の永続性が形成された乳児は「いない・いない・ばー」を喜ぶ。その欲求を満たしてやろうと養育者は何度も繰り返し，「いない・いない・ばー」をしてみせる。10ヵ月頃には「渡す，もらう」の相互交渉も現れる。0歳代後半には，養育者が指さす先にあるものに子どもが視線を向けることにより成立する共同注視が現れ，そこで両者は対象を視覚的に共有するとともに，情動状態をも共有する。続いて，0歳代の終わり頃から始まり1歳代半ばで完成する子どもの手さし・指さしに，今度は大人の側が応じるかたちでの共同注視が現れる。こうして，子どもの対人的コミュニケーション能力もまた，養育環境との相互作用によって育まれるのである。

引用・参考文献

新井邦二郎　2005　図でわかる発達心理学　福村出版

Baltes, P. B., Reese, H. W., & Lipsitt, L. P. 1980 Life-span development psychology. *Annual Review of Psychology,* 31, 65-110.

Bowlby, J. 1969 *Attachment.* Attachment and Loss: Vol. 1. New York: Basic Books. （J. ボウルヴィ（著）黒田実郎・大羽　蓁・岡田洋子（訳）1976　母子関係の理論1　愛着行動　岩崎学術出版）

Brown, R., Cazden, C. B., & Bellugi, U. 1969 The child's grammar from I to III. In J. S. Hill (Ed.), *Minnesota symposia on child psychology.* Vol. 2. Minneapolis, MI: University of Minnesota Press.

Bruner, J., & Connolly, K. (Eds.) 1974 The growth of competence: proceedings of a D. S. T study group on "The growth of competence" held jointly with the Ciba Foundation, London, January 1972, being the sixth study group in a program on "*The origins of human behavior*". London: Academic Press. （J. グルーナー・K. コナリー（編）佐藤三郎（訳）1979　コンピテンスの発達：知的能力の考察　誠信書房）

Buss, A. H., & Plomin, R. 1984 *Temperament: Early developing personality traits.* Hilladale, NJ: Erlbaum.

Caspi, A., McClay, J., Moffit,, T. E., Mill, J., Martin, J., Craig, I. W., H., Taylor, A., & Poulton, R., 2002 Role of genotype in cycle of violence in maltreated children. *Science,* 297, 851-854.

Chomsky, N. 1957 *Syntactic structures.* The Hague: Mouton. （N. チョムスキー（著）勇　泰雄（訳）1963　文法の構造　研究社）

Cohen, D. 2002 *How the child's mind develops.* New York: Routledge.

Condon, W. S., & Sander, L. 1974 Neonate movement is synchronized with adult speech: Interactional participation and language acquisition. *Science,* 183, 99-101.

Emde, R. N., & Sorce, J. F. 1983 The rewards of infancy: Emotional availability and maternal referencing. In J. D. Coll, E. Galenson, & R. L. Tyson (Eds.), *Frontiers of infant psychiatry.* New York: Basic Books. pp. 213-232. （J. D. コール・E. ギャレンソン・R. L. タイソン（編）小此木啓吾（監訳）1988　乳幼児精神医学　乳幼児からの報酬：情緒応答性と母親参照機能　岩崎学術出版社　pp. 25-48.）

Erikson, E. H. 1963 *Childhood and society.* New York: Norton. （E. H. エリクソン（著）仁科弥生（訳）1977-1980　幼児期と社会　みすず書房）

Fantz, R. L. 1961 The origins of form perception. *Scientific American,* 204, 66-72. （引用：内田伸子・臼井　博・藤崎春代　1991　乳幼児の心理学　有斐閣　pp. 27-28.）

Gottesman, I. I. 1963 Genetic aspects of intelligent behavior. In N. Ellis (Ed.), *Handbook of mental deficiency: Psychological theory and research.* New York: McGraw-Hill.

Hepper, P. 1991 Fatal learning. *Irish Journal of Psychology,* 12, 95-107.

Jensen, A. R. 1968 Social class, race, and genetics: Implication for education. *American Educational Research Journal,* 5, 1-41.

北山　忍・波多野誼余夫・高橋恵子　2003　感情と認知　放送大学教育振興会

仲真紀子　1995　2〜4歳児と母親，大人と母親の対話に見られる助数詞の使用　日本教育心理学会第37回総会発表論文集，505.

Naka, M. The acquisition of Japanese numerical classifiers by 2-4-years-old children: The role of caretakers' linguistic inputs. *Japanese Psychological Research*, **41**, 70-78.

Nelson, k. 1973. Structure and strategy in learning to talk. *Monographs of Society for Research in Child Development*, Serial No. 149.

大日向達子・並木　博・福本　俊・藤谷智子・向井敦子・石井富美子　1992　発達心理学　朝倉書店

Plomin, R. 1990 *Nature and nurture: An introduction to human behavioral genetics.* Pacific Grove, CA: Cole, A Division of Wadsworth. （R. プロミン（著）安藤康寿・大木秀一（訳）　1994　遺伝と環境　人間行動遺伝学入門　培風館）

Skinner, B. F. 1957 *Verbal behavior.* New York: Appleton.

Stern, W. 1924. *Psychology of early childhood: Up to the sixth year of age.* New York: Holt.

菅原ますみ　2003　個性はどう育つか　大修館書店

Sullivan, H. S. 1940 *Conceptions of modern psychiatry.* New York: Norton （H. S. サリヴァン（著）中井久夫（訳）　1976　現代精神医学の概念　みすず書房）

Sullivan, H. S. 1953 *The interpersonal theory of psychiatry.* New York: W. W. Norton （H. S. サリヴァン（著）中井久夫（訳）　1990　精神医学は対人関係論である　みすず書房）

Tallak, P. 2006 *In the womb.* Washington, D C: National Geographic Society. （P. タラック（著）三角和代（訳）　2008　生命誕生　ランダムハウス講談社）

Thomas, A., Chess, S., & Brirch, H. G. 1968 *Temperament and behavior disorder in children.* New York: New York University Press.

Thomas, A. & Chess, S. 1987 *Origin and evolution of behavior disorders: From infancy to early adult life.* Cambridge, MA: Harvard University Press.

内田伸子・臼井　博・藤崎春代　1991　乳幼児の心理学　有斐閣

★課題

1. 児童期・青年期・成人期・老年期のそれぞれにおける，個人の特性（パーソナリティ）と環境（他者との関係性や出来事）との相互作用によって生じる「発達的変化」として，どのようなものが考えられますか？
2. あなた自身の成長過程にも，「あの頃のあの経験が，わたしに影響を与えた」といった，あなたと環境との相互作用があったのではないでしょうか？それは，たとえばどのようなものでしたか？

おわりに

　各執筆者からの「校閲済み」の原稿を「通し」で読んでみました。「なかなか読み応え」がありました（自画自賛？）。章によっては「教師泣かせ」になったでしょうか。
　ともあれ，記念すべき「最初の一歩」が踏み出されました。このテキストをめぐって，教員各位と学生諸君との間に旺盛な「遣り取り」（相互作用）が起こりますように期待しております。
　忘れないうちに申し上げておきます。このたびのナカニシヤさんの宍倉さんをはじめとする編集子の方々からは，「一緒に学生諸君のために良いテキストを創るぞ！」という意気込みが伝わってまいりましたし，実際のご指摘なども寄せていただきました。この場をお借りして「多謝！！！」あるのみです。

　テキストを使ってくださる教員の方々に：夥しい数のテキストから本テキストをお選びくださってありがとうございます。お使いいただいて，皆さんにとって「使い勝手の良い」テキストになるように，どうか末永くご使用くださいますようにお願いいたします。厳しくも暖かいご指摘をお待ちしています。それをもとに，改訂を重ねていくことが私共の希望です。

　学生諸君に：いかがでしたか。ご自分が「こだわりのもてる」内容や用語や考え方と出会えましたか。どうかこれをご縁に，このテキストで勉強していってください。
　用語や考え方を理解するためには，「お気に入りの実例」を作るとよいでしょう。その内容については何も知らない人に説明するという場面を想像しましょう。用語の「定義」をぐちゃぐちゃ（失礼！）言ってもよくわかってもらえないかもしれません。そのときにはいつも友達同士のおしゃべりで
「だから，たとえばどういうことなのよ」
という「あの手」でいきましょう。日常生活の中で経験することを引き合いに出して，「実例」をお話しするのです。例が出てくれば，かなりその内容を理解できた証拠になります。うまくいった「実例」を「十八番の実例集」に加えておきましょう。そのときにその実例ができた日付（年月日）を添えておきましょう。よろしいですか，日付には必ず「年号」を入れましょう。わが国の元号でも西暦の年数でも結構です。年号を添えることはとても大切なことです。きっとわかります。

　さて，最後に学生諸君にお願いです：**授業評価について**
　「はじめに」でも書きましたが，私たち教員は，学生諸君との遣り取りを強く望んでいます。そこで率直な疑問や注文などを言っていただけるとありがたいと思っています。「わかりにくい」と言われて，学生諸君の評価を下げるような教員は皆無です。むしろその率直さは記憶に残ります。また，皆さんの疑問についても，授業のやり方についても自分の考えを説明することができます。それによって皆さんとの間にコミュニケーションも生まれます。私たち教員は，「学生諸君がわからないのは自分たちの責任だ」と強く思っています。一生懸命に教えたつもりが「わからない」と言われると，大変に気に病むものです。実際に数ヵ月間「うつ」でお休みした仲間もおります。
　そこで，提案です。万が一，皆さんの授業への姿勢が不十分であったと思われた場合は，次のように書いてくださいませんか。「授業への取り組みが不十分であったため，教員の教え方等についての評価は，遠慮します」と。
　大学での学習評価は，相対評価ではなく，絶対評価です。ということは良い出来の答案には

いくら大勢でも A＋をつけられるということです。そして私たち教員は，全員が最高点を私たちの手から皆さんが奪い取ってくれることを熱望しているのです。辛口でも不満でも，直接，真正面から言って欲しいです。今のように，「無記名で」評価されることは，とても私たちの精神衛生にとってもよろしくありません。何よりも私たち教員に顔を覚えさせることは，皆さんにとって決して損なことではないではありませんか。

　ナカニシヤさんと私共執筆者一同，皆さん方のご健闘を祈っております。

事項索引

ア行
愛着　81-82, 143
愛着理論　96
アイデンティティ　73, 122
アイデンティティ・ステイタス
　　（identity status）　73
遊び　82
遊び仲間　83
アモーダル補完　17
育児語　40
一語発話（一語文）　39
一次障害　134
遺伝説　140
遺伝要因　139-140
意味記憶　26
色の知覚　18
ウェルニッケ野　35
運動機能　3
運動嫌い　12
ADHD（注意欠如多動性障害）
　　128, 131
エコラリア　129
エス　120-121
エスノグラフィー　99, 108
エピソード記憶　26
絵本の読み聞かせ　41
LD（学習障害）　128, 132
横断的デザイン　109
奥行き知覚　19
親　81
親子関係　81

カ行
外言　48-49
顔の知覚　18
可逆性　46
拡散的思考　50
学習　94
学習障害（LD）　128, 132
仮説生成　101
空の巣症候群　75
感覚運動的知能の段階　44
感覚過敏　135
感覚記憶　24
環境閾値説　141
環境説　140
環境要因　138-139

桿体　13
危機　120
気質（temperament）　113, 137
器質性構音障害　42
吃音　42
機能性構音障害　42
基本的信頼感　143
客観視　80
吸啜反射　44
鏡映文字　41
強化法　28
協調性　3
共同注意　37, 144
均衡化　120
均衡性　118
筋力　3
クーイング　38
具体的操作の段階　44, 46
グラウンド・プラン　120
群性体　46
経験説　142
形式的操作の段階　44, 47
KJ法　51
形態知覚　14
系列的デザイン　110
ゲシュタルト心理学　119
結晶性知能（cristallized intelli-
　　gence）　59
けんか　85-86
顕型　115
研究仮説　103
研究参加者の権利　104
言語獲得装置　142
言語性IQ　55
言語の行動調整機能　48
検索　24
現実自己　73
構音　37
構音器官　37
構音障害　42
高機能自閉症・アスペルガー症候群
　　129-130
交差養育法（cross-fostering
　　method）　107
向社会性　86
向社会的な行為　86
行動観察　105

行動主義心理学　119
行動体力　3
広汎性発達障害　128
効力感　68
心の理論（theory of mind）　129
個人化　72
個人差　4
個別認識的（idiographic）研究
　　105
コホート（cohort）　114
コホート効果　114
コンピテンスの感覚　143

サ行
サイレントベイビー　39
作業記憶　25
サピア・ウォーフの仮説（言語的相
　　対仮説）　47
三頭理論（triarchic theory of intel-
　　ligence）　55
自我　120-121
視覚　14
視覚的断崖　20
視覚的調節　14
視覚的補完　17
持久力　3
自己犠牲　86
自己決定意識　69
自己刺激的な運動　64
自己実現　50, 86
自己中心性　45, 47, 86, 98
自己中心性係数　48
自己中心性言語　48
自己調節性　118
自己の永続性　66
思春期の発育スパート（adolescent
　　spurt）　9
自尊感情　8
自尊心　73
時代差デザイン（time-lag design）
　　110
失敗　117
質問紙法　106
自伝的記憶　32
自発運動　37
自発的微笑（生理的微笑）　37
自閉症（自閉性障害/autism）

128
ジャーゴン　38
社会化の担い手（socialization agent）　81
社会性言語　48
社会的喃語　143
社会的微笑　37, 143
自由再生法　24
集団的独語　48
集団的ひとり遊び　83
集中的思考（収束的思考）　50
主観的輪郭　17
馴化法　29
瞬発力　9
生涯発達　93
小学校学習指導要領　41
象徴的遊び　45
情動性知能　56
小児型崩壊性障害（childhood disintegrative disorder）　127
常用漢字　51
所記　45
初期経験　95
初語　39
自立　12
自律訓練法　12
事例研究（case study）　107
シングルフォーカス　133
信号行動　143
新生児（初期）微笑　143
信頼性　107
随意運動　5
錐体　13
スキャモンの発育曲線　7
ストレンジ・シチュエーション法　82, 96
正規曲線　54
成熟説　142
成熟と学習　112
精神間機能（inter-personal）　98
精神機能　3
精神遅滞（知的障害）　128
精神的因子　10
精神的ストレス　3
精神内機能（intra-personal）　98
精神年齢（mental age: MA）　53
精神発達理論　120
精緻化　26
成長に伴う失敗（growth error）　116
青年期の不器用　9
性役割　67
生理学的早産　4
宣言的記憶　26
漸進的弛緩法　11
潜型　116
前操作的表象の段階　44-45
全体性　117

早期教育　94
相互作用　112
操作　44
蔵書量　41
双生児研究　56
双生児統制法（co-twin control method）　107
創造性　50
創造力テスト　50
相補性　46
育てにくい子ども（difficult child）　113
育てやすい子ども（easy child）　113

タ行
第一次循環反応　45
第一質問期　40
第一反抗期　67
胎外胎児期　4
第三次循環反応　45
胎児　137
対象喪失　75
対象の永続性　144
体制化　26
第二言語習得　42
第二次循環反応　45
体力　3
体力指標　9
多重知能理論（multiple intelligences）　55
達成感　68
妥当性　107
短期記憶　24-25
知覚　13
知覚的体制化　14
知能　53
知能検査　92
知能指数（intelligent quotient: IQ）　53, 92
知的障害（intellectual disability）　66
注意欠如多動性障害（ADHD）　128, 131
中心性言語　47
中年期クライシス　75
聴覚　21
聴覚の閾値　35
長期記憶　24
超自我　120-121
調整　120
調節　44
貯蔵　24
追試可能性　104
通過儀礼　117
出会い方（interaction）　113
定型発達　127
DNA　112

ディスレクシア（dyslexia）　132
手さし・指さし　144
テスト法　107
出だしが悪い子ども（slow-to-warm-up child）　113
手続き的記憶　25
天才児　61
同一性　46
同化　44, 120
同化と調節　98
統計的仮説　103
動作性IQ　55
洞察　45
特別支援教育　127
友だち　81

ナ行
内観　93
内言　48-49
泣き　36, 80
喃語　36
二語発話（二語文）　40
二次障害　134
二重貯蔵モデル　24
認知的プラグマティクス　59
認知的メカニクス　59
認知能力　44
認知発達理論　119
ネグレクト　95
能記　45

ハ行
把握反射　44
発育急進期　4
発生も構造もある心理学　119
発達　112
発達アセスメント　93
発達課題　63
発達観　92
発達指数（DQ: developmental quotient）　58
発達障害　127
発達障害者支援法　127
発達段階　63, 117
発達段階説　117
発達の構造　119
反復喃語　38
比較文化的手法　97
非定型発達　127
敏感期（sensitive period）　94
フィールドワーク　99
輻輳　19
輻輳説　140
符号化　24
フリン効果　58
ブレインストーミング　51
ブローカ野　35
文化心理学　93

平行的な遊び　83
変形性　118
防衛体力　3
法則定立的（nomothetic）研究
　　105
歩行　5
保存　45
本能　94

マ行

マイクロ・システム　100
マクロ・システム　100
マザリーズ　38
麻痺性構音障害　42
未熟性　4
三つ子の魂百まで　94
メゾ・システム　100

メタ記憶　27
免疫能力　3
面接　106
網膜　13, 36
モデリング（modeling）　82
物の永続性　45
模倣　36

ヤ行

薬物療法　132
役割　86
友人関係　82, 86
有能感　71
誘発的微笑　37
猶予期間（モラトリアム）　73
指さし　36-37, 144
養育行動　143

幼児音　40
養子研究　57
幼児語　40
要素還元主義（reductionism）
　　96
幼稚園教育要領　41

ラ行

理想自己　73
リハーサル　26
流動性知能（fluid intelligence）
　　59
両眼視差　19
臨界期（critical period）　94
暦年齢（chronical age: CA）　53
レット障害（Rett's disorder）
　　127

人名索引

ア行

アトキンソン（Atkinson, R. C.）　24
アムステルダム（Amsterdam, B.）　66, 69
赤木和重　129-130
秋田喜代美　42
東 洋　97
天野 清　41
新井邦二郎　140
安藤寿康　42, 107
イタール（Itard, E. M.）　95
猪飼道男　3
池田 央　107
石井富美子　143
石黒広昭　93, 98
伊藤隆二　75
稲毛敦子　59
井上俊哉　54-56
いもとようこ　81
岩熊史朗　72
岩淵悦太郎　40
岩脇三良　104
ヴィゴツキー（Vygotsky, L. S.）　48, 97-98
ウィナー（Winner, E）　61
ウェクスラー（Wechsler, D.）　54-55
ヴント（Wundt, W.）　91, 93
上田礼子　9
植村美民　65
臼井 博　143
内田伸子　143
梅本堯夫　15
エインズワース（Ainsworth, M. D. S.）　82, 96
エスカローナ（Escalona, S. K.）　113-114
エリクソン（Erikson, E. H.）　32, 63-64, 66, 75-77, 117-118, 120-122, 143
エリクソン（Erikson, J. M.）　64
遠城寺宗徳　59
オズボーン（Osborn, A. F.）　51
大久保愛　40
大日向達子　143
大藪 泰　37

大山 正　15, 104
小笠原喜康　92
岡本祐子　74-75
奥住秀之　134
長田由紀子　32-33
恩田 彰　50

カ行

ガードナー（Gardner, H.）　55-56
カブセク（Kavsek, M. J.）　17
ガリペリン（Gal'perin, P. Y.）　49
柏木惠子　68, 70
角野栄子　80
金沢 創　13
河原紀子　127
河辺豊子　11
ギム（Ghim, H.）　17
キャッテル（Cattell, R. B.）　59
キャノン（Cannon, W. B.）　79
キャプロン（Capron, C.）　57
ギリガン（Gilligan, C.）　74
ギルフォード（Guilford, J. P.）　50
菊池章夫　86
北山 忍　143
清田晃生　135
クイーン（Quinn, P. C.）　15-17
クラシェン（Krashen, S. D.）　42
グリゴレンコ（Grigorenko, E.）　56-57
クリック（Crick, F. H. C.）　112
グルセック（Gresec, J. E.）　67
クルックシャンク（Cruikshank, R. M.）　20
ケイガン（Kagan, J.）　114
ケイル（Kail, R.）　27
ゲゼル（Gesell, A.）　58, 140
ケラー（Keller, A.）　67-68
ゴッテスマン（Gottesman, I. I.）　142-143
コール（Cole, M.）　97-99
ゴールトン（Galton, F.）　140
コールバーグ（Kohlberg, L.）　118
ゴールマン（Goleman, D.）　56
古澤頼雄　115

小島道生　134
小谷裕実　134

サ行

サピア（Sapir, E.）　47
サリバン（Sullivan, H. S.）　143
サルス（Suls, J.）　69
サロヴェイ（Salovey, P.）　56
斎藤清二　130
桜井茂男　72, 106
佐藤昭夫　32
佐藤達哉　92
サトウタツヤ　91
さのようこ　78
ジェームズ（James, W.）　63, 79
ジェンセン（Jensen, A. R.）　140, 141
シフリン（Shiffrin, R. M.）　24
シモン（Simon, T.）　53
シャイエ（Schaie, K. W.）　110
シュトラッツ（Stratz, C. H.）　117
シュテルン（Stern, W.）　53, 140
志村洋子　38
白井恭弘　42
菅原まゆみ　141
スキナー（Skinner, B. F.）　142
スタンバーグ（Sternberg, R. J.）　55
杉山登志郎　127, 130, 135
鈴木光太郎　94
荘厳舜哉　96

タ行

ターマン（Terman, L. M.）　53-54, 61, 92
ダイム（Duyme, M.）　57
高石昌弘　4
高砂美樹　91
高田利武　74
高橋惠子　82, 92-93, 143
高橋道子　39, 107
高橋義信　107
滝沢武久　51
田島信元　97
田中熊次郎　85-86
玉川公代　49

チー（Chi, M. T. H.） 28, 30-31
チェス（Chess, S.） 113, 138
チョムスキー（Chomsky, N.） 142
津守 真 59
ティンバーゲン（Tinbergen, N.） 96
デ・キャスパ（DeCasper, A. J.） 28
デーモン（Damon, W.） 69-70
トーマス（Thomas, A.） 113, 138
豊田弘司 27

ナ行
内藤裕子 83-85
仲 真紀子 142
中瀬 惇 59
中西信男 69
並木 博 143
西村純一 111
西村優紀美 130
野田雅子 35

ハ行
パヴロフ（Pavlov, I. P.） 93, 119
パーキンス（Perkins, D.） 61
バス（Buss, A. H.） 138
ハーター（Harter, S.） 71-72
バーチ（Birch, E. E.） 21
パーテン（Parten, M） 82-83
ハート（Hart, D.） 69-70
バード（Bard, P.） 79
バフチン（Bakhtin, M.） 98
バルテス（Baltes, P. B.） 59, 138
ハルトマン（Hartmann, H.） 120-121
ハーロウ（Harlow, H. F.） 96
萩原英敏 35
波多野誼余夫 92-93, 143
馬場一雄 37
浜田寿美男 127
林 正 11
ピアジェ（Piaget, J.） 17, 44, 46-48, 50, 98-99, 117-119
ビネー（Binet, A.） 53, 55, 92
東山 薫 97
ファガン（Fagan, J. F.） 58
ファンツ（Fantz, R. L.） 18, 36, 143
福本 俊 75, 81, 143
藤崎春代 143
藤谷智子 143
藤永 保 95
プライヤー（Preyer, W. T.） 91
フラベル（Flavell, J. H.） 30-31
ブリッジェス（Bridges, K. M. B.） 79-80

フリン（Flynn, J. R.） 57
ブルーナー（Bruner, J.） 98, 116
フロイト，アンナ（Freud, A.） 120
フロイト（Freud, S.） 118-121
プロミン（Plomin, R.） 114, 138
ブロンフェンブレンナー（Bronfenbrenner, U.） 99-101
ベイリー（Bayley, N） 58
ヘッブ（Hebb, D. O.） 113
別府 哲 134
ボーリング（Boring, E. G.） 53
ホール（Hall, G. S.） 91
ボウルビー（Bowlby, J.） 96
ポルトマン（Portmann, A.） 4
ホンツィーク（Honzik, M. P.） 59
星 道子 81
堀田晴美 32
堀内ゆかり 107

マ行
マーシャ（Marcia, H.） 73-74
マーシャレック（Marshalek, B.） 115
マズロー（Maslow, A. H.） 50, 79, 86
槇田 均 72
正高信男 38
松井 均 71
松浦義行 3-4
松岡弥玲 73
丸野俊一 30
三上克央 130
三木裕和 134
箕浦康子 99
三宅和夫 100
宮埜壽夫 104
宮丸凱史 8
ムラン（Mullen, B.） 69
向井敦子 143
牟田悦子 60
無藤清子 73-74
無藤 隆 41, 76
村上宣寛 53, 56
村田幸次 91
村田純子 71
メイアー（Mayer, J. D.） 56
メイン（Main, M.） 96
メンデル（Mendel, G.） 137
モリー（Moely, B. E.） 31

ヤ行
山口真美 13
やまだようこ 36-37
山登敬之 128, 132
山本政人 37

百合本仁子 66
ヨナス（Yonas, A.） 21
吉永崇史 130

ラ行
ランゲ（Lange, C.） 79
ルリヤ（Luria, A. R.） 48-49
レヴィン（Lewin, K.） 115
ロヴィー＝コリアー（Rovee-Collier, C.） 29
ローレンツ（Lorenz, K.） 85, 94-96

ワ行
若井邦夫 107
ワトソン（Watson, J. B.） 112, 119, 140

レファレンスのみに記載された外国人
Allen, L. 59

Baron-Cohen, S. 129
Bauer, P. J. 29
Beach, D. R. 30
Bee, H. 58, 103, 108
Berk, L. E. 105
Bettelheim, B. 95
Boehm, J. J. 65
Bower, G. H. 28
Bowlby, J. 143
Boyd, D. 58, 103, 108
Brooks-Gunn, J. 66
Brown, R. 142
Bruner, J. 143
Burke, S. 16

Carver, L. J. 29
Caspi, A. 139
Chinsky, J. M. 31
Cohen, D. 137
Cohen, L. B. 15
Condon, W. S. 143
Connolly, K. 143
Cowan Jr., G. N. 25
Cunitz, A. R. 24

DeMarie, D. 27
Detterman, D. K. 58
Dobkins, K. R. 19

Eisen, M. 71
Emde, R. N. 143
Evanz, R. I. 50

Farroni, T. 16
Fegan, J. F. 29
Ferron, J. 27
Fischer, K. W. 69

Flavell, J. H.   31
Ford, L. H.   67-68
Frances, A.   127
Friedman, S.   29
Friedrichs, A. H.   31

Gibson, E. J.   20
Glanzer, M.   24
Glucksberg, S.   25
Grimwade, J. D.   21

Halwes, T. G.   31
Hamer, R. D.   19
Haynes, H.   14
Held, R.   14
Hepper, P.   137
Horn, J. L.   59
Hoyt, J. D.   31

Kanizsa, G.   17
Kellman, P. J.   18
Kravitz, H.   65

Lewis, M.   66
Liberty, C.   31
Lindenberger, U.   59
Loehlin, J. C.   56

Markus, H.   73

McFarlane, I. W.   59
Melzoff, A. N.   29
Miller, G. A.   25
Montemayor, R.   71
Morison, V.   16
Mussen, P. H.   7
Myers, N. A.   30

Naus, M. J.   31
Nebes, R. D.   32
Nelson, K.   142
Newhall, S.   83
Nurius, P.   73

Olsho, L. W.   22
Olson, F. A.   31
Ornstein, P. A.   31

Peeples, D.   19
Perlmutter, M.   30
Peterson, L. R.   25
Peterson, M. J.   25

Rose, D.   16
Ross, R.   127
Rubin, D. C.   32
Rush, A.   16

Salapatek, P.   15

Sander, L.   143
Santrock, J. W.   54, 59-61
Scammon, R. E.   7
Scribner, S.   97, 99
Siegler, R. S.   30
Singh, J. A. L.   94
Slater, A.   15-16
Spelke, E. S.   18
Spence, M. J.   28
Sperling, G.   25
Squire, L. R.   25
Staudinger, U. M.   59
Stern, D. N.   64

Tallack, P.   137
Tangney, J. P.   69
Teller, D.   19
Tulving, E.   25

Walk, R. D.   20
Wetzler, S. E.   32
Wing, L.   129
White, B. L.   14

Younger, B. A.   15

Zemlin, W. R.   35, 38
Zimbardo, P. G.   118-119
Zingg, R. M.   94

執筆者紹介（＊：編者）

第1章　身体と運動機能の発達
　　　　本田　幸（横浜女子短期大学保育科准教授）
　　　　福本　俊＊（日本女子大学名誉教授・元東京成徳短期大学教授）
第2章　知覚の発達
　　　　須藤　智（静岡大学教育センター准教授）
第3章　記憶能力の発達
　　　　髙辻千恵（東京家政大学家政学部准教授）
第4章　言語の発達
　　　　赤津純子（埼玉学園大学人間学部教授）
第5章　思考の発達
　　　　赤津純子（埼玉学園大学人間学部教授）
第6章　知能の発達
　　　　西村純一＊（東京家政大学名誉教授）
第7章　自己の発達
　　　　髙橋君江（元共栄大学国際経営学部教授）
第8章　社会性と情緒の発達
　　　　永房典之（元淑徳大学短期大学部教授）
　　　　福本　俊＊（日本女子大学名誉教授・元東京成徳短期大学教授）
第9章　発達心理学の誕生と発展
　　　　請川滋大（日本女子大学家政学部教授）
第10章　発達心理学の方法
　　　　西村純一＊（東京家政大学名誉教授）
第11章　発達の理論：発達のモデル
　　　　福本　俊＊（日本女子大学名誉教授・元東京成徳短期大学教授）
第12章　発達と障害
　　　　加藤弘通（北海道大学教育学部准教授）
第13章　遺伝と環境
　　　　松田久美（北翔大学短期大学部こども学科准教授）

発達心理学

2012 年 4 月 20 日　初版第 1 刷発行	（定価はカヴァーに表示してあります）
2021 年 11 月 1 日　初版第 7 刷発行	

編　者　福本　俊
　　　　西村純一
発行者　中西　良
発行所　株式会社ナカニシヤ出版
　☎ 606-8161　京都市左京区一乗寺木ノ本町 15 番地
　　　　　　　　　　　　Telephone　075-723-0111
　　　　　　　　　　　　Facsimile　075-723-0095
　　　　　　　　Website http://www.nakanishiya.co.jp/
　　　　　　　　Email　iihon-ippai@nakanishiya.co.jp
　　　　　　　　　　　　郵便振替　01030-0-13128

装幀＝白沢　正／印刷・製本＝創栄図書印刷株式会社
Copyright © 2012 by Shun Fukumoto and Junichi Nishimura
Printed in Japan.
ISBN978-4-7795-0206-4　C3011

◎本書のコピー，スキャン，デジタル化等の無断複製は著作権法上での例外を除き禁じられています。本書を代行業者等の第三者に依頼してスキャンやデジタル化することはたとえ個人や家庭内の利用であっても著作権法上認められておりません。